U0634034

权威·前沿·原创

皮书系列为

“十二五”“十三五”“十四五”时期国家重点出版物出版专项规划项目

BLUE BOOK

智库成果出版与传播平台

河南省社会科学院哲学社会科学创新工程试点项目

河南蓝皮书
BLUE BOOK OF HENAN

河南法治发展报告

（2024）

ANNUAL REPORT ON RULE OF LAW DEVELOPMENT OF HENAN (2024)

依法治省与法治社会

主　编／王玲杰
副主编／邓小云　王运慧

社会科学文献出版社
SOCIAL SCIENCES ACADEMIC PRESS (CHINA)

图书在版编目（CIP）数据

河南法治发展报告．2024：依法治省与法治社会／王玲杰主编；邓小云，王运慧副主编．--北京：社会科学文献出版社，2023.12
（河南蓝皮书）
ISBN 978-7-5228-2774-2

Ⅰ．①河… Ⅱ．①王… ②邓… ③王… Ⅲ．①社会主义法制-研究报告-河南-2024 Ⅳ．①D927.61

中国国家版本馆 CIP 数据核字（2023）第 218440 号

河南蓝皮书
河南法治发展报告（2024）
——依法治省与法治社会

主　　编／王玲杰
副 主 编／邓小云　王运慧

出 版 人／冀祥德
组稿编辑／任文武
责任编辑／王玉山
文稿编辑／王　娇
责任印制／王京美

出　　版／社会科学文献出版社·城市和绿色发展分社（010）59367143
　　　　　地址：北京市北三环中路甲 29 号院华龙大厦　邮编：100029
　　　　　网址：www.ssap.com.cn
发　　行／社会科学文献出版社（010）59367028
印　　装／天津千鹤文化传播有限公司

规　　格／开　本：787mm×1092mm　1/16
　　　　　印　张：21　字　数：315 千字
版　　次／2023 年 12 月第 1 版　2023 年 12 月第 1 次印刷
书　　号／ISBN 978-7-5228-2774-2
定　　价／128.00 元

读者服务电话：4008918866

河南蓝皮书系列（2024）
编　委　会

主要编撰者简介

王玲杰 河南省社会科学院党委委员、副院长、二级研究员，经济学博士。享受河南省政府特殊津贴专家、河南省学术技术带头人、河南省宣传思想文化系统“四个一批”人才、全省百名优秀青年社会科学理论人才。主持国家级、省部级社会科学研究项目20余项，发表论文80余篇，出版著作20余部。

邓小云 河南省社会科学院法学研究所所长、研究员，法学博士。长期从事环境资源法学研究，系中国法学会环境资源法学研究会理事、河南省法学会法律文化研究会副会长，入选河南省学术技术带头人、河南省宣传思想文化系统“四个一批”人才。主持在研国家社科基金项目1项，主持结项省部级课题9项，其中3项以优秀或良好结项。出版专著2部：《农业面源污染防治法律制度研究》2014年由河南人民出版社出版，获2014年度河南省社科优秀成果三等奖；《隐性环境问题的法治对策研究》2018年由河南人民出版社出版，获2018年度河南省社科优秀成果二等奖。在核心期刊如CSSCI来源期刊上独立发表法学论文20余篇，部分论文受到广泛关注，产生一定反响。如有2篇获河南省社科优秀成果二等奖，多篇被中国人民大学复印报刊资料全文转载或被《新华文摘》《中国社会科学文摘》《高等学校文科学术文摘》等摘编。

王运慧 河南省社会科学院法学研究所副研究员，民商法学硕士。中国法学会立法学研究会会员，河南省法学会理事、河南省民法学研究会常务理事。主要从事民商法学、区域法治建设研究。独立公开发表论文40余篇；合著著作10余部；参与完成国家及省部级课题多项；参与或独自撰写的对策建议多次得到省领导的批示肯定；获河南省社科优秀成果二等奖2项，获河南省政府发展研究奖三等奖以上奖励2项。

摘 要

法治社会建设是全面依法治国的基础性工程，党的二十大报告提出“加快建设法治社会”。《河南蓝皮书：河南法治发展报告（2024）》将“依法治省与法治社会”作为主题，内容主要是围绕法治社会的相关理论动态和实践探索进行研究深化、经验总结、问题分析及对策创新，意在使法治社会建设在建设更高水平法治河南、平安河南等方面发挥基础性支撑作用，也为我国法治社会建设的制度完善和实践创新提供参考和借鉴。本书共分为5个部分（含22篇报告），即总报告、实践篇、专题篇、综合篇和热点案例篇。

总报告比较全面地分析了2023年河南法治建设的整体情况，总结了市场法治、平安法治、生态法治、数字法治、社会法治等五个方面的现状和成效，也检视了存在的不足，分析了提升空间，并对2024年建设更高水平法治河南从科学立法、法治政府建设、智慧司法建设、法治社会建设、法治宣传宣讲方面进行展望和提出建议。

实践篇的9篇报告主要从实证层面考察河南加强法治社会建设的多样化实践探索，为我国全面加强法治社会建设提供可资推广的范例和进一步做好相关工作的启示。这些报告的切入点各不相同，有的总结新时代“枫桥经验”在河南省的创新实践，有的直面河南推进公共法律服务体系建设存在的问题和挑战，有的从河南开展法治宣传教育的实践情况入手，分析了成效和问题，从满足人民法治需求、顺应数字化时代化、打造知名化品牌化等方面分别提出了推动精准普法、智慧普法和特色普法的建议，等等。

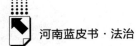

专题篇的5篇报告基本上聚焦基层治理现代化，以问题为导向考察不同地方的实践探索并提出了进一步改进相关工作的对策建议。其中，《市域社会治理现代化的司法回应》探讨了在司法层面应如何促进市域社会治理现代化，从司法定位、治理内容、治理方式等方面阐述了推进诉源治理的创新举措。

综合篇的6篇报告着眼于法治社会建设的思维创新和领域拓展。如《法治社会视域下推进医患和谐的路径探讨》比较系统地论述了依法构建和谐医患关系以推进法治社会建设的着力点，包括推动诚信建设的法治化、强化医疗风险法治治理、完善医患纠纷多元化处理机制；《数字经济下网络安全法治化对策研究》则结合实际情况提出了河南推动地方网络建设法治化问题，并针对问题提出了对策建议。

热点案例篇总结了2023年河南十大法治热点事件，包括河南首例可移动文物保护民事公益诉讼案、郑州依法查处“天价寻狗”网络谣言案、女子隔空“骂死”人被法院判赔案等。该篇报告以相关事件概况为基础，揭示事件背后的法理，旨在普及法律知识、弘扬法治精神、助推法治社会建设。

2024年是全面贯彻落实党的二十大精神的第二年，也是法治社会建设扬帆远行的有利时机竞相迸发的一年。党的二十大报告提出“加快建设法治社会”，要求“引导全体人民做社会主义法治的忠实崇尚者、自觉遵守者、坚定捍卫者”。这是从法治社会建设在法治国家建设中的基础性地位出发，提出了建设法治社会的新要求和新路径，为河南加快建设法治社会指明了新方向，也对置身其中的每一个人提出了其力所能及的要求。

关键词： 法治河南　法治社会　法治建设　法治实践

目 录

Ⅰ 总报告

Ⅱ 实践篇

Ⅲ 专题篇

Ⅳ 综合篇

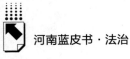

V 热点案例篇

总 报 告

B.1

2023年河南法治发展与2024年展望

河南省社会科学院课题组 *

摘　要： 回望2023年，河南的法治建设行稳致远，取得了明显成效。市场法治建设良好运行，平安法治建设水平进一步提升，生态法治建设全面拓展，数字法治建设逐步发力，社会法治建设不断完善创新。展望2024年，地方立法将更加精细化，法治政府建设迈上新台阶，智慧司法建设进一步深入，法治社会建设更具成效，法治宣传宣讲更加富有活力。

关键词： 法治河南　法治建设　法治政府　法治社会

2023年是全面贯彻落实党的二十大精神的开局之年，更是加快推进

---

* 课题组组长：邓小云，河南省社会科学院法学研究所所长、研究员，法学博士，研究方向为环境资源法学。课题组成员：河南省社会科学院法学研究所科研人员。执笔：王运慧，河南省社会科学院法学研究所副研究员，研究方向为民商法学、区域法治建设。

全面依法治国并卓有成效的一年。站在新的起点，开启新的征程，河南的法治建设在党的二十大报告法治建设要求的指引下，积极从地方实际出发，勇于探索，扎实推进全面依法治省，为建设更高水平法治河南开创了新局面。

一　市场法治建设良好运行

（一）法治化营商环境进一步优化

2023 年，河南省司法厅鲜明树立“大司法行政”理念，坚持“法治是最好的营商环境”，动员全省各地司法行政机关，全力服务打造法治化营商环境，通过充分释放法治生产力，有效激发市场主体活力、动力和潜力，为推动经济高质量发展提供优质法治保障和法律服务。[①] 河南各地司法系统积极帮助企业纾困解难，妥善化解涉企纠纷；动员律师事务所为企业开展“法治体检”，为企业生产经营提供了优质法律服务；开展普法宣传进企业活动，为企业健康发展搭建良好交流平台。

《河南省“十四五”制造业高质量发展规划》印发后，河南省主张构建亲清政商关系，严格保护市场主体经营自主权、财产权等合法权益。具体而言，不但要保护民营企业生产经营中涉及的物权、债权等重要产权，更要保护民营企业的知识产权、经营自主权等无形权利，通过一系列的保护措施，真正让民营企业放开手脚，大胆创新，实现高质量发展。2023 年 2 月，《河南省 2023 年国民经济和社会发展计划》印发，通过政策性文件形式，对民营企业的发展壮大给出明确的支持意见，通过对民营企业和民营企业家合法权益的依法保护，鼓励引导民营企业在经营中不断建立并完善现代企业制度，提升民营企业的核心竞争力。

对于破坏营商环境的违法问题线索，各类市场主体有权进行举报，可以

① 《积极发挥职能作用　打造一流法治化营商环境》，《河南法制报》2023 年 6 月 20 日。

线下举报，也可以线上举报。2023 年 5 月，河南省营商环境投诉举报平台上线，为群众和市场主体开通线上投诉举报通道。6 月底，河南省政务服务大厅开通“营商环境投诉举报服务窗口”，为选择线下办事的群众和市场主体提供便利。[①] 7 月 6 日，河南省营商环境投诉举报中心在河南省政务服务中心挂牌成立，该中心的成立是落实党中央、国务院优化营商环境决策部署的重要举措，对河南打造一流的营商环境、切实维护市场主体权益具有重要意义。

（二）知识产权释放全省创新活力

近年来，在《河南省知识产权强省建设纲要（2021—2035 年）》《河南省知识产权创造保护运用“十四五”规划》《共建高质量现代化知识产权强省实施方案》等文件要求指引下，河南对区域知识产权转化运用工作提出了严格要求并作出了新的部署，有力促进了创新资源要素的有序流动和优化配置，加速释放了全省创新活力。

2021 年，《知识产权强国建设纲要（2021—2035 年）》颁布以来，河南省郑州市、安阳市入选全国首批知识产权强国建设示范城市，洛阳市、濮阳市、南阳市入选国家知识产权强市建设试点城市。2022 年，5 个示范（试点）城市专利质押融资金额超 15. 3 亿元，占全省的 40%；转让许可专利次数超过 3000 次，技术市场登记交易额超 250 亿元；中小微企业接受高校院所专利转让许可超过 400 次，惠及企业超 500 家；7 家专利导航服务基地全部完成国家局备案，5 家单位获批首批国家级专利导航服务基地。示范（试点）县区和园区也积极推动工作，在专利质量提升、专利导航、企业培育、质押融资等方面都取得较好成效：专利质押融资金额超 1. 3 亿元，惠及企业 100 余家；转让许可专利次数超过 1400 次，技术市场登记交易额超 150 亿元；中小微企业接受高校院所专利转让许可超过 100 次。[②]

① 《优化营商环境　畅通投诉举报渠道》，《河南日报》2023 年 7 月 7 日。

② 《知识产权运营加速释放河南创新活力》，河南省市场监督管理局网站，2023 年 8 月 30 日，https：//scjg. henan. gov. cn/2023/08-30/2806429. html。

2023 年 1 月，郑州市金水区国家知识产权创意产业试点园区获国家知识产权局批复承建全国首家生物农业产业知识产权运营中心。该中心将采取政府引导与市场驱动相结合的方式，开展企业孵化和知识产权运营转化投融资服务，开展“政府+产业+高校+科研机构+资本+知识产权服务”的“政、产、学、研、金、服”深度合作，加快省、市优质资源的整合与利用；主动参与河南省现代种业发展基金的筹建，扩大产业基金数量和规模；积极融入中原农谷、神农种业实验室等重大区域知识产权协同创新项目建设；同时用好产业专利导航决策机制，围绕 5 个重点方向，引进、培育、扶持一批生物农业产业龙头企业，选派知识产权服务官，送政策、送要素、送服务，帮助企业解决问题。

（三）信用河南建设有了新的助力

市场经济本质上是信用经济，市场经济的健康运行离不开诚实守信、合法经营的基础保障。2022 年 8 月 13 日，河南省人民政府印发了《高质量推进信用河南建设　促进形成新发展格局实施方案》，对加快构建适应河南省高质量发展和现代化建设要求的社会信用体系提出了总体目标和具体行动要求。2023 年 2 月，河南省发展改革委印发的《信用环境系统性改革方案》，从完善信用法规制度体系、提升平台智慧服务能力、强化信用监管质效、运用信用信息促进企业融资、优化社会信用环境、加强示范试点引领、培育浓厚的社会诚信文化等方面，为现代化河南建设提供信用支撑。

2023 年以来，全省陆续开展重点领域信用建设提升行动，这些领域包括投资消费、重点民生、资源环境以及安全生产、劳动用工、社会保障、工程质量、教育、医疗卫生等。如新县市场监管局，为持续优化营商环境、助力企业高质量发展，积极推动失信市场主体信用修复工作，以信用修复帮助市场主体纾困解难，大大激发市场主体发展信心和内生动力。新县采用“线上”与“线下”宣传相结合的方式，不断提升社会知晓率和扩大社会覆盖面。利用新县网、“云上新县”等多种形式，发布图文并茂的宣传海报，详细讲解年报报送方式、报送时间、报送内容、报送流程及未履行年报报送义务的法律责任等；建立年报公示微信群，发送年报填报宣传短信，实时答疑解惑；向社会公开局机关及乡镇市场监管所办公电话，方便市场主体及时咨询。[①] 新乡市自政务服务信用承诺制建立以来，构建以信用承诺为基础的新型审批服务模式，审批更加简化、流程更加优化。如房屋建筑工程施工许可办理，将房屋建筑工程用地审批手续、质量安全保证方案、施工合同作为容缺事项，将工程质量、安全生产、建设资金到位证明及提供材料的合法真实有效性文件作为告知承诺事项，申请材料从 9 项精简为 5 项。解决传统审批服务模式下施工许可办理前置手续烦琐、耗时长的问题，实现“拿地即开工”，保障市场主体投资信心。[②]

二　平安法治建设水平进一步提升

（一）重大事故隐患专项排查整治行动全面展开

2023 年 9 月起，河南全省重大事故隐患专项排查整治行动进入“部门精准执法”阶段。此次行动主要突出煤矿、非煤矿山、危险化学品、交通运输（含公路、铁路、民航、水上交通运输）、建筑施工（含隧道施工）、消防、燃气、经营性自建房、渔业船舶、特种设备、文化旅游、工贸、校园安全、医疗卫生、养老服务机构等重点行业领域，兼顾新业态新领域，聚焦可能导致群死群伤的设施设备故障、非法违规行为、安全管理缺陷等重大事故隐患，以精准严格的执法行动，督促推动企业落实落细安全生产工作措施，认真排查整治重大事故隐患。[③]

这次专项行动将开展到 2023 年底，实行“领导+专家+专班”工作方式，

---

① 《河南省新县市场监管局：多举措推进企业信用修复　助推营商环境优化》，“手机中国网”百家号，2023 年 9 月 19 日，https：//baijiahao. baidu. com/s? id = 1777456190928173960&wfr = spider&for = pc。

② 《新乡市积极推行“信用+政务服务”　打造一流法治化营商环境》，河南省司法厅网站，2023 年 9 月 6 日，https：//sft. henan. gov. cn/2023/09-06/2810109. html。

③ 《河南全面开展重大事故隐患专项排查整治行动》，《河南日报》2023 年 5 月 25 日。

采取“专家查隐患、部门严执法、政府履责任”监管模式，省安委会聘请专家对重点时段、重点地区、重点企业重大事故隐患专项排查整治开展情况进行抽查，并对排查整治进展中存在的突出问题进行公开通报。截至2023年9月19日，省安委会成立的9个综合抽查组以及省级行业部门成立的66个行业领域督导检查组、各省辖市成立的179个市级督导检查组，共检查企业、学校429568家，发现重大事故隐患3451处，已完成整治3134处。①

（二）全省互联网治理法治化、科学化水平进一步提升

2023年6月1日，《河南省网络安全条例》（以下简称《条例》）正式施行。《条例》从促进发展、保障安全、监督管理等多个维度对维护网络安全作出系统性设计和规定，是强化网络安全的法治保障，更是提升全省互联网治理法治化、科学化水平的重要之举。② 以《条例》实施为契机，河南进一步深化网络安全建设，切实筑牢网络安全屏障，建立起省委网络安全和信息化委员会统一领导，网信部门统筹协调、牵头抓总，公安、电信管理、保密、密码管理等职能部门依法履职，行业主管监管部门各司其职的工作格局，凝聚共筑网络安全防线合力。2023年，全省网信、工业和信息化、公安、电信管理等部门协同发力，定期组织对党政机关、重要行业的网络安全检查，结合重大活动、专项任务保障等需要，多批次开展网络安全应急演练，提升应急响应能力，关键信息基础设施、重要信息系统安全保护水平不断提升。③

三　生态法治建设全面拓展

（一）立法保障黄河安澜

美丽河南建设作为现代化河南建设的重要组成部分，离不开最严格的制

① 《河南全面开展重大事故隐患专项排查整治行动》，《河南日报》2023年5月25日。
② 《6月1日起，〈河南省网络安全条例〉正式施行》，《河南日报》2023年6月1日。
③ 《共建网络安全　共享网络文明》，《河南日报》2023年9月10日。

度约束和法治保障。2023 年 4 月 1 日，《黄河保护法》正式施行，打开了河南生态保护治理良法善治的新局面。3 月 29 日，省十四届人大常委会第二次会议表决通过《河南省黄河河道管理条例》。该条例共 7 章 66 条，内容涵盖规划编制、整治与建设、管理与保护、黄河河长制等方面，是贯彻落实党中央重大决策部署的体现，是全面实施《黄河保护法》的地方配套法规，为加强黄河河道管理与保护、保障黄河长治久安、推动黄河流域生态保护和高质量发展提供立法保障。

（二）环境资源审判专门化建设取得新突破

设立环境资源审判专门机构或组织，是适应环境资源审判复合性、专业性特点的必然要求，有利于准确把握案件规律，统一法律适用，统筹协调、有机衔接刑事、民事、行政三大责任，全方位保护生态环境。[①] 自河南开展黄河流域环境资源案件集中管辖工作以来，郑铁中院环境资源审判庭实行黄河流域环境资源刑事、民事、行政案件“三合一”归口审理机制，取得了良好效果。2022 年 5 月，经最高人民法院、省委编办批准，郑铁中院内设郑州环境资源法庭，集中管辖省内淮河干流、南水北调干渠流经区域内的环境资源案件，[②] 黄河、淮河、南水北调“两横一纵”环境资源审判体系框架形成，为构建全省环境资源审判体系提供了良好条件。2022 年 8 月，河南省高级人民法院将集中管辖区域推向全省，构建覆盖全省的跨行政区域“18+1+1”环境资源审判体系，确定 18 个基层法院和郑铁中院集中管辖全省第一审环境资源案件，河南省高级人民法院监督指导全省环境资源审判工作。[③] 郑铁两级法院作为“18+1+1”的重要组成部分，持续做强环境资源专业化审判，为推进集中管辖改革工作贡献力量。2023 年 4 月 1 日，《黄河保护法》正式实施当天，郑州铁路运输法院在设立的黄河流域第一巡回审判法庭，开庭公开审理被告人张某某等五人在黄河河道禁采区范围内非法采

① 《全国已设立环境资源审判专门机构或组织 2426 个》，《法治日报》2022 年 9 月 21 日。

② 《专业化审判守护碧水蓝天净土》，《人民法院报》2023 年 2 月 13 日。

③ 《专业化审判守护碧水蓝天净土》，《人民法院报》2023 年 2 月 13 日。

砂一案，对破坏黄河矿产资源犯罪予以惩处。据悉，该案系《黄河保护法》实施后，河南省法院公开审理的涉黄河保护“第一案”。[①] 此次审判以巡回审判的形式对《黄河保护法》开展生动宣讲，是环境资源审判专门化和现代化的重要体现，营造了全社会共同用法治守护黄河的浓厚氛围。

此外，河南深入践行恢复性司法理念，坚持生态优先、保护优先，坚持惩罚与修复并重，坚持事前预防与源头治理相结合。2018 年至 2022 年，全省法院裁判促进修复受损生态环境 1527 处，发放环保禁止令 170 余份，实现了“办理一个案件，恢复一片绿水青山”的良好生态效果。同时，全省司法实践中积极适用增殖放流、补植复绿、技改抵扣、护林护鸟、劳务代偿等替代性裁判方式，督促责任人将生态环境保护和修复责任落实到位。洛阳中院判决猎捕红腹锦鸡的行为人巡山 10 个月，以开展公益性劳动等方式承担民事损害赔偿责任，取得良好法治宣传效果。[②]

（三）司法保护与行政执法深度衔接

生态环境司法保护与行政执法开展深度衔接。省法院与省政府积极建立府院联动机制，将环境资源审判纳入府院联动大盘，共同做好环境资源案件诉源治理、矛盾化解、生态修复等工作；省法院与河南黄河河务局会签《关于服务保障黄河流域生态保护和高质量发展加强协作的意见》，与省公安厅、林业厅、生态环境厅等会签《关于加强生态环境执法与刑事司法衔接的意见》等多个文件，建立健全常态化的沟通协作机制，形成保护黄河流域生态环境的整体合力。[③] 郑铁两级法院建立“司法+N”模式，先后与河南黄河河务局，以及生态环境、自然资源等行政执法机关召开 23 场座谈会，建立常态化交流研讨机制，推动黄河流域生态环境协同保护。[④]

---

① 《判了！河南省法院公开审理涉黄河保护“第一案”》，“大河网”百家号，2023 年 4 月 2 日，https：//baijiahao. baidu. com/s？ id = 1762043229951934977&wfr = spider&for = pc。

② 数据来源于《2018—2022 年河南法院环境资源审判白皮书》。

③ 《审判发力　守护黄河》，《河南法制报》2023 年 5 月 17 日。

④ 参见《2018—2022 年河南法院环境资源审判白皮书》。

（四）法治宣传更加多样化

2023 年 8 月 15 日是首个全国生态日，习近平总书记希望全社会行动起来，做绿水青山就是金山银山理念的积极传播者和模范践行者，身体力行、久久为功，为共建清洁美丽世界作出更大贡献。[①] 河南省生态环境厅将《黄河保护法》等列入普法宣传的重要内容，广泛宣传《黄河保护法》的立法意图、实践要求、适用范围等，力图推动全社会形成自觉尊法、学法、守法、用法的良好氛围。全省各地市积极通过在微信、微博公众号设立“全国生态日”专栏，以及悬挂条幅、发放宣传资料、提供知识咨询等线上、线下结合的形式，向群众普及全国生态日设立的意义、生态环境保护的重要性，号召大家从自身做起，倡导生态环保理念，践行绿色低碳生活方式，共建水清、天蓝、地绿的美好家园。

（五）河南黄河法治文化带建设氛围更加浓厚

2018 年，省司法厅与河南黄河河务局共商共建，编制《河南黄河法治文化带建设规划》，统筹防汛、环保、法治等功能，在黄河两岸打造集法治、文化、艺术于一体的河南黄河法治文化带。近年来，黄河流域河南段各地围绕黄河这一特殊地理位置，在深入挖掘黄河沿线丰富的红色法治文化、传统法律文化资源的基础上，因地制宜进行各具特色的探索尝试，通过法律条文解析、治理黄河名人事迹介绍等形式向人们讲述黄河法治故事。2023 年 4 月 1 日起施行的《黄河保护法》第八章专门规定了“黄河文化保护传承弘扬”，以法律的形式明确了国家层面和地方层面保护传承弘扬黄河文化的职责和要求。河南黄河法治文化带的建设正是河南省“加强黄河文化保护传承弘扬，提供优质公共文化服务，丰富城乡居民精神文化生活”的具体实践，其蕴含依法治理精神、反映黄河流域特色、体现黄

① 《习近平在首个全国生态日之际作出重要指示强调　全社会行动起来做绿水青山就是金山银山理念的积极传播者和模范践行者》，人民网，2023 年 8 月 15 日，http：//politics.people.com.cn/n1/2023/0815/c1024-40056992.html。

河文化精髓，适宜普及推广，既可营造浓厚的法治文化氛围，使依法治理黄河、保护绿水青山、保护生态环境的理念深入人心，又可提升集全社会之力依法治河的能力和水平，筑牢黄河流域生态保护和高质量发展的法治根基。

2023 年，河南通过黄河法治文化带的建设，不仅更加深入挖掘中华法系中民为邦本、礼法并用等传统法律文化精华，而且根据时代精神创造性地传承弘扬中华优秀法律思想和理念，使中华优秀传统法律文化在当下法治实践中焕发出新的生命力。在河南黄河法治文化带的建设中，普法主体将普法长廊、宣传牌等设置在沿河上堤路口、大型非防洪工程等地点，供社会大众了解黄河防洪安全、水资源安全、水生态安全等方面的法律知识和法治实践，让黄河沿线的风景因具有法治元素而增添文化韵味。河南黄河法治文化带的建设，创设了黄河沿线法治文化、红色文化、黄河文化、地方特色文化等协同保护发展制度，有力促进黄河沿线自然景观、文化旅游、群众娱乐、法治宣传等元素深度融合，使黄河流域成为融学于趣、寓教于游的法治风景线。

四 数字法治建设逐步发力

（一）数字政府建设实施方案更加清晰

2023 年 4 月，省政府印发《河南省加强数字政府建设实施方案（2023—2025 年）》（以下简称《实施方案》），公布 1 个总体方案、3 个专项方案和 1 个重点任务清单，为数字政府建设提供了发展蓝图和行动指引。[①]《实施方案》明确了河南省 2025 年数字政府建设定性目标和 12 项定量指标，提出到 2025 年，全省数字政府建设统筹协调和整体协同机制更加健全，安全高效

① 《"一朵云"+"一张网"+"一道墙" 加快建设"指尖政府"》，《郑州日报》2023 年 5 月 18 日。

的基础架构和公共平台支撑体系基本形成，数据资源有效赋能政府治理和经济社会高质量发展，行政审批制度实现数字化系统性重塑，政府履职能力和政务服务水平整体提升，一体化政务服务能力主要指标和营商环境相关指标进入全国前列。在此基础上，再经过十年左右的努力，数字政府体系框架更加成熟完备，数据资源赋能作用全面发挥，与高水平实现现代化河南相适应的数字治理新格局全面形成，以数字政府为引领的数字强省基本建成。① 《实施方案》涵盖总体方案和“一朵云”“一张网”“一道墙”3个专项方案，在总体方案中明确全省数字政府建设的逻辑架构，以数字化履职能力、安全保障、制度规则、数据资源、公共平台支撑“五大体系”为总纲，将“一朵云”的聚数载体、“一张网”的互通链接、“一道墙”的安全防线作用融入其中，同时在3个专项方案中细化逻辑架构，实现“三大基础支撑”与“五大体系”纵横协同，共同服务于打造全省一体化高效运行的数字政府。

（二）智慧司法建设助力法院工作更加便捷高效

智慧司法是一种智慧化司法模式，它不同于传统司法以及数字司法的关键之处在于这种司法模式中运用的算法、人工智能等现代科技手段增加了司法者本身具有的智慧，实现了法院系统从立案到执行各阶段工作的手段革新和效率提升。近两年来，河南“智慧审判”的重点逐渐从以科技法庭、远程视频、电子签章等为代表的法院信息化，向以5G及互联网审判、大数据应用、区块链以及人工智能辅助审判为代表的智慧法院转变，人民法院的审理裁判更加便捷高效，呈现出诉讼网络化、办案无纸化、审判智能化等特征。《法治社会建设实施纲要（2020—2025年）》提出，要推动大数据、人工智能等科技创新成果同司法工作深度衔接，完善“互联网+诉讼”模式。随着各地人民法院加快构建更加完整、更加便利的电子诉讼平台，河南电子诉讼在司法审判中的应用范围愈加广泛，电子诉讼的比例也在逐年攀高。新的起点上，无纸化办案是河南法院数字化转型的重要途径，也是人民

① 《河南：数字政府建设再提速》，《中国信息化周报》2023年6月12日。

法院智慧司法建设的重点工程。目前，电子签章、电子送达在全省法院已经基本普及，办案无纸化越来越侧重于电子卷宗的深度应用。全省各地法庭积极配备先进的庭审语音辅助系统，将书记员从繁重的手动记录工作中解放出来，有的法庭还进一步扩大智能语音识别在辅助审判中的应用范围，如根据法官语音书写文字、庭审中语音实时调取证据等，审判的智能化极大地提高了审判效率。此外，信息化建设在基层人民法庭中发挥越来越重要的作用。如洛阳市偃师区人民法院缑氏人民法庭探索并形成了“综治+法庭+网络”矛盾纠纷多元化解的“缑氏模式”，依托智慧法院平台和基层综治中心平台在辖区非法庭驻地的府店镇综治中心设立“共享法庭”，以“综治+法庭+网络”的形式，通过“一屏一线一终端”实现“村—镇—法庭—法院”四级互联互通，实现了网上立案、在线诉讼、在线调解、普法宣传、群众参与基层社会治理、辅助送达执行六大功能。①

五　社会法治建设不断完善创新

（一）公共法律服务实体平台建设卓有成效

2023年，省司法厅印发《河南省公共法律服务实体平台服务规范》（以下简称《规范》），着力增强全省公共法律服务实体平台的服务供给能力和保障能力。《规范》中明确要求，各级公共法律服务实体平台要积极拓展多类型服务职能，做到选址标识统一规范、科学设岗职责明晰、服务方式多元化等，同时加大力度规范实体平台的日常运行，为人民群众提供规范化、标准化、信息化的公共法律服务实体平台。②

① 《主题教育一起学丨王运慧：积极践行枫桥经验，加快建设法治社会》，河南省社会科学院网站，2023年7月26日，https：//www.hnass.com.cn/Special/index/cid/4/jid/57/jcid/143/id/2077.html。

② 《我省制定公共法律服务新规范　对全省四级三类公共法律服务实体平台提出要求》，河南省司法厅网站，2023年7月20日，https：//sft.henan.gov.cn/2023/07-20/2781347.html。

目前，全省基本实现公共法律服务实体平台全覆盖。全省共建成市级公共法律服务中心 18 个、县级公共法律服务中心 164 个、乡镇（街道）公共法律服务工作站 2469 个、村（社区）公共法律服务工作室 5. 1 万个。2023 年 8 月，河南省司法厅出台了《河南省公共法律服务中心建设提质增效三年行动方案（2024—2026 年）》，明确未来三年，河南省将着力实现公共法律服务资源提优、平台功能优化提质、工作机制协调提效、服务供给丰富提量，推进公共法律服务有效、均衡、高质量发展。①

（二）“枫桥经验”在法治社会建设中得到创新应用

“枫桥经验”是中国基层社会治理和政法战线的一面旗帜，代表了以人民为中心的共建共治共享的基层社会治理经验。近年来，河南各地在基层治理中不断创新完善，将“枫桥经验”发展为化解矛盾纠纷的制胜法宝。济源示范区强化跨界协同效应，努力构建“人社+法院+司法+工会”的劳动人事争议多元化解模式，为群众提供高效、多元的争议解决服务。2022 年至今，该示范区人社部门联合工会、工商联先后 4 次到万洋、富士康、优洋饮品、济世药业等企业，对基层调解组织业务开展情况以及集体合同签订等涉及劳动关系的相关工作进行督导。它们还建立与法院的工作沟通机制，先后召开 10 余次裁审衔接会，提高裁审结果一致率。与区财政局、司法局联合发文，明确将劳动争议案件法律援助经费纳入同级财政预算。为农民工以及低保、军属等人员常态化开通绿色服务通道，优先保障权益。2022 年共选派 5 名律师为群众开展法律咨询服务 180 余次，协同区司法局开展劳动争议案件法律援助 13 起。②

（三）社会组织积极参与基层矛盾化解

社会组织在法治社会建设中发挥着重要作用，既可以促进不同人群融入

---

① 《我省制定公共法律服务新规范　对全省四级三类公共法律服务实体平台提出要求》，河南省司法厅网站，2023 年 7 月 20 日，https：//sft. henan. gov. cn/2023/07-20/2781347. html。

② 《化解小矛盾　构建大和谐——济源示范区推动新时代“枫桥经验”展现新景象》，《河南工人日报》2023 年 3 月 29 日。

具体建设，提高社会自治能力，又可以整合社会资源，在社会的某一角落提供公共服务。① 如鹤壁市淇滨区工商联于2022年9月设立“同心法庭”，创新实施“1135”工作法，努力将矛盾纠纷化解在源头，为民营企业发展营造了良好的法治环境。② 截至2023年5月5日，“同心法庭”共受理商事纠纷46件，其中调解成功44件，有效化解了民营经济领域各类矛盾纠纷，促进和引导民营企业依法经营、依法维权，节约了企业诉讼成本，促进了民营经济健康发展。第一个“1”即建强1支队伍，成立由区工商联、区人民法院、乡镇（街道）基层商会调解人员和专职律师等19人组成的调解员队伍。第二个“1”即规范1套流程，绘制完整的流程图，明确企业从申请调解到出具调解书流程或申请立案各个环节，提供简单明了的操作指南。“3”即完善3种机制，畅通调解申请机制，企业可以通过线上微信小程序、网站提交申请，也可以线下到商会调解办公室或通过企业服务管家、政企面对面恳谈会等多渠道提交申请；完善日常联络机制，明确联系领导和联络员，加强对重点案件的督导和对接；优化调解员队伍培养机制，通过组织活动，提高调解员调解能力，提升综合素质。“5”即提供5种服务，依托“工商联商会调解服务平台”，实现网上法律咨询、在线调解、在线申请司法确认等“一站式”服务。

六　展望：凝心聚力，建设更高水平法治河南

习近平总书记指出：“一个现代化国家必然是法治国家。”③ 法治建设是中国式现代化的内在要求和重要内容。④ 因此，中国式现代化向前推进一步，法治建设就要跟进一步。2024年是全面贯彻落实党的二十大精神的第二年，也是全面建设社会主义现代化国家的重要一年，河南全省将在习近平

① 陈柏峰：《法治社会建设的主要力量及其整合》，《法律和政治科学》2019年第1期。

② 《“同心法庭”促诉前调解　推动“枫桥经验”落地见效》，《鹤壁日报》2023年5月9日。

③ 《一个现代化国家必然是法治国家》，“光明网”百家号，2023年2月13日，https：//m.gmw.cn/baijia/2023-02/13/36362360.html。

④ 《深入研究中国式现代化与法治建设的关系》，《人民日报》2023年2月13日。

法治思想的指引下凝心聚力，更加务实进取，进一步加强市场领域、民生领域立法，高质量建设法治政府，积极开拓智慧司法建设新局面，提升法治社会建设水平，为现代化河南建设筑牢法治根基。

（一）进一步践行全过程人民民主，推进立法更加精细化

党的二十大报告擘画了全面建设社会主义现代化国家、以中国式现代化全面推进中华民族伟大复兴的宏伟蓝图。2024 年，河南的立法工作要自觉主动对标对表党的二十大报告提出的目标任务，深入分析河南现代化建设的立法需求，把立法决策同河南经济社会改革发展决策更好地结合起来。深入践行全过程人民民主，不断加强基层立法联系点建设，切实发挥基层立法联系点社情民意收集传达的桥梁纽带作用，努力打通立法机关直接联系基层人民群众的渠道，实现两者之间在立法全过程中的民主参与、民主表达、民主决策“声气相通”，推进立法更加接地气、精细化。提前拟定好立法规划，加强市场领域、民生领域立法，健全全省治理现代化急需、满足人民日益增长的美好生活需要必备的法规制度，在法治轨道上全面推进河南现代化建设。

（二）数智助力，推进法治政府建设迈上新台阶

2023 年，《河南省加强数字政府建设实施方案（2023—2025 年）》印发，全省数字政府建设在提升政府治理能力和水平方面起到越来越重要的作用。如郑州市通过城市大脑建设引领带动数字政府建设，提升城市数字化水平，取得了积极成效。面向广大市民提供政务服务、公共服务、便民服务的“郑好办”App，累计上线服务事项 2499 项，注册用户超 1800 万人，日活用户超 50 万人，掌上办件量 560. 6 万件，办结率达 99. 8%。“亲清在线”发布 1117 项惠企惠民政策。其中，110 项政策支持线上全流程办理，累计兑付资金 59. 9 亿元，惠及企业 1. 1 万家；免申即享类政策 10 项，累计兑付资金 1. 3 亿元。[①] 2024 年，全省法治政府建设要更加注重运用数字化、智能

---

① 《“一朵云”“一张网”加快智慧郑州建设》，河南省人民政府网站，2023 年 3 月 7 日，http：//www. henan. gov. cn/2023/03-07/2702320. html。

化手段，创新行政执法方式，提升行政执法监督水平，智慧化推进更加严格规范公正文明执法，努力以河南大数据发展迈上新台阶助力法治政府建设迈上新台阶。

（三）推进智慧司法建设，推动实现更高水平数字正义

近几年，智慧司法作为司法与大数据、人工智能深度融合的产物，在推进司法体系和司法能力现代化中发挥着越来越重要的作用，成为法治现代化的重要推动力。2023 年，河南深入践行司法为民理念，积极致力于为人民群众提供集约集成、线上线下衔接融合的司法服务，让老百姓的司法需求随时随地得以满足。2024 年，河南各级人民法院要借助信息技术积极构建开放、透明、动态、便民的阳光司法机制，提升司法透明度，保障司法公平和正义能真正被“看得见”。人民检察院应依托现代科技，积极构建互联网条件下的检务规则体系，进一步推进信息化技术在提升司法公信力、提高司法效率、增强司法协同能力、服务全省经济社会发展等方面的高效应用，推动实现更高水平数字正义。

（四）创新发展新时代“枫桥经验”，努力提升法治社会建设水平

随着《河南省法治社会建设实施方案（2021—2025 年）》得到深入贯彻落实，全省法治社会建设取得了明显成效，在主体力量、价值追求、治理格局、创新路径等方面形成了鲜明特色。2024 年，河南的法治社会建设应着力推进法律服务均衡发展，积极拓展法律服务的覆盖主体，为农民工、退役军人、低收入者、老人、残疾人、妇女及青少年等特殊群体提供多层次、多元化、多需求的法律服务供给保障，同时，面对优化营商环境的迫切需求，河南省应着力保障以企业为主体的公共法律服务供给体系建设。法治社会建设的重点和难点在于基层社会治理的法治化，因此，要坚持和创新发展新时代“枫桥经验”，充分运用和融合大数据、云计算、人工智能、移动互联网等新兴科学技术手段，推动“枫桥经验”的数字化转型，创造出智能化、精细化、高效化、共享化的基层社会治理办法。

（五）深入开展法治宣传宣讲工作

习近平总书记强调："法治建设需要全社会共同参与，只有全体人民信仰法治、厉行法治，国家和社会生活才能真正实现在法治轨道上运行。"①全民法治观念的不断强化和法律思维的逐步养成离不开日积月累、循序渐进的法治宣传宣讲工作。2023 年，河南坚定不移以习近平法治思想为指引，成立"全省百名专家普法讲师团"，深入开展法治宣传宣讲工作，弘扬社会主义法治精神，推动"八五"普法规划有效落实，使全社会尊法、学法、守法、用法的氛围日益浓厚。2024 年，河南的普法宣传队伍将进一步扩大，在大数据和信息化建设的推动下，普法宣传教育方式也将更加新颖，探索直播说法、手机 App 讲法、原创短视频释法等新形式，尝试普法和动漫、游戏等新结合，加强对优秀自媒体制作普法作品的引导，扩大普法的受众群体，打造功能互补、便捷高效、覆盖广泛的网上法治宣传体系。同时，开展普法宣传教育要充分发挥地方优势，激发品牌化普法活动开展的内在活力，如加强法治文化阵地建设、讲好黄河法治故事等。

参考文献

《专业化审判守护碧水蓝天净土》，《人民法院报》2023 年 2 月 13 日。

《判了！河南省法院公开审理涉黄河保护"第一案"》，"大河网"百家号，2023 年 4 月 2 日，https：//baijiahao. baidu. com/s？ id = 1762043229951934977&wfr = spider&for = pc。

《"一朵云" + "一张网" + "一道墙"　加快建设"指尖政府"》，《郑州日报》2023 年 5 月 18 日。

《河南：数字政府建设再提速》，《中国信息化周报》2023 年 6 月 12 日。

《主题教育一起学 | 王运慧：积极践行枫桥经验，加快建设法治社会》，河南省社会科学院网站，2023 年 7 月 26 日，https：//www. hnass. com. cn/Special/index/cid/4/jid/57/jcid/143/id/2077. html。

① 习近平：《论坚持全面依法治国》，中央文献出版社，2020，第 275 页。

《“一朵云”“一张网”加快智慧郑州建设》，河南省人民政府网站，2023 年 3 月 7 日，http：//www. henan. gov. cn/2023/03-07/2702320. html。

《深入研究中国式现代化与法治建设的关系》，《人民日报》2023 年 2 月 13 日。

《化解小矛盾　构建大和谐——济源示范区推动新时代“枫桥经验”展现新景象》，《河南工人日报》2023 年 3 月 29 日。

陈柏峰：《法治社会建设的主要力量及其整合》，《法律和政治科学》2019 年第 1 期。

《“同心法庭”促诉前调解　推动“枫桥经验”落地见效》，《鹤壁日报》2023 年 5 月 9 日。

实践篇

B.2
河南弘扬新时代“枫桥经验”的实践总结与展望

张金艳　王万里*

摘　要：　新时代“枫桥经验”是中国式基层治理的重大经验，其旺盛生命力在于能够适应各时期的新发展需要，不断创新实践，赋予自身新的时代内涵。在河南基层治理中，弘扬新时代“枫桥经验”的实践为依法治省提供了坚实保障。但是河南在弘扬新时代“枫桥经验”过程中，存在基层治理矛盾纠纷解决机制尚不健全、基层治理中的民主参与有待强化、矛盾纠纷解决模式的实效需进一步提高等障碍，本报告在总结了新时代“枫桥经验”在河南省的创新实践经验以及其他省份优秀经验的基础上，提出河南弘扬新时代“枫桥经验”要强化思想引领、推进“三治结合”、重视“数字化”赋能、引进挖掘治理新模式等展望与建议。

* 张金艳，中原工学院法学院、知识产权学院副院长，教授，法学博士，研究方向为经济法学、知识产权法学；王万里，中原工学院法学院、知识产权学院2021级在读法律硕士，研究方向为知识产权法学。

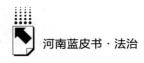

关键词： 新时代“枫桥经验” 基层治理 依法治省

党的十八大以来，河南省各地大力弘扬“枫桥经验”，在继承的基础上创新，在积累的基础上深化，推动“枫桥经验”落地生根。实践充分证明，坚持和发展“枫桥经验”，有利于破解河南依法治省中的难点、堵点，优先形成一批具有推广性、可复制性的经验做法，为河南省法治社会建设作出重大贡献。

一 弘扬新时代“枫桥经验”的效能

（一）为法治“四维度”赋能

新时代“枫桥经验”本质上是中国特色社会主义道路在基层治理中的具体体现，集中体现了社会主义法治建设成就和经验。弘扬新时代“枫桥经验”，必须完整准确理解弘扬新时代“枫桥经验”对社会主义法治“四维度”的意义。其一，弘扬新时代“枫桥经验”，运用法治思维和法治方式解决基层治理的深层问题。党的十八大以来，我国的基层治理进入新的发展阶段，“枫桥经验”的发展基础虽然稳固，但是发展条件逐步发生深刻变化，新的发展面临着更新的挑战，而基层治理能够实现目标，既要靠创新，也要靠法治，并且基层治理越深入越要强调法治。为此，弘扬新时代“枫桥经验”，要善于运用法治思维和法治方式解决基层治理面临的深层问题。其二，新时代“枫桥经验”植根于中国的历史传统和实践经验，有着鲜明的“本土性”、“时代性”、“民族性”和“继承性”特质。“枫桥经验”植根于上下五千年的历史传统，植根于革命、建设、改革的历史进程，植根于特殊性和复杂性兼具的我国国家治理实践，是党在基层治理中积累的实践经验。其三，为党坚持群众路线提供理论保障。新时代“枫桥经验”高度重视群众工作，始终代表群众的声音，反映群众的真实愿望。全心全意为人民服务，相信群众，依靠群众。其四，借鉴国外法治有益成果。弘扬、创新具有“时代性”的“枫桥经验”，要在立足基本国情的情况下，积极吸收、借鉴世界其他优秀法治文明、社会治理成果。

（二）发挥人民群众在基层治理中的主体作用

“天地之大，黎元为先。”习近平同志在党的十八届五中全会第五次全体会议中，将“天地之大，黎元为本；邦国之贵，元首为先”化用为“天地之大，黎元为先”，表明中国共产党把人民群众放在首位。新时代“枫桥经验”是人民群众的创作，是中国历史发展的选择，更是时代的迫切需要。党始终坚持和依靠人民群众创建新时代伟业，始终坚持维护人民群众的根本利益，发挥人民群众在基层治理中的主体力量。人民群众不仅是基层治理的创新主力，更是基层治理成效的评判者。马克思主义理论认为，人民群众是历史的创造者，是真正的英雄，是推动历史发展和社会进步的主体力量。①60年来，“枫桥经验”在社会发展各个阶段，解决不同时期的矛盾，“把人民群众作为主体力量”这一核心精髓始终未发生改变。“枫桥经验”发挥着自身的独特优势，发挥人民群众的积极性、主动性，把矛盾的消极因素通过科学的方法论转化为促进社会治理的积极条件，进一步解决基层治理中的尖锐矛盾。发挥人民群众的主体作用，是各时期“枫桥经验”的特色治理经验。随着时代的变化发展，“枫桥经验”不断与时俱进，充实新内涵。发挥人民群众的主体作用，是新时代“枫桥经验”实践创新的必备条件。弘扬新时代“枫桥经验”，以人民群众为中心，发挥人民群众在基层治理中的主体作用，是尊重基层治理规律的必然选择。

（三）深化习近平法治思想的必然要求、建设法治社会的实践源泉

新时代“枫桥经验”的基层治理实践，与习近平新时代中国特色社会

① 代继盟、李国锋：《习近平生态文明思想的人民性探析》，《攀登》2022年第5期。

主义思想相契合，是党治国安邦的伟大实践，同时也是坚持和发展中国特色社会主义的必然选择。[①] 新时代“枫桥经验”基层治理的成功实践进一步深化了习近平法治思想，而习近平法治思想的实践性又转化为基层治理的行动力。同时，在习近平法治思想指导下，我国牢牢把握法治价值追求，自觉践行法治理念，逐步形成依法办事、化解矛盾靠法的治理环境。新时代“枫桥经验”的创新实践，为建设高水平法治社会提供源泉，是实现社会高质量发展的旗帜，为法治社会建设引领方向。我国法治社会建设过程中，呈现了“增强全社会的法治观念”、“提高人民群众的福祉，增强人民群众获得感、幸福感、安全感”、“持续推动社会治理、网络治理的法治化建设”和“注重发挥制度的力量，以良法促进社会建设、保障社会善治”等鲜明特色，这就代表着法治社会建设是一项全民性、基础性的伟大工程。

二 河南弘扬新时代“枫桥经验”的实践总结

（一）各地创新工作方式方法，持续完善矛盾纠纷解决新机制

为认真贯彻落实习近平总书记关于“坚持和发展新时代‘枫桥经验’，把非诉讼纠纷解决机制挺在前面”[②] 的重要指示精神，充分发挥商会调解民营经济领域纠纷的制度优势，河南省鹤壁市淇滨区工商联于2022年9月设立“同心法庭”，创新实施“1135”工作法，努力将矛盾纠纷化解在源头，为民营企业发展营造了良好的法治环境。[③] 截至2023年5月5日，“同心法庭”共受理商事纠纷46件，其中调解成功44件，有效化解了民营经济领域各类矛盾纠纷，促进和引导民营企业依法经营、依法维权，节约了企业诉讼成本，促进了民营经济健康发展。第一个“1”即建强1支队伍，成立由区

① 李晓瑜：《新时代“枫桥经验”法治化的启示》，《农村·农业·农民》（B版）2023年第3期。

② 《把非诉讼纠纷解决机制挺在前面》，《人民法院报》2023年8月18日。

③ 李丹丹：《“同心法庭”促诉前调解 推动“枫桥经验”落地见效》，《鹤壁日报》2023年5月9日。

工商联、区人民法院、乡镇（街道）基层商会调解人员和专职律师等 19 人组成的调解员队伍。第二个“1”即规范 1 套流程，绘制完整的流程图，明确企业从申请调解到出具调解书流程或申请立案各个环节，提供简单明了的操作指南。“3”即完善 3 种机制，畅通调解申请机制，企业可以通过线上微信小程序、网站提交申请，也可以线下到商会调解办公室或通过企业服务管家、政企面对面恳谈会等多渠道提交申请；完善日常联络机制，明确联系领导和联络员，加强对重点案件的督导和对接；优化调解员队伍培养机制，通过组织活动，提高调解员调解能力，提升综合素质。“5”即提供 5 种服务，依托“工商联商会调解服务平台”，实现网上法律咨询、在线调解、在线申请司法确认等“一站式”服务。

河南省济源示范区着力构建市、镇、企调解工作体系，巩固“大调解”格局，高标准建成市级仲裁院调解室，规范化设立镇级劳动人事争议调解中心，并设立案前调解室、金牌调解室、特色调解室和群体性调解室，着力推动调解前置、分类化解、调裁衔接。依托人社基层服务平台“标准化、信息化、一体化”试点建设，该示范区在 16 个乡镇（街道）人社服务所完成了劳动人事争议调解中心规范化建设，同步推进与市级仲裁院信息化办案系统实时对接。目前，已有 100 余家规模以上企业建立了规范的企业调解委员会，依托企业工会组织和法务部门，绝大部分劳动人事争议纠纷在基层得到及时有效化解，基本实现了“小争议不出车间、大矛盾不出厂门”。①

（二）建立“大数据+基层治理”新模式，数字赋能“枫桥经验”

河南省漯河市龙塔街道利用大数据精准赋能。通过“大数据+基层治理”，强化大数据精准赋能，把相关力量调动起来，做到“信息动态随时采、矛盾纠纷随时调”，第一时间将风险隐患化解在萌芽状态，② 其模式主要有三大特点。第一，以“数据整合”为抓手，将矛盾化解在基层。2019

---

① 胡艺：《化解小矛盾　构建大和谐——济源示范区推动新时代“枫桥经验”展现新景象》，《河南工人日报》2023 年 3 月 29 日。

② 周鹤琦：《打造“枫桥经验”的龙塔样本》，《漯河日报》2022 年 11 月 25 日。

年，龙塔街道组织工作人员开展“敲门行动”，挨家挨户统计辖区人口信息，建立了11.3万人的数据库。2022年8月，龙塔街道又对人口信息进行了核查，并根据行业类别，将可能发生的安全事故、危险登记分类，开展安全隐患排查工作。第二，以“数据分析”为手段，将隐患化解在基层。龙塔街道借助大数据、云计算等技术手段，建立网格化管理指挥中心，对接综治、城建、公安、消防、环卫等非涉密数据端口，变群众跑路为“数据跑腿”，变治理为“智理”，真正做到“早发现、早化解，早控制、早处理”。面对疫情大考，龙塔街道利用大数据，打造打赢疫情防控阻击战的“最强大脑”，做到返乡人员1分钟排查到位、密接人员1分钟定位到户，第一时间将风险隐患化解在萌芽状态。第三，以“数据具现”为导向，让科技服务基层。依托街道网格化管理指挥中心，推广“居民通”“网格通”双向App，建立滚动式、常态化、多元化矛盾纠纷排查化解机制，实现网上咨询、网上受理、网上分流、网上调解“一站式”服务，推动社情民意在网上了解、矛盾纠纷在网上化解。数字技术与社会治理的进一步融合，是基层化解矛盾的趋势。要以数字检察为牵引，同相关职能部门加强信息共享、数字互联和工作联动、协同治理，有效破除信息壁垒，以数字赋能监督、促进治理。

（三）打造特色品牌，“枫桥经验”在中原大地生根开花

河南省各地立足本区域创新实践、长远规划，打造新时代“枫桥经验”特色品牌，构建特色品牌的规划发展体系，提高基层矛盾化解的服务标准、服务水平。目的是，依托标准化模式，将新时代“枫桥经验”特色品牌的成熟服务模式不断升级、改造，对符合相关指标的地区，进行复制推广，力求打造出能产生协同效应①的高标准化、高实效性的特色品牌。河南省平顶山市司法局在把握“枫桥经验”核心内涵基础上，结合本地区的实际，打

① “协同效应就是发挥‘1+1>2’的作用。‘枫桥经验’品牌的延伸，创新社会服务功能，提高目标公众的获得感、幸福感、安全感。”曹礼海、谢琦：《新时代“枫桥经验”品牌延伸战略研究》，《公安教育》2022年第9期。

造“平安鹰城”“法治鹰城”特色品牌，[①] 全市司法行政系统的矛盾纠纷调解工作取得重大成效。[②] 该市依靠的“鹰城掌上12348”互联网平台，通过大数据优势，及时、准确获取基层矛盾纠纷的发展态势，以便对突发事件的发展趋势快速研判，解决矛盾纠纷化解的痛点，不断提高社会治理实效，同时，打造“老于调解室”、“红亮调解室”和“疆红调解室”等几十个品牌调解室的专业化调解队伍，司法局还加强与公、检、法等部门的协作，实现调解工作的对接，确保信息共享、情况互通、问题同答、难题共解。河南省洛阳市汝阳县人民法院，充分发挥人民群众的优势，打造“特色法庭”品牌，深入基层治理，为基层治理提供有力司法保障。围绕中心工作，聚焦社会治理现代化需求，着力构建“特色法庭”延伸服务模式，结合法庭辖区内经济发展状况和纠纷类型特点，为每个法庭量身打造专属品牌。汝阳县人民法院下设“助企法庭”“旅游观光法庭”“三农法庭”等“特色法庭”，形成基层治理的特色，通过“特色法庭”的建设，创新发展新时代“枫桥经验”，将法庭作为执行办案点，实现资源整合、信息共享，提升执行效率，营造自觉守法、遇事找法、解决问题用法的社会氛围。

（四）发挥新时代“枫桥经验”在知识产权纠纷调解领域的作用

河南省加强调解组织建设，强化部门协作配合，推动知识产权纠纷调解工作走深走实。一是加强知识产权管理部门、司法行政机关协作配合。河南省知识产权局、河南省司法厅印发《关于转发〈国家知识产权局　司法部关于加强知识产权纠纷调解工作的意见〉的通知》，加强全省知识产权纠纷调解工作的组织领导和统筹协调，要求各地提高政治站位、加强协作配合、强化工作保障，推动知识产权纠纷调解工作落地。二是加大调解组织培育力度。河南省高级人民法院、河南省市场监督管理局印发《关于建立河南省知

① 曹晓雨、袁方：《践行“枫桥经验”　打造“鹰城样本”》，《平顶山日报》2022年7月26日。

② 近两年，全市司法行政系统开展矛盾纠纷排查37816次，排查发现矛盾纠纷10472件，共调解案件83158起，调成81938起，调成率98.5%，调解协议涉及金额2592.6万元。曹晓雨、袁方：《践行“枫桥经验”　打造“鹰城样本”》，《平顶山日报》2022年7月26日。

识产权纠纷在线诉调对接机制的意见》，明确各地市由人民法院牵头，与相应知识产权管理部门和相关单位建立工作协调和信息共享机制，建立健全在线诉调对接机制。整合社会资源、行政资源、司法资源，加大调解组织培育力度，推动知识产权纠纷人民调解组织的设立，建立横到边纵到底的知识产权纠纷调解工作模式。三是强化知识产权纠纷调解机制建设。河南省高级人民法院、河南省市场监督管理局印发《河南省知识产权纠纷行政调解协议司法确认程序实施办法（试行）》，强化知识产权行政保护和司法保护的有机衔接。漯河市知识产权局印发《关于进一步建立健全市县乡三级知识产权纠纷非诉讼解决工作机制的通知》，加强机制建设，增强基层知识产权保护能力。

三　河南弘扬新时代“枫桥经验”存在的障碍

（一）基层治理矛盾纠纷解决机制尚不健全

河南省各地在基层治理矛盾纠纷解决机制方面，有着不同的探索亮点。各地在结合自身实践的基础上，创造适合自身定位的矛盾纠纷解决机制，但是各地受到缺乏交流、协同互动等因素的影响，矛盾纠纷解决机制尚不健全。实践是检验真理的唯一标准，结合当前河南新时代“枫桥经验”的实践来看，矛盾纠纷解决机制仍存在短板，尚需不断发展和完善。

（二）基层治理中的民主参与有待强化

发挥人民群众的主体作用是新时代“枫桥经验”的核心本质，发挥人民群众的首创精神，也是“枫桥经验”在不同时代背景下经久不衰的关键所在。新时代“枫桥经验”的创新实践要求基层治理需要民主力量以多元化途径广泛参与，要始终坚持以群众观点来看待问题、解决纠纷，高效践行党的群众路线。[①] 当前基层治理中的民主参与主要存在两方面不足。一是民

① 李芳、师英强：《新时代“枫桥经验”融入基层社会治理的现实困境及创新路径》，《新西部》2023年第4期。

主参与监督意识薄弱。① 习近平总书记强调，要充分发挥监督在基层治理中的作用，推动监督落地，让群众参与到监督中来。② 科学有效的治理机制需要民主监督来保障，民主监督是基层治理体系的重要组成部分。在“枫桥经验”创新实践中，加强对基层治理中管理人员的监督，有利于纠正“歪风邪气”，铲除因腐败问题而产生的“毒瘤”。二是民主参与的力量不足。受当前社会生活、工作方式的分离影响，无论是城市居民还是村庄居民，都面临邻里关系淡薄、信任弱化问题的挑战，这往往不利于在基层治理工作中民主合力的形成，再加上相关各方沟通以及参与渠道不畅，就更加大了基层矛盾纠纷解决的难度，长此以往发展下去，会导致基层治理的主体力量出现短暂缺位的情况。

（三）矛盾纠纷解决模式的实效需进一步提高

基层矛盾纠纷解决要更加注重实效化，保证矛盾纠纷实质性化解。矛盾纠纷解决模式旨在促进基层治理体系和治理能力现代化，切实维护好基层社会发展的稳定大局，持续营造良好的基层法治环境。模式的运用是检验实效的关键。在实际工作中，主要存在以下三个问题。一是部分地区检验实效“唯数据论”。比如，某市人民法院在纠纷调解过程中，过于重视“漂亮数据”，没把各方当事人的真正诉求放在首位，只想更快结案，导致调解结果难以履行，从而导致当事人对法官的调解能力产生怀疑。二是在模式设计中没有紧扣工作需求。模式设计的出发点是为基层治理工作提供对策建议，落脚点是满足人民群众真正的需求。只有紧扣工作需求，才能更好发挥模式的实效。三是管理人员考核工作不到位。考核内容应该由“虚”向“实”转变，从而解决管理人员在治理工作中存在的“虚多实少，量高质低”问题。努力提高矛盾纠纷解决模式的实效，缩小与党和人民群众期待的实际差距。

---

① 褚宸舸、刘畅：《论新时代“枫桥经验”和基层监督的结合》，《浙江工业大学学报》（社会科学版）2023 年第 2 期。

② 《纪委书记谈监督丨以高质量监督提升基层治理效能》，中央纪委国家监委网站，2021 年 7 月 28 日，https：//www. ccdi. gov. cn/yaowen/202107/t20210728_ 247019_ m. html。

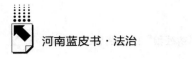

四　新时代“枫桥经验”创新实践经验借鉴

（一）知识产权纠纷调解的“北京经验”

北京市知识产权保护中心发布《2022 年度北京市知识产权纠纷人民调解工作年报》，介绍了关于北京市知识产权纠纷人民调解工作的多项数据以及发展趋势。数据一：“2022 年，全市各知识产权纠纷人民调解委员会共受理纠纷约 1.3 万件，调解结案 4719 件，其中调解成功 2828 件，调解成功率约 60%。”数据二：“北京市调解结案案件的平均调解时长为 30 天，同比缩短约 23.1%。其中调解成功案件的平均调解时长为 33 天，同比缩短约 19.5%。”通过几组数据可以发现，2022 年北京市在诉源治理方面呈现出显著成效，行业性专业性调解组织在调解特定类型知识产权案件方面贡献明显，解纷效率大幅提升，知识产权纠纷调解的“北京经验”取得重大实效。全市知识产权纠纷人民调解工作主要可以总结为以下几个方面。一是持续加强与各级人民法院的协调联动，深度参与诉源治理工作。“把非诉讼纠纷解决机制挺在前面”的工作思路，让便捷、高效、低成本的调解工作帮助诉源治理取得明显成效，实现了矛盾纠纷的合理分流。二是形成部门联动的知识产权纠纷多元化调解机制，其中知识产权部门负责、社会组织为主体、司法行政部门指导、司法部门确认保障，分工负责、协同高效是北京纠纷调解的一大亮点。三是调解人员专业素质高。各人民调解委员会依托不同行业领域专业协会、组织等，拥有丰富的行业经验及专业知识，能够充分发挥自身特点满足不同行业当事人的解纷需求。四是加强调解组织规范化建设。该中心每年持续发布年报与典型案例，为调解组织及创新主体提供可复制、可推广、可借鉴的案件调解经验。组织开展系列培训和调解员等级评定工作，进一步提升调解员的职业素养与专业能力，打造职业化、专业化调解员队伍。①

① 北京市知识产权保护中心：《知识产权纠纷调解“北京经验”再升级》，2023 年 6 月 15 日。

（二）新时代“枫桥经验”的“广州模式”

1. 广州知识产权法院

广州知识产权法院坚持“把非诉讼纠纷解决机制挺在前面”，搭建广东知识产权纠纷调解中心平台，整合各类调解力量，形成律师调解、组织调解、远程诉讼服务平台调解三种模式，实现知识产权纠纷诉前调解“多”“快”“好”“省”。从源头实质化解大量纠纷，切实减轻群众诉累，不断创新发展新时代“枫桥经验”。“广知模式”内容主要体现在三大方面。第一，“一个平台”。多方联动，打造“法院+”纠纷化解体系。联合省市场监督管理局、省知识产权保护中心建立广东知识产权纠纷调解中心，强化与行政部门、群团组织、基层群众性自治组织等的对接，采用“平台委派+特邀调解+司法确认”模式，不断拓展“法院+”纠纷化解体系，努力打造知识产权纠纷调解的广东品牌。第二，“两大抓手”。双管齐下，促进良性发展。一是抓好制度化规范化建设。成立诉前调解指导小组，负责律师调解员的选任、管理、考核及业务培训指导，促进调解规范化专业化。二是抓好服务保障工作。在诉讼服务中心开辟专门调解场所，配齐办案办公设施和辅助人员，为调解常态化提供保障。第三，“三种模式”。为专业、高效、便捷解决纠纷，推行“三种模式”，满足群众多元需求。一是强化律师驻院调解，让解纷更专业。知识产权纠纷多与市场份额、利益博弈相关，并非不可调解，而且专业性与技术性很强，为律师参与诉前调解提供了契机与施展空间。二是委托组织调解，让解纷更高效。调解组织具有行业性专业性较强、与企业联系紧密等天然优势，利于引导企业转变解纷观念、接受诉前调解，及时、快捷化解纠纷。三是远程诉讼服务平台调解，让解纷更便捷。广州知识产权法院将各地巡回审判法庭、诉讼服务处接入调解平台，并将当地知识产权纠纷调解组织纳入特邀调解范围，在企业住所地开展诉前调解，让纠纷化解在当地、消解在源头。[①]

---

① 广州知识产权法院：《1234！新时代枫桥经验的“广知模式”》，2023 年 6 月 21 日。

2. 广州梅州法院知识产权审判“三合一”改革推动司法调解

梅州法院不断深化知识产权审判领域改革创新，加大知识产权司法保护力度，为梅州高质量发展提供坚实司法保障。“三合一”改革之前，梅州法院知识产权民事、行政、刑事案件审判处于“条块分割”状态，审判力量配置上也存在不均衡问题。“三合一”改革有利于审判团队坚持“把非诉讼纠纷解决机制挺在前面”，加强诉前调解工作，推进知识产权纠纷在诉前阶段予以化解。“三合一”改革具有明显的亮点，一是建设“实体关系专门化、程序关系集中化”的审判体系。该体系有利于优化审判资源配置，统一裁判标准，提高审判质量与效率，全面提升知识产权司法保护效能。二是“调解先行+智慧审判”，提升办案质效。通过智慧庭审平台，当事人用手机就可以参加庭审。据统计，“三合一”改革以来，梅县区法院畲江法庭知识产权审判团队受理的 307 件知识产权民事案件均通过网上进行立案；在审结的 260 件知识产权民事案件中，在线开庭、调解 248 件，在线审理率约 95.4%。三是“强化协作+法治宣传”，凝聚保护合力。梅州市中级人民法院与梅州市检察院、梅州市版权局等 10 家单位联合签署《关于强化梅州知识产权协同保护的备忘录》，梅县区法院与梅县区检察院、梅县区市场监督管理局、梅县区工业园管委会等 6 个部门联合出台《关于加强知识产权司法保护协作配合机制的意见》，建立了联席会议、日常联络协作、业务会商、联合调研等工作机制，构建大保护工作格局。知识产权保护，法治宣传先行。梅州法院持续优化“庭、站、点”全覆盖城乡司法服务网络，构建“办案+普法”的法治宣传模式。①

（三）淮安弘扬新时代“枫桥经验”优秀创新实践经验

江苏省淮安市强化源头防范。畅通群众诉求表达渠道，突出便民利民惠民导向，搭建便捷高效的信息收集、诉求表达渠道。在城市治理“i 淮安”

---

① 李胜华：《知识产权审判“三合一”的梅州变革——梅州法院凝心聚力加强知识产权司法保护推动高质量发展》，《梅州日报》2023 年 7 月 11 日。

手机 App 端开发“随手拍”功能，鼓励引导群众通过手机上报身边各类矛盾隐患及有关民生诉求，开发“码上议”协商议事平台，群众通过扫描二维码即可随时反映急难愁盼问题，实现“码”上提建议、搞协商、查进展。

淮安市打造矛盾纠纷化解“终点站”。健全多元化工作机制，形成矛盾纠纷多元调处格局。推进专业化调解，成立专业性、行业性人民调解组织，建立调解专家队伍，成立“参与化解和代理涉法涉诉信访案件”律师服务团。推进品牌化调解，实施“一镇一品牌调解室”培育工程，形成“老娘舅”“孔大姐”等一批人民调解工作品牌集群。推进法治化调解，开展“社区网格吹哨，政法干警报到”活动，推动“三官一律”进网格，建立村（居）法律顾问微信群，驻村法律顾问为居民提供法律服务，为基层化解矛盾问题提供法治支撑。

五　河南弘扬新时代“枫桥经验”的展望与建议

（一）强化思想引领，坚定基层治理政治方向

在弘扬新时代“枫桥经验”中，要强化其与习近平法治思想的关联。“枫桥经验”的产生之地，同样也是习近平法治思想的重要发源地。“枫桥经验”在不同的时代不断发展、持续创造，为习近平法治思想提供了源泉；同样，习近平法治思想为新时代“枫桥经验”指引前进方向，使“枫桥经验”在新时代的背景下，继续创新发展。[①] 强化新时代“枫桥经验”与习近平法治思想的联系，在河南法治实践中具体表现为以下几个方面。

第一，坚持党的全面领导。党是中国特色社会主义事业的领导核心，党对依法治省实践的领导具体体现在“立法、执法、司法、守法”四个方面。要以中国共产党的领导为根本保证，将党的主张贯彻于法治实践各方面、全过程。

---

① 黄永春：《习近平法治思想指引新时代“枫桥经验”创新发展》，《公安研究》2022 年第 8 期。

第二，持续打造全省党建品牌。党建引领是实现法治社会目标最坚定的保证。一方面，要强化全省党组织的组建力。实地考察先进地区的经验，为自身定制发展规划、目标。另一方面，提升自身党建品牌影响力。对基层党建升级改造，切实把党的政治优势、组织优势、制度优势转化为基层治理优势。

第三，充分发挥人民群众的创新能力。激发人民群众的主体潜在力量，为基层治理贡献人民智慧，[①] 要坚持以人民为中心的根本立场，充分发挥人民群众的主体性作用。在"立法、执法、司法、守法"各个环节，都必须站稳人民立场、倾听人民声音、解决人民需求。坚持以人民为中心的价值立场，将人民群众置于社会治理的核心位置，一切从人民出发、为人民着想，把人作为新时代"枫桥经验"创新实践全面实施所依靠的关键主体，作为高水平法治社会建设的评价者、最终受益者。

（二）推进"三治结合"，筑牢基层治理根基

"三治结合"是指自治、法治、德治相结合的基层治理模式。作为源于浙江桐乡的基层治理探索实践，"三治结合"在2017年更是被写入党的十九大报告，成为新时代基层治理创新发展的主要方向和重要品牌。"三治"源于基层治理，定位于基层治理，不仅是新时代创新基层治理的"枫桥经验"，也为其他省份重构基层治理格局提供了可行的路径。从2013年到2023年，经过这十年的实践探索，"三治结合"有了丰富的创新理论和生动实践，不再是简单地将三者相加，而是"你中有我，我中有你"，缺一不可，通过自治的常态机制、法治的保障机制、德治的先发机制，最终实现基层社会的有效治理。

河南省作为人口大省，行政区域广，基层治理范围大。在推进自治过程中，要坚持健全基层治理协商机制，夯实自治基础。一方面，推动以党组织

① 林慧青、董少平：《群众路线视域下社区警务的时代价值及实现》，《中国人民公安大学学报》（社会科学版）2022年第5期。

领导、基层自治组织牵头、各方社会组织参与为核心的协商，探索建立新的座谈会、听证会等协商方式，在各个层级、各个方面针对矛盾问题，同人民群众进行协商，保证人民依法管理好自己的事务。另一方面，理顺基层协商主体之间的关系，[①] 基层政府具体领导，在法定的权限和程序内，运用公权力整合各项资源，打造基层公共管理空间，使各方主体能够进行基层事务的信息共享、沟通协调、决策听证和有效监督。

要以法治保障自治和德治质效。法治是国家和人民意志的体现，基层治理要以法治为根本要求。一方面，通过树立法治理念，营造人民群众办事依法、遇事找法、解决问题用法、化解矛盾靠法的良好法治社会氛围。另一方面，要防止权力滥用，法无授权不可为。只有保证基层政权组织的公信力，人民群众才能更加认可，制定的法律规范才会被遵守，基层治理才能在法治轨道上开展，才能进一步提升基层治理现代化水平。

要大力弘扬社会主义道德。道德追求以由内到外的方式去规范外在行为，德治以伦理道德为准则。伦理道德是引导社会风气和凝聚社会人心不可替代的力量，是“三治结合”的灵魂。通过德治来体现和引导自治、法治，才能有效破解在基层治理中法律手段太硬、说服教育太软、行政措施太难等长期存在的问题。[②] 在基层治理工作中，可以开展各种形式的荣誉评比、奖励颁发活动，积极宣传在德治工作中表现优秀的组织和个人，以身边人、身边事等鲜活事例，营造崇德向善、诚信友爱的社会风尚。

（三）重视“数字化”赋能，提升便民服务水平

基层治理创新发展，离不开大数据的支撑。应充分运用和融合大数据、云计算、人工智能、移动互联网等新兴科学技术，实现智能化、精细化、高效化、共享化治理。一是建立完善的矛盾纠纷化解平台。把“线下忙”变为“在线解”，聚焦矛盾纠纷化解的数字化工作，采集数据、分析

---

① 李秀鹏：《“三治结合”推进基层治理现代化》，《理论导报》2021 年第 12 期。
② 陈文胜：《以“三治”完善乡村治理》，《农村工作通讯》2018 年第 5 期。

数据，整合资源，集中化解矛盾纠纷。二是不断发展和完善数字基础设施。这些基础设施为社会治理提供了诸多感知、收集和运算的数据单元。只有铺设相关数据感知单元，织密数字感知网络，完善数字基础设施，才可能让基层治理具有更强大的数据分析能力、更准确的数字判断能力、更迅捷的问题处置能力。完善数字基础设施可以为“枫桥经验”的数字化转型提供坚实的基础。数字基础设施的建设，不仅需要资源投入，还需要对既有资源进行整合。三是防范数字风险。人们在使用大数据带来的便民条件的同时，存在发生数据泄露、披露个人隐私信息等风险的可能性，严重威胁到人民群众的财产安全和经济发展。在“数字化”赋能的过程中，一方面，要指引数据的管理者学习数字技术法律知识，加强职业伦理知识教育，强化数据安全意识，提高数据安全的保障能力，更好地履行服务人民群众的社会职责。另一方面，推动新时代“枫桥经验”的数字化转型，消除数字风险，还需要培养人民群众的数字化意识和数字使用技能。要处理好技术与人的关系，真正做到数字化技术为人民群众服务。

（四）引进挖掘治理新模式，完善治理机制

河南省在基层治理中对矛盾纠纷解决的工作已经形成了一定的理论和实践基础。在工作方法上，鹤壁市鹤山区“法院+工商联”调解工作，使鹤山全区法治化营商环境建设更进一步；驻马店市西平县公安局吸纳“五老人员”参加社会治安管理，实现群防群控、联防联控。在品牌建设上，平顶山市打造的“鹰城样本”，依托互联网，精确化打造人民调解的升级版，让群众享受便利的法律服务；焦作市依靠“四图工作法”打造“山阳实践”，“四图”图图相扣，在不断创新中阐述新的内涵；汝阳县积极创新新时代“枫桥经验”，构建“特色法庭”延伸服务模式，充分发挥人民法庭贴近群众优势，深入基层治理。以上这些工作方法、品牌建设优秀经验都需要认真作出总结、集成系统内容，借鉴内地其他省份经验，如上文提到的知识产权纠纷调解的“北京经验”、广州梅州法院知识产权审判“三合一”改革、广州知识产权法院的“广知模式”等。应对比已有的经验，引进适合本地现

实工作的治理模式，然后再不断完善提升，打造样板模式进行全省推广，形成具有河南省特色的基层治理机制。

参考文献

李晓瑜：《新时代“枫桥经验”法治化的启示》，《农村·农业·农民》（B版）2023年第3期。

黄永春：《习近平法治思想指引新时代“枫桥经验”创新发展》，《公安研究》2022年第8期。

费艳颖、赵亮：《枫桥经验视域下我国知识产权纠纷人民调解制度及其完善》，《东北大学学报》（社会科学版）2019年第4期。

马武艺：《坚持和发展新时代“枫桥经验”的探索与思考》，《派出所工作》2021年第1期。

褚宸舸、刘畅：《论新时代“枫桥经验”和基层监督的结合》，《浙江工业大学学报》（社会科学版）2023年第2期。

李鑫宇：《论新时代“枫桥经验”视域下人民调解员队伍建设现状与完善》，《〈上海法学研究〉集刊2023年第4卷——枫桥经验与基层治理现代化文集》，2023。

胡铭、仇塍迪：《新时代“枫桥经验”的法治基因与治理创新》，《学习论坛》2022年第6期。

刘树枝：《新时代“枫桥经验”基本内涵探究》，《社会治理》2018年第4期。

尹丽蓉：《新时代“枫桥经验”在基层社会治理的实践与思考》，《法制与社会》2020年第25期。

宋世明、黄振威：《在社会基层坚持和发展新时代“枫桥经验”》，《管理世界》2023年第1期。

高诚刚、周春丽：《新时代“枫桥经验”与基层治理创新——以J省C市“三井实践”样本为中心》，《浙江警察学院学报》2023年第3期。

任宝龙：《农村基层治理的现实困境与实践路向——基于新时代“枫桥经验”四维优势的思考》，《领导科学论坛》2021年第9期。

贺振华：《坚持和发展新时代“枫桥经验” 奋力推进人民调解工作高质量发展》，《人民调解》2023年第7期。

王群：《关于坚持和发展新时代“枫桥经验”情况的调研报告》，《中国法治》2023年第7期。

陆鹏：《习近平新时代中国特色社会主义思想蕴含的方法论特质》，《广西社会主义学院学报》2022 年第 3 期。

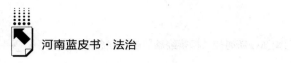

金伯中:《法治视野下的新时代“枫桥经验”》,《浙江警察学院学报》2022 年第 3 期。

林慧青、董少平:《群众路线视域下社区警务的时代价值及实现》,《中国人民公安大学学报》(社会科学版)2022 年第 5 期。

李秀鹏:《“三治结合”推进基层治理现代化》,《理论导报》2021 年第 12 期。

陈文胜:《以“三治”完善乡村治理》,《农村工作通讯》2018 年第 5 期。

李丹丹:《“同心法庭”促诉前调解　推动“枫桥经验”落地见效》,《鹤壁日报》2023 年 5 月 9 日。

代继盟、李国锋:《习近平生态文明思想的人民性探析》,《攀登》2022 年第 5 期。

胡艺:《化解小矛盾　构建大和谐——济源示范区推动新时代“枫桥经验”展现新景象》,《河南工人日报》2023 年 3 月 29 日。

周鹤琦:《打造“枫桥经验”的龙塔样本》,《漯河日报》2022 年 11 月 25 日。

北京市知识产权保护中心:《知识产权纠纷调解“北京经验”再升级》,2023 年 6 月 15 日。

广州知识产权法院:《1234!新时代枫桥经验的“广知模式”》,2023 年 6 月 21 日。

谢建晓、杨之甜、王慧敏:《创新“枫桥经验”的安阳答卷——安阳市党员干部能力作风建设新观察(一)》,《河南日报》2022 年 1 月 8 日。

B.3
河南推进社会信用体系建设的实践和探索

李浩东*

摘　要： 近年来，河南省委、省政府面对新形势、新要求，积极响应党中央、国务院号召，探索社会信用体系建设，并取得了信用法规体系日趋完备、信用信息归集共享水平大幅提升、以信用为基础的新型监管机制持续发力、信用服务市场初具规模、试点示范取得重要突破的主要成效，但与上级对河南社会信用体系建设的要求和人民对美好生活的殷切期盼相比，河南社会信用体系建设仍存在一定问题，应以信用立法为契机，全面提升信用法规标准化水平，以扩面提质增效为纲，持续加大信用信息归集共享力度，以构建以信用为基础的新型监管机制为重点，深化“放管服”改革，助力营商环境优化，以扩大联合奖惩系统应用为关键，着力构建信用联合奖惩大格局，以“信用+金融”为突破，破解中小微企业融资难题，以示范创建为引领，促进信用建设水平持续提升，以共建诚信文化为引导，持续打造良好信用环境。

关键词： 法治社会　社会信用体系　河南

近年来，河南认真贯彻落实党中央、国务院关于社会信用体系建设的决策部署，将社会信用体系建设作为全面深化“放管服”改革、促进营商环境优化和创新社会治理机制的重要举措和抓手，坚持立法先行、

* 李浩东，河南省社会科学院法学研究所助理研究员，研究方向为刑法学、社会法学。

应用导向、示范带动、协同推进，社会信用体系建设向纵深推进，在一些重点领域和关键环节取得显著成效，为新时代更加出彩营造了良好的信用环境。

一　河南推进社会信用体系建设的主要成效

（一）信用法规体系日趋完备

先后印发《河南省公共信用信息管理暂行办法》《河南省法人和其他组织统一社会信用代码制度建设实施方案》《河南省进一步健全相关领域实名登记制度工作方案》《河南省加强信用信息共享应用促进中小微企业融资实施方案》《高质量推进信用河南建设促进形成新发展格局实施方案》等一系列具有顶层设计意义的重要制度文件，覆盖信用信息归集共享、信用联合惩戒、信用监管等重点领域，省级层面社会信用体系建设的四梁八柱基本搭建完成。持续推进社会信用体系综合性立法，《河南省社会信用条例》经省十三届人大常委会第十三次会议表决通过，于 2020 年 5 月 1 日颁布实施，地方信用立法实践取得重大突破，为推动新时代社会信用体系建设向纵深发展提供了重大机遇和强有力的法制保障。

（二）信用信息归集共享水平大幅提升

省辖市、直管县（市）和多数省直部门信用信息平台建成上线，并按照网络支撑、数据共享、信用查询、联合惩戒、安全保障、标准规范“六个一体化”功能标准有序运行，基本形成“上联国家、下联市县、横向连接省直部门的全省一体化信用信息平台体系”，切实筑牢社会信用体系建设“基础桩”。在全国率先实现统一社会信用代码存量代码转换 100%，新增代码实时赋码，为优化营商环境、顺利推进商事制度改革奠定了基础。截至 2021 年 9 月，信用中国（河南）网站累计查询突破 4.2 亿次，累计信用核查超过 2500 万次。① 截至 2021 年底，省信用信息平台归集各类信用数据突破 125 亿条。②

（三）以信用为基础的新型监管机制持续发力

部门信用分级分类监管有序推进，省税务、生态环境、海关等部门开展信用评价，并根据评价结果相应实施分类监管。信用联合奖惩持续显威，在全国率先建成全省统一联合奖惩系统，截至 2021 年底，信用联合奖惩服务已全流程嵌入 53 个部门（行业）单位的行政审批、政务服务、公共资源交易等 173 个业务系统，实现信用自动核查、措施清单自动推送、奖惩结果自动反馈等闭环应用，累计信用核查 4328 万次，涉及惩戒对象 18 万多个，惩戒案例信息反馈 20 多万条，建立了“逢办必查、逢批必查”的联合奖惩机制。③

（四）信用服务市场初具规模

坚持引进和培育并重，着力打造信用服务业发展载体和平台，先后吸引中诚信、航天智慧等 30 余家国内知名信用服务及信用大数据企业入驻龙子湖智慧岛，目前全省登记注册信用服务机构已达 600 多家。④ 探索开展信用服务机构试点管理，公布首批 28 家信用服务试点管理机构。各地依托信用信息平台支撑“信易批”服务，对符合条件的守信主体开通绿色通道，实施“容缺受理”等便捷审批服务。郑州、濮阳、三门峡积极推动“信易贷”

① 《河南信用归集数据破 100 亿》，信用中国网站，2021 年 9 月 8 日，https：//www.creditchina.gov.cn/csxynew/xyjg/202112/t20211203_ 253377.html。

② 《河南省构建以信用为基础的新型监管机制，助力深化“放管服”改革》，“河南信用”微信公众号，2022 年 10 月 21 日，https：//mp.weixin.qq.com/s? _ _ biz = MzU3MDI5ODAwMA = = &mid = 2247499248&idx = 1&sn = 9a04a9c4a70c47297603e1c11609e0a1&chksm = fcf3260fcb84af19e4902684119fd739d85447abf60240a89bb684d8c4b16ee4e8c1c513d116&scene = 27。

③ 《河南省构建以信用为基础的新型监管机制，助力深化“放管服”改革》，“河南信用”微信公众号，2022 年 10 月 21 日，https：//mp.weixin.qq.com/s? _ _ biz = MzU3MDI5ODAwMA = = &mid = 2247499248&idx = 1&sn = 9a04a9c4a70c47297603e1c11609e0a1&chksm = fcf3260fcb84af19e4902684119fd739d85447abf60240a89bb684d8c4b16ee4e8c1c513d116&scene = 27。

④ 河南省发展和改革委员会：《2019 年河南社会信用体系建设发展报告》，2020 年 1 月。

“信易游”“信易租”等信用激励应用场景不断丰富拓展。推进全省中小微企业融资综合信用服务平台体系建设，创新推广“信豫融”信用大数据应用服务，推动郑州银行等10余家银行金融机构与省信用信息平台开展信息共享和增信服务，累计为中小微企业实现融资对接超过200亿元。[①]

（五）试点示范取得重要突破

国家发改委、中国人民银行批复了《河南建设社会信用体系与大数据融合发展试点省实施方案》，在全国第一批“信用交通省”创建阶段总结暨现场观摩交流会上，河南被评为先进典型省份。郑州入选第二批全国社会信用体系建设示范城市，濮阳、许昌、漯河、新乡积极申报参加全国社会信用体系建设示范城市创建。实施诚信企业示范创建“百千万”提升工程，全省已有3321家企业作出诚信承诺，191家企业参与示范创建。[②]

二　河南推进社会信用体系建设的形势要求

（一）党中央、国务院对社会信用体系建设提出了新的更高要求

近年来，党中央、国务院持续加强对社会信用体系建设的统筹规划和具体指导，党的十八大，十八届三中、四中、五中、六中全会，十九大，十九届四中全会和二十大，都对社会信用体系建设提出明确要求。习近平总书记主持召开的中央深改组会议多次审议了信用建设的议题，国务院前总理李克强连续5年在全国深化“放管服”改革电视电话会议上对加强社会信用体系建设提出具体要求。党中央、国务院对社会信用体系建设的高度重视，正在转化为加快推进社会信用体系建设不断取得重大突破的强劲动力，同时也对社会信用体系建设提出了新的更高要求。

---

① 《河南省发展和改革委员会关于2019年度法治政府建设情况的报告》，河南省发展和改革委员会网站，2020年3月27日，https：//fgw. henan. gov. cn/2020/03-27/1309933. html。

② 《河南省社会信用体系建设暨诚信“红黑榜”新闻发布会》，河南省人民政府网站，2019年1月22日，https：//www. henan. gov. cn/2019/01-22/731077. html。

（二）推进国家治理体系和治理能力现代化对社会信用体系建设提出了新的更高要求

当前，我国经济发展中新业态、新模式不断涌现。与此同时，“撒胡椒面”式平均用力的传统监管难以应对经济发展中的新情况、新挑战和新问题。近年来，河南持续深化“放管服”改革，放宽市场准入，大幅削减行政审批事项，深化商事制度改革，全面实施“双随机、一公开”监管，政务服务不断优化，营商环境不断改善，有效激发了市场活力和社会创造力，有力支撑了经济转型升级、扩大就业，实现经济稳中向好。但也应看到，与发达省份相比，河南企业融资难融资贵、运营成本高企、创新环境不优“三大痛点”，以及投资项目审批周期长、部门办事效率低、市场壁垒多“三大堵点”问题突出。党中央、国务院高度重视社会信用体系建设，把信用建设作为推动“放管服”改革的重要抓手、作为优化营商环境的重要举措。因此，建立完善信用监管机制，是今后一个时期社会信用体系建设的重点工作，要围绕“放管服”改革和优化营商环境中的痛点、难点和堵点，整合政府部门、行业协会、信用服务机构等多方力量，形成全社会共同参与信用监管的强大合力，最大限度地减少政府对市场的直接干预，实现对守信者“无事不扰”，对失信者“利剑高悬”，推动河南主要营商环境指标尽快达到或接近国内先进地区水平。

（三）实现经济高质量发展对社会信用体系建设提出了新的更高要求

习近平总书记指出：“现阶段，我国经济发展的基本特征就是由高速增长阶段转向高质量发展阶段。”① 当前，面对错综复杂的国际形势和经济下行的压力，市场竞争环境更加复杂，食品安全、生态环保、安全生产、产品质量等领域的失信行为高发频发，侵权假冒、违法失信屡禁不止，劣币驱逐

① 《我国进入新发展阶段的理论逻辑、历史逻辑与现实逻辑》，《光明日报》2021 年 2 月 3 日。

良币的现象层出不穷，严重扰乱了公平竞争、优胜劣汰的市场秩序。实现高质量发展，就是要坚持质量第一、效益优先，保障公平竞争、规范市场秩序，让市场在资源配置中起决定性作用。因此，社会信用体系建设在降低交易成本、提高经济运行效率方面，应该发挥更大的作用；在鼓励公平竞争、保护产权和契约方面，应该发挥更大的作用；在净化市场环境、激发市场活力方面，应该发挥更大的作用。总之，应以社会信用体系高质量建设助推河南经济社会实现高质量发展。

（四）人民群众对美好生活的向往对社会信用体系建设提出了新的更高要求

习近平总书记多次指出："人民对美好生活的向往，就是我们的奋斗目标。"[①] 以诚相待、以信为本是美好生活的基本要求。随着经济社会发展，群众的民生需求更加多元，期待更高，虽然信用建设已经取得了一系列重要突破，但是在群众普遍关心的医疗卫生、食品安全、生态环保、教育养老等领域，都存在影响民生民意和损害群众切身利益的失信问题，可以说，加强社会信用体系建设已经成为人民群众的热切期盼。河南蕴藏着深厚的诚信文化底蕴，诚信人物层出不穷。近年来，来自河南的全国道德模范、"感动中国"人物先进事迹在全社会广为传扬。当前我们加强社会信用体系建设，要用好传统文化优势，加强诚信宣传教育，树立诚实守信典型，更好地激发和释放诚信文化的正能量，更好地营造褒扬诚信、惩戒失信的社会氛围，不断提升全社会的诚信水平，为经济社会发展营造良好的信用环境。

三　河南推进社会信用体系建设的对策建议

虽然河南推进社会信用体系建设取得了一定的成效，但与党中央、国务

① 《人民对美好生活的向往就是我们的奋斗目标》，新华网，2015 年 11 月 3 日，http：//www.xinhuanet.com//politics/2015-11/03/c_1117029842.htm。

院对河南社会信用体系建设的要求和人民对美好生活的殷切期盼相比，河南社会信用体系建设仍存在总体发展不平衡、信用创新应用能力不强、部门和行业领域信用监管覆盖不广、城市信用服务应用场景不够、信用体验感获得感不强、信用服务市场发展滞后，以及信用服务机构少、规模小、总体实力不强等问题。下一阶段，应继续认真贯彻落实党中央、国务院和省委、省政府关于社会信用体系建设的重大部署和要求，以贯彻实施《河南省社会信用条例》为主线，加强重点领域信用制度建设，形成以“1+N”为基本框架的信用法规体系，着力加快信用信息归集共享、加强信用监管、创新信用融资服务、推进信用惠民便企，加快社会信用体系与大数据融合发展试点省建设任务落实，推动新时代社会信用体系建设高质量发展，对深化“放管服”改革、优化营商环境、提升社会治理能力发挥重要作用，具体建议如下。

（一）以信用立法为契机，全面提升信用法规标准化水平

全力抓好《河南省社会信用条例》贯彻落实，完善配套制度体系，推动自然资源、交通运输、市场监管、住房建设等重点行业监管部门研究制定本领域信用规范文件。推动信用示范城市和创建城市在信用信息归集共享、信用监管等领域制定有关法规制度，逐步形成以《河南省社会信用条例》为核心的全省信用法规体系。加强地方信用标准体系建设，在省级层面设立信用标准委员会，提升信用体系建设规范化标准化水平。

（二）以扩面提质增效为纲，持续加大信用信息归集共享力度

制定发布全省公共信用信息资源目录（2023 年版），研究制定社会信用信息归集、报送、查询与共享办法，加快实现交通运输、社会保障、食品药品、安全生产、电信缴费、水电气暖等重点领域信用信息的及时、完整、全量归集共享，力争 2025 年底省信用信息平台归集数据总量突破 150 亿条。启动数据质量提升专项行动，加强数据治理，确保数据能用、好用、管用。上线运行“信豫查”App，拓展信用信息应用服务领域。开展统一社会信用代码重错码治理专项行动，确保全省重错码率控制在 1/10000 以下。

（三）以构建以信用为基础的新型监管机制为重点，深化“放管服”改革，助力营商环境优化

在各级信用门户网站开通信用承诺专栏，鼓励各类市场主体在线承诺。全面实施信用分级分类监管，对全省市场主体开展公共信用综合评价。各级各部门利用评价结果，结合部门行业管理数据，建立行业信用评价模型，为精准监管提供依据。力争2025年，在交通运输、安全生产等重点领域实现分级分类监管。推动各地各部门按照国家规定做好“黑名单”认定，并对失信主体依法依规予以惩戒。力争2025年，各地报送的合格的联合惩戒案例数量不低于辖区内黑名单数量的30%，示范城市及创建城市占比不低于50%。

（四）以扩大联合奖惩系统应用为关键，着力构建信用联合奖惩大格局

编制信用激励和惩戒措施清单，推动各行业主管部门制定守信联合激励和失信联合惩戒对象认定标准。加快推进联合奖惩系统嵌入各省辖市、直管县（市）网上政务服务平台和省直部门业务审批系统，力争各省辖市、直管县（市）公共资源交易、政务服务领域早日实现全覆盖，力争省直部门实现全流程嵌入，形成“一处失信，处处受限”的信用联合奖惩大格局。

（五）以“信用+金融”为突破，破解中小微企业融资难题

研究制定“信易贷”支持中小微企业的政策措施，持续创新推广“信豫融”服务项目，健全企业信用评价体系，让资金更多地流向信用状况良好的民营、中小微企业。鼓励银行等金融机构依托信用信息创新金融产品和服务，扩大政采贷、科技贷、专精特新贷规模，基于应收账款、订单、仓单、运单开展供应链金融，增加中小微企业首贷、无还本续贷、纯信用贷款规模。

（六）以示范创建为引领，促进信用建设水平持续提升

加快社会信用体系与大数据融合发展试点省建设，大力引进世界和国内其他地区知名大数据信用服务机构，支持并培育本地信用服务机构，打造大数据信用服务产业集群。推动信用示范城市和创建城市在信用监管、信用惠民便企等方面先行先试，力争新增 3~5 个省辖市入围第五批全国社会信用体系建设示范城市。持续深入在航空港区、自贸区郑州片区开展信用监管试点，争取纳入国家试点。

（七）以共建诚信文化为引导，持续打造良好信用环境

结合《河南省社会信用条例》颁布实施，加大信用政策法规、信用知识和典型案例宣传教育力度。利用各级各类政务服务窗口，开展标准化、规范化、便捷化的信用知识教育，提高经营者依法诚信经营意识。定期举办诚信“红黑榜”新闻发布会，继续开展“信用部门周”“信用建设宣传周”等活动，努力营造诚实守信的文化氛围。

B.4

河南推进公共法律服务体系建设的实践探索

李梦珂*

摘　要： 近年来，河南省不断推进公共法律服务体系建设，从规范层面、实践层面都取得了新进展，公共法律服务平台建设更多元化、信息化，公共法律服务供给体系辐射多主体、多领域，基层公共法律服务供给机制建设加强。然而，河南公共法律服务体系建设仍面临以下挑战：公共法律服务规范化水平仍需提升、不同地区间公共法律服务资源供给差异大、多元化纠纷解决路径欠缺有效普法宣传、公共法律服务保障体系有待完善、公共法律服务综合考评体系有待进一步优化。为此，河南省应当积极推动公共法律服务供给侧结构性改革，努力为群众提供均衡化、精准化、便利化的公共法律服务资源，加强公共法律服务人才队伍建设，做好公共法律服务配套保障工作，以综合化、多元化考评机制督促提升公共法律服务的质效。

关键词： 公共法律服务体系　公共法律服务保障机制　河南

2019年7月，中共中央办公厅、国务院办公厅发布《关于加快推进公共法律服务体系建设的意见》，从法律服务完善层面不断满足人民群众对美好生活的向往。2020年4月，《河南省加快推进公共法律服务体系建设实施方案》出台，并提出要加快法律服务资源整合，建成覆盖全业务、全时空

* 李梦珂，河南省社会科学院法学研究所助理研究员，研究方向为刑事诉讼法学。

的法律服务网络，到 2035 年，要基本形成与法治国家、法治政府、法治社会基本建成目标相适应的公共法律服务体系。

一　河南推进公共法律服务体系建设的现实成效

（一）构建多元化、信息化的公共法律服务平台

截至 2023 年 9 月，河南全省基本建成了以实体平台、热线平台、网络平台为核心的公共法律服务平台，同时依托律师事务所、司法鉴定机构、法律援助中心、仲裁机构等法律服务主体（见表 1），共同致力于打造满足群众多种法律服务需求、覆盖多类型法律服务对象的现代化公共法律服务体系。

表 1　河南省多元化法律服务主体情况

单位：个，人

行业	资源类别	数量
律师	律师事务所	1852
	律师	26181
公证	公证机构	163
	公证员	765
调解	人民调解机构	35132
	人民调解员	91360
鉴定	司法鉴定机构	191
	鉴定人员	1968
仲裁	仲裁机构	17
法律援助	法律援助中心	178
基层法律服务	基层法律服务所	552
	基层法律服务人员	3568

资料来源：河南法律服务网。

2023 年 7 月，省司法厅印发《河南省公共法律服务实体平台服务规范》，明确要求各级公共法律服务实体平台做到积极拓展多类型服务职能、选址标识统一规范、科学设岗职责明晰、服务方式多元化等，同时加大力度

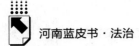

规范实体平台的日常运行，为人民群众提供规范化、标准化、信息化的公共法律服务实体平台。①

目前，全省基本实现市县乡村四级实体平台全覆盖建设。全省公共法律服务中心建设效果显著，共建成市级中心 18 个、县级中心 164 个、乡镇（街道）工作站 2469 个、村（社区）工作室 5.1 万个。2023 年 8 月，河南省司法厅出台了《河南省公共法律服务中心建设提质增效三年行动方案（2024—2026 年）》，明确未来三年，河南省将着力实现公共法律服务资源汇聚、平台功能优化提升、工作机制协调高效、服务供给丰富拓展，推进公共法律服务有效、均衡、高质量发展。

进一步加强 12348 公共法律服务热线与 12345 市政热线互联互通，为人民群众提供突破时空界限的法律服务保障。2023 年 5 月，河南省司法厅制定《河南省 12348 公共法律服务热线平台应急管理办法（试行）》，对服务中断、突发事件等情形的合理处置作出明确规定。其中，即时响应分类处置机制能够及时、高效地回应群众的紧迫需求。据统计，自 2023 年以来，全省 12348 公共法律服务热线平台共提供法律咨询 14.13 万人次，服务满意率达 99.8%，为群众寻求法律帮助提供了极大便利，同时也有效发挥了分流、化解基层矛盾纠纷的重要前置作用。

积极加快“互联网+公共法律服务”建设，优化线上法律服务查询、咨询等功能，进一步提升信息化平台的服务供给能力。同时，积极探索信息化服务模式，例如，开封市公共法律服务中心探索建立了覆盖市县村三级的 2573 个微信群塔，打造触手可及的掌上法律顾问模式，实现法律服务零等待。在信阳市平桥区公共法律服务中心，群众只需扫描二维码，即可实时享受律师的远程专业法律帮助。

（二）形成辐射多主体、多领域的公共法律服务供给体系

河南省在推进公共法律服务体系建设过程中，始终立足于人民群众对法

---

① 《我省制定公共法律服务新规范　对全省四级三类公共法律服务实体平台提出要求》，河南省司法厅网站，2023 年 7 月 20 日，https：//sft.henan.gov.cn/2023/07-20/2781347.html。

律服务的多元化需求，不断提升法律服务的精细度，积极拓展法律服务的覆盖主体，为农民工、退役军人、低收入人员、老人、残疾人、妇女及青少年等特殊群体提供多层次、多元化、多需求的法律服务供给保障，同时，在深入推进优化营商环境的大背景下，积极探索以企业为主体的公共法律服务供给体系建设。

一是提升供给体系的规范化水平，陆续出台相关规范性文件。2023 年河南省先后制定《中国法律服务网农民工欠薪求助案件办理办法（试行）》《关于设立河南省退役军人法律援助工作站的意见》，不仅使涉诉农民工维权有法可依，包括欠薪行为地在河南省内的农民工纠纷也得到法律服务保障，还从硬件设施建设上明确了对作为法律援助对象的退役军人重要权益的保障，通过工作站的常态化运行，逐步形成覆盖四级、及时便捷的退役军人法律援助网络。

二是多措并举着力加快公共法律服务供给体系的提质步伐，做到“民有所需，必有回应”。近两年，省法律援助中心累计转办回复农民工欠薪求助案件 1549 件，各地法律援助中心提供的法律咨询、案件办理等法律援助服务惠及 18243 名农民工。[①] 2023 年 7 月 31 日，河南省退役军人法律援助工作站正式挂牌运行，在工作站，退役军人可以享受法律咨询、诉讼帮助、申请法律援助等涉法涉诉权益，满足退役军人的多类型法律服务需求。

三是进一步提升涉企公共法律服务供给体系的建设水平，为河南省企业的高质量发展保驾护航。通过“点单式”服务、上门“体检”、巡回“体检”等公益志愿服务活动，及时了解企业涉法难题，提前预防并化解企业可能涉及的法律风险，以合法合规方式帮助企业摆脱困境，满足企业多领域、个性化的法律服务需求，促进民营企业的高效高质、良性循环发展，为打造法治化营商环境发挥好“铺路石”作用。截至目前，全省共有 692 个律师服务团、3.5 万名律师深入 2.6 万家民营企业进行“法治体检”，法治

---

① 《省司法厅规范我省“农民工欠薪求助绿色通道”案件转办工作　严禁推诿、敷衍求助人》，河南省司法厅网站，2023 年 6 月 16 日，https://sft.henan.gov.cn/2023/06-16/2762185.html。

宣传和法律咨询惠及 12.5 万人次，提供政策宣讲、风险分析等法律服务 11.2 万余次，为河南省民营企业的长久稳定发展提供了法治化保障。①

（三）加强基层公共法律服务供给机制建设

一是加强法律人才供给体系建设。“法律明白人”培养工程是为了保障乡村振兴工作的法律人才供给，组建活跃于群众身边的法律服务队伍。全省以文化程度较高、法律意识较强为选拔原则，根据梳理、统计的农业农村常见纠纷类型，定期开展“法律明白人”的法律素养培训工作，截至 2023 年 7 月 3 日，共培育“法律明白人”263471 人，平均每个村（社区）有“法律明白人”5 人。

二是推动现代化法律服务机构建设。基层司法所融合了人民调解、村（居）法律顾问、法律援助、社区矫正力量，将矛盾纠纷化解在细处、实处，化解在群众身边。实施村（居）法律顾问制度，目前全省共选配 1.42 万名法律服务工作者，主要负责提供群众法律咨询服务、开展法律常识宣讲活动、化解群众间矛盾纠纷。全省积极推进建设枫桥式司法所、五星规范化司法所，助力乡村法治化治理常态化开展，截至 2023 年 9 月，全省共建成五星规范化司法所 1343 个。同时，加大对司法所占地面积、法律服务工作者的供给力度，通过便捷优质的法律服务机构建设，使基层群众切实感受到法治的温度。全省司法所致力于妥善解决群众间矛盾纠纷，每年平均化解矛盾纠纷 19 万件，法律知识宣传、宣讲的覆盖受众约 4600 万人次，司法所成为基层群众寻求法律帮助、解决法律矛盾纠纷的贴心法律驿站。

三是打造特色普法宣传文化阵地。河南省司法厅立足于服务黄河流域、南水北调工程高质量发展，建设贯通东西南北的“十字形”河南黄河法治文化带、河南南水北调法治文化带，为普及法律知识、开展法治实践提供便利条件，组织开展特色法治文艺作品创作活动，融入普法宣传，同时积极推

① 《“法治体检”为民营企业把脉问诊开良方》，河南省司法厅网站，2023 年 8 月 15 日，https：//sft.henan.gov.cn/2023/08-15/2796810.html。

进黄河法治文化示范基地建设，截至 2023 年 9 月，已建成黄河法治文化示范基地 43 处，设置普法标志牌 2800 余个，推动了城乡法律文化宣传、宣讲活动的融合发展。

二　河南进一步提升公共法律服务水平的现实挑战

（一）公共法律服务规范化水平仍需提升

近年来，全省虽然陆续出台了关于推进公共法律服务体系建设的政策文件，但其大多属于“顶层设计”文件，发挥着整体谋划、统领建设的宏观指导作用，缺乏对各类型服务领域的可操作性指引。一方面，该规范体系本身呈现着多领域、多维度的特点，采取分散立法、个别操作指引的单一立法模式，反映了目前仍尚未形成覆盖多领域的多元化规范体系，公共法律服务的立法理念具有单一性、滞后性特点。另一方面，针对公共法律服务所覆盖的领域、公共法律服务主体，分别出台个别性指引规范，导致存在规范冲突适用、规范重复的情形，缺乏规范设计的整体性规划，宏观性规范指引较多，精细化、可操作性规范指引较少。另外，规范体系设置也应及时回应群众的程序需求，法律服务主体与服务对象的对接渠道不及时、不畅通，使得法律服务主体的专业优势尚未完全发挥，法律服务对象的需求无法得到及时保障，造成法律服务资源的不当浪费。

（二）不同地区间公共法律服务资源供给差异大

一是公共法律服务资源分布具有差异性。从全省整体情况来看，公共法律服务资源主要集中在郑州、洛阳、焦作等经济较为发达地区，其他地区公共法律服务需求量大于资源供给量，其公共法律服务资源短缺，全省公共法律服务资源地区间分布不均衡、供需不匹配。二是不同城市间公共法律服务供给质量存在差异。全省法律人才队伍分布呈现不均衡、小范围集中的特征，截至 2023 年 9 月，全省律师 2 万多名，其中约一半律师在郑州执业，仅有 6 个地级市的律师人数超过 1000 人（见图 1），全省 100 人以上律所共 25 个，其中 24 个位于郑州。高质量法律服务人才大多集中于较发达地区，偏远地区、经济欠发达地区作为最需要广泛普及法律的区域，往往难以留住人，基层公共法律供给侧建设仍存在现实挑战。三是公共法律服务数字化建设水平存在现实差异。郑州、洛阳等地有效探索、实践公共法律服务数字化建设模式，其他地区数字化水平仍不高，公共法律服务数字化建设未能与更多科技手段相耦合。

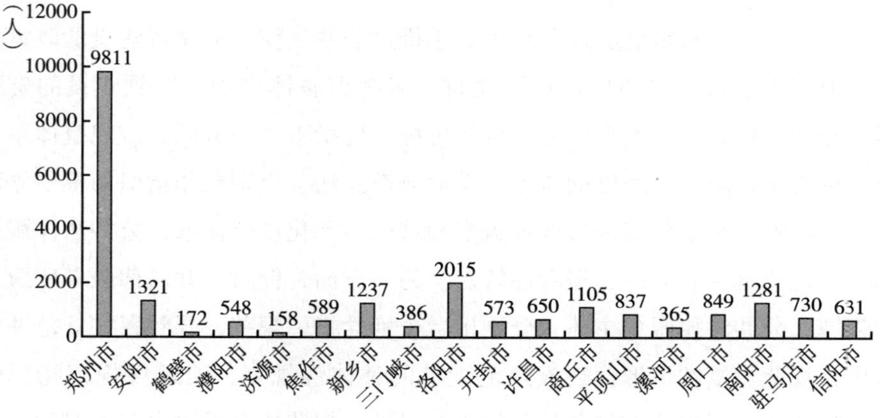

图 1　截至 2023 年 9 月河南省各地级市律师数量

资料来源：河南法律服务网。

（三）多元化纠纷解决路径欠缺有效普法宣传

目前，在纠纷解决的实践中，群众遇到纠纷所寻求的解决方式主要分为诉讼、非诉讼两种，近年来，随着司法制度改革的持续推进，群众更愿意选择诉讼方式维护自己合法权益，对于非诉讼方式则鲜有选择。究其原因，一方面，非诉讼纠纷解决方式普及度不够，通过仲裁、调解等非诉讼方式解决纠纷的程序机制普及度不够，笔者在信阳市调研时，负责社会治理的工作人员反馈，实务中，群众采取仲裁方式解决纠纷的情形较少，纠纷化解方式得不到有效分流，以多元化手段推进诉源治理难以达到预期效果。此外，村

（社区）开展基层普法活动收效甚微，有些村民群众法律意识依然较为欠缺，遇到纠纷时习惯性采取信访方式施压，尚未养成用合法手段维护自己合法权益的法律思维。

（四）公共法律服务保障体系有待完善

河南省公共法律服务的具体保障措施方面仍需进一步优化提升，为了更好地服务法治社会，应在人才队伍建设、服务管理、经费支出等方面探索多方位的保障措施。

一是在人才队伍建设方面。在推进公共法律服务体系建设的进程中，律师、基层法律服务人员、人民调解员等一批具有法律知识及职业素养的群体作为服务的主力军，存在服务质量不高、未能及时有效发挥作用、重视度不够、所提供服务与经济发展需求衔接不够等情形，尤其是在对村（社区）的法律顾问服务中，法律顾问未能真正与群众建立起信任关系。

二是在服务管理方面。从职能上划分，公共法律服务隶属于司法行政部门管理，但在实际运行过程中涉及多个行政部门，公共法律服务的供给管理上易存在职能交叉、重叠、冲突等现象；此外，在行政层级上贯穿市县乡村四级，公共法律服务管理更加错综复杂，需要专门的公共法律服务机构或者不同行政部门组成专项工作小组，主要负责事关公共法律服务的日常统筹联动工作，以此保证公共法律服务体系的高效协同运行。①

三是在经费支出方面。目前，全省在关于公共法律服务的经费保障方面还尚未出台专门性政策文件，仅有顶层设计的经费保障通知类文件，如河南省司法厅印发的《关于村（居）法律顾问经费保障工作的通知》，但存在经费发放不及时、补贴标准尚未确立等问题，导致法律供给者的服务积极性及质量尚未达到预期效果，对于需要投入更多人力的群众调解、涉访涉诉、群体性事件无法有效参与解决，事关公益性法律服务的经费补助支出量与社会法律需求量不相匹配。除此之外，政府购买公共法律服务、信息化法律服务

① 宋方青、邱子键：《论基本公共法律服务的供给侧结构性改革》，《东南学术》2023年第1期。

平台和涉外法律人才队伍建设等方面也缺乏相应的管理保障机制，尚未出台关于各项经费支出的标准，经费支出保障与法律工作者的人才队伍专业性建设密切相关，事关高质量法律服务的供给侧建设。

（五）公共法律服务综合考评体系有待进一步优化

建立监督机制和考评机制是提高公共法律服务质量的有效举措。从现实情况来看，各种类型的公共法律服务主体在提供服务后，往往由极少数代表性群众进行形式化监督与考评，虽然监督与考评等级和补助金额成正比，但提升公共法律服务质量不足以发挥切实有效的保障作用。河南在推进公共法律服务体系建设中，尚未确立有效且统一的内外部监督机制、质量评价机制、分类分级评价机制，根据市县乡村四级行政区划应分别采取不同评价标准，对于多类型的公共法律服务供给类型，如司法鉴定、仲裁等，应当根据各自工作性质，分别建立个性化的监督机制、考评机制。

三　河南推进公共法律服务体系建设的完善路径

（一）构建多元化、规范化的公共法律服务体系

为了更好地适应社会高速、多维、高质量发展的步伐，应树立多元化、多维度的公共法律服务理念，以“政府保障服务、政府定价服务、市场化服务、社会公益化服务”四个领域为视角，建构现代公共法律服务多元化规范体系。① 例如，江苏省2022年出台了《江苏省公共法律服务条例》，以地方性立法的方式明确规范公共法律服务活动，从公共法律服务提供、保障、监督管理等方面分别规定了实施细则，有序推进规范化公共法律服务体系建设。河南省也应当出台专门的地方性法规，通过完备、细致的立法规范公共法律服务体系，确定不同部门的职责范围，使得日常公共法律服务供给活动

① 杨凯：《论现代公共法律服务多元化规范体系建构》，《法学》2022年第2期。

有法可依，有效协调不同部门之间的具体负责事项，满足群众寻求公共法律服务帮助的程序衔接需求，实现公共法律服务与法治社会、法治政府协调发展。

（二）推动公共法律服务体系的城乡均衡化、一体化建设

实施乡村振兴战略就是为了实现缩小城乡差距、统筹城乡均衡化和一体化发展的重要历史使命，在公共法律服务体系建设上，更应该以乡村振兴为战略抓手，推动建设公共法律服务领域的城乡融合发展供给体系。

推动城乡均衡化发展的重要内容之一就是实现公共法律服务的均衡化、一体化发展，表现为城乡群众都有权利获得统一标准、统一质量的公共法律服务。从全省来看，越是经济不够发达地区越需法律意识的普及，来更好地维护自身合法权益，才能在经济社会中采取依法依规的方式提升生活水平。[①] 因此，公共法律服务供给资源应更多地向不发达地区倾斜，帮助留守老人、儿童、农民工等特殊群体，让他们获得同等法律资源，落实“法律明白人”培养工程，定期开展法律素养培训活动，并组织团队创作特色法治文艺作品，向乡村群众普及常见纠纷类型的合法解决方式。

对于公共法律服务供给主体短缺情形，一方面，以信息化公共法律服务平台建设为依托，鼓励城乡之间开展公共法律服务“联乡帮扶”建设，通过远程指导方式为帮扶乡镇提供法律资源，并根据不同乡镇的法律需求合理分配公共法律服务供给资源，[②] 对特殊群体进行专项备案，定期进行专人专项的上门服务。另一方面，充分发挥乡村自身人才力量，挖掘法律人才，培养具备法律素养人才，尤其是在村委会、村民小组的组成中，应当包含具有公共法律知识的群众，对其他组成人员也应定期开展普法活动，在村中组成帮扶小组，由村委会、村民小组成员担当小组负责人，既负责

---

① 喻少如、黄卫东：《公共法律服务融入乡村治理的逻辑转换及其实践进路》，《西北民族大学学报》（哲学社会科学版）2022 年第 6 期。

② 项焱、郭元：《乡村振兴视域下诉源治理的新路径——数字赋能公共法律服务》，《河南社会科学》2023 年第 6 期。

化解村民间日常矛盾纠纷，也承担统计群众公共法律服务需求的任务，汇总后及时向上一级负责公共法律服务事项的部门反馈，及时有效地调整公共法律服务供给资源，有针对性地满足群众日益增长的公共法律服务需求。

（三）做好多元化纠纷解决机制的法治宣传工作

在《全国公共法律服务体系建设规划（2021—2025 年）》中，提高公民的法律意识和法律素养是框架体系的重要内容之一，河南省公共法律服务体系建设也应将普法工作的不断优化作为重点。落实到全省的公共法律服务体系建设实践中，普法工作的重点应集中于中国特色社会主义法治理论宣传、多元化纠纷解决方式普及、信息化平台建设等方面。一是坚持以习近平法治思想为指导，持续深入推进中国特色社会主义法治理论的宣传工作，聚焦群众生活、工作中常见的法律法规，探索百姓喜闻乐见的方式，开展宪法、民法典、程序法等法律法规的普及工作，从源头上培养公民的法律素养，增强运用法律武器解决日常纠纷的能力。二是加强对多元化纠纷解决路径的宣传。缓解诉讼爆炸压力，探索多元化纠纷解决路径，将仲裁作为纠纷解决路径之一，积极出台关于推行以仲裁解决纠纷的举措，充分发挥仲裁解决民商事纠纷的作用，促进经济社会健康稳定发展。将仲裁法律工作的开展情况纳入政府考核评价体系，做好日常普法工作，尤其是纳入企业的日常法治培训内容，通过媒体平台宣传，及时了解、满足企业、群众对仲裁的日常需求。三是加快数字化平台建设步伐，促进公共法律服务供给工作与大数据、人工智能、区块链等信息技术手段相融合，发挥数字化平台的纠纷数据互通共享、资源整合功能，[①] 利用大数据分析整理出常见纠纷类型，让普法工作更有说服力，以群众的需求为服务导向，更能精准化做好公共法律服务资源分配。

---

① 董储超、舒瑶芝：《诉源治理导向下的纠纷解决：理念澄清与范式革新》，《交大法学》2023 年第 4 期。

（四）加快公共法律服务保障水平的提升步伐

推进公共法律服务体系的现代化建设，必须要有完善的配套保障机制，河南应着力加强对人才队伍建设、服务管理、经费支出的保障工作。首先，人才队伍是推动河南公共法律服务体系建设的第一资源，为适应经济高质量发展需要，在人才队伍构成中，要优化律师队伍、增加仲裁专业人才、培养涉外法律人才。根据《河南省公共法律服务体系建设规划（2021—2025年）》，“十四五”期间基本实现对县级以上党政机关公职律师全覆盖，健全法律顾问和公职律师、公司律师制度，培养一批具有较强国际竞争力的涉外法律服务工作者。通过精细化法律服务分工，满足优化营商环境需要和特殊群体的法律需求。其次，加强对公共法律服务管理保障。由司法行政部门牵头，设立专门的公共法律服务工作小组，定期开展部门间工作安排及进度督促的联席会议，讨论事关公共法律服务的工作安排、重难点工作突破，制定年度、季度工作重点，定期开展公共法律服务总结会。最后，提升经费支出保障能力，加大经费补助力度，有效调动公共法律服务质量水平提升的内生动力。政府部门应意识到公共法律服务体系建设是法治社会建设中的重要环节，明确政府购买公共法律服务的支出标准，建立健全专项经费保障机制，并将其纳入同级政府年度财政预算。① 此外，积极探索公共法律服务资金的多元化构成，吸引社会资金融入公共法律服务，可通过设立专项基金会的资金管理模式，监督管理专项资金的规范化使用，建立政府财政与社会资金引入的双重经费保障模式。

（五）优化公共法律服务的全方位考评体系

将群众满意程度纳入考评体系中，并作为一项重要评价指标，充分彰显了公共法律服务体系建设为了群众，并不断满足群众日益增长的公共法律服

① 方世荣、付鉴宇：《论法治社会建设中的政府购买公共法律服务》，《云南社会科学》2021年第3期。

务需求的人文关怀。因此，公共法律服务考评体系应包含自我考评、群众考评和专业考评，在完成公共法律服务后，首先由服务对象完成服务质量评价表，再由系统内部人员、第三方人员、专业法律工作者等专业人员进行考评，将考评结果分权重予以计算，合成最终考评等级。公共法律服务考评等级与法律服务人员、法律服务工作机构的绩效考核相挂钩，如律师事务所的税收优惠政策与综合考评等级、服务内容等挂钩，可以折抵、减免部分税费，督促法律服务工作者重视服务质量，而非仅仅为了完成法律公益服务次数。此外，还应探索建设多层级、多元化的考评体系，建设全方位、全覆盖的五级公共法律服务网络体系，不断加快河南现代化公共法律服务体系高标准、高质量建设步伐。

参考文献

《“法治体检”为民营企业把脉问诊开良方》，河南省司法厅网站，2023 年 8 月 15 日，https：//sft. henan. gov. cn/2023/08-15/2796810. html。

宋方青、邱子键：《论基本公共法律服务的供给侧结构性改革》，《东南学术》2023 年第 1 期。

项焱、郭元：《乡村振兴视域下诉源治理的新路径——数字赋能公共法律服务》，《河南社会科学》2023 年第 6 期。

喻少如、黄卫东：《公共法律服务融入乡村治理的逻辑转换及其实践进路》，《西北民族大学学报》（哲学社会科学版）2022 年第 6 期。

杨凯：《论现代公共法律服务多元化规范体系建构》，《法学》2022 年第 2 期。

董储超、舒瑶芝：《诉源治理导向下的纠纷解决：理念澄清与范式革新》，《交大法学》2023 年第 4 期。

方世荣、付鉴宇：《论法治社会建设中的政府购买公共法律服务》，《云南社会科学》2021 年第 3 期。

B.5
河南开展法治宣传教育的实践探索与对策建议

孙月月*

摘　要：　法治宣传教育是增强全民法治观念的必由之路、是营造公平正义环境的必要举措、是夯实法治国家基础的必然要求。近年来，河南积极推行法治宣传教育政策、建设法治宣传教育阵地、培育法治宣传教育人才、创新法治宣传教育方式，取得了显著的成效，涌现出很多典型的、效果好的鲜活案例。下一步，河南还需在满足人民法治需求、顺应数字化时代化、打造知名化品牌化方面优化做法，推动精准普法、智慧普法和特色普法。

关键词：　法治宣传教育　依法治理　河南

2023年是贯彻党的二十大精神的开局之年，也是“八五”普法规划实施的中期之年，做好法治宣传教育工作意义重大。河南始终认真贯彻中央的有关决策部署，把握正确方向，大力推进法治宣传教育，为全面建设社会主义现代化河南营造良好的法治环境、提供坚强有力的法治保障。

一　开展法治宣传教育意义重大

（一）法治宣传教育是增强全民法治观念的必由之路

习近平总书记强调：“法治建设需要全社会共同参与，只有全体人民信

* 孙月月，河南省社会科学院助理研究员，研究方向为政治学。

仰法治、厉行法治，国家和社会生活才能真正实现在法治轨道上运行。”①全民法治观念的不断强化是全社会共同参与法治建设的前提。开展法治宣传教育不仅能够增加公民对法律法规的学习和了解，加强公民对法治精神的认同，让法治精神在人们心中生根发芽，融入其血脉之中，而且能够有效提高公民对法治实践的参与度，进而提高公民法治素养，培育全社会法治信仰，推动社会主义法治文化的繁荣发展，让法治成为社会的普遍共识和基本准则。

（二）法治宣传教育是营造公平正义环境的必要举措

法律既是公民必须要遵守的行为规范，也是公民维护自身权益、保障自身权利的有力武器。不管是反映人民意愿的立法过程，还是聚焦群众急难愁盼的司法改革，抑或是严格的执法过程，法治的价值追求都是维护社会的公平正义。开展法治宣传教育，厚植社会公平正义的法治土壤，传播好社会公平正义的声音，能够让公民从每一项法律制度、每一宗司法案件、每一个执法决定中感受到公平正义，不断深化对法律面前人人平等的认识，进而引导公民尊法守法、知法用法，真正掌握运用法律的手段并且愿意通过法律渠道来解决问题。

（三）法治宣传教育是夯实法治国家基础的必然要求

法治兴则国兴。从近几百年的世界历史来看，一个国家要走向现代化就必然要走向法治化，一个现代化程度高的国家必然也是法治国家。法治社会在建设社会主义法治国家中占据着重要的基础地位，建设现代化法治中国，必须筑牢法治之基。这就要求必须更加深入开展法治宣传教育，进而推动社会治理法治化水平的提高，引导人民做社会主义法治的忠实崇尚者、自觉遵守者、坚定捍卫者，切实将法治意识和思维转化为法治行动和实践，更好发挥法治固根本、稳预期、利长远的保障作用。

① 习近平：《论坚持全面依法治国》，中央文献出版社，2020，第275页。

二　河南开展法治宣传教育的做法及经验

（一）推行法治宣传教育政策

河南认真落实《关于加强社会主义法治文化建设的意见》《关于开展法治宣传教育的第八个五年规划（2021—2025年）》等文件精神，同时高起点谋划部署法治宣传教育的相关工作，制定颁发《法治河南建设规划（2021—2025年）》《河南省法治社会建设实施方案（2021—2025年）》《在全省农村实施“法律明白人”培育工程的意见》《在全省实施“巾帼法律明白人”培育工程的意见》等文件。全面落实“谁执法谁普法”责任制，各部门结合各自工作实际，进一步加大普法力度，出台一系列普法政策。如河南省医疗保障局印发《河南省医疗保障系统法治宣传教育第八个五年规划（2021—2025年）》；河南省教育厅印发《河南省教育系统开展法治宣传教育的第八个五年规划》；河南省市场监督管理局印发《河南省市场监管系统法治宣传教育第八个五年规划（2021—2025年）》；等等。

2023年9月，河南省委全面依法治省委员会守法普法协调小组、省委宣传部、省司法厅印发《全省“八五”普法中期评估验收工作方案》，方案要求通过座谈交流、现场走访、问卷调查等方式对全省“八五”普法成效进行客观评价，并在此基础上总结经验、补齐短板。①

（二）建设法治宣传教育阵地

在原来河南黄河法治文化带和新县鄂豫皖苏区首府革命博物馆基础上，2022年，河南南水北调法治文化带和“四议两公开”工作法展馆入选第四批全国法治宣传教育基地。②

---

① 《河南省启动“八五”普法中期评估验收工作》，河南省人民政府网站，2023年9月8日，https：//www. henan. gov. cn/2023/09-08/2812037. html。

② 《河南又添两个全国法治宣传教育基地》，河南省人民政府网站，2022年12月9日，https：//www. henan. gov. cn/2022/12-09/2654365. html。

2023 年 7 月，河南在全省范围内开展优秀法治宣传教育基地命名活动，通过命名 50 个优秀法治宣传教育基地，更好发挥其典型示范引领作用，更好传播法治理念、弘扬法治精神。① 另外，打造法治宣传教育的重要网络阵地，在“学习强国”河南学习平台开设“普法进行时”专栏，主要包括“党的二十大报告解读”、“习近平法治思想”系列课程、“民法典”系列课程等内容。②

（三）培育法治宣传教育人才

积极推进“法律明白人”培育工程。截至 2023 年 7 月 3 日，全省共有“法律明白人”263471 名，平均每个村（社区）有 5 名“法律明白人”。他们根据自身职责积极履职，深入基层一线，把普法释法服务送到群众身边，帮助群众化解矛盾、自觉守法、遇事找法、办事依法，让乡村治理更有活力。另外，加强对“法律明白人”的培训，不断提升其专业法律素养和业务能力水平，2023 年 2 月至 4 月，共有 17.9 万名“法律明白人”参加相关培训班并顺利结业。③

充分调动社会资源，成立“全省百名法学专家普法讲师团”。普法讲师团由 108 位法学专家组成，开展公益普法，主要突出学习宣传习近平法治思想，突出宣传党内法规、宪法、民法典等。在第三个全国民法典宣传月启动百名普法宣传大使征集活动，发掘选取具有广泛性、代表性、针对性的群众身边的“普法带头人”，强调基层占比不低于 60%，“普法带头人”通过录制短视频、做客节目等方式讲解民法典相关知识。④

---

① 《河南省开展全省优秀法治宣传教育基地命名活动》，河南省人民政府网站，2023 年 7 月 3 日，https：//www. henan. gov. cn/2023/07-03/2771831. html。

② 《“普法进行时”专栏在“学习强国”河南学习平台上线》，河南省人民政府网站，2023 年 1 月 30 日，https：//www. henan. gov. cn/2023/01-30/2680669. html。

③ 《河南 26 万余名“法律明白人”助力乡村振兴　推动基层法治宣传走深走实走心》，河南省人民政府网站，2023 年 7 月 3 日，https：//www. henan. gov. cn/2023/07-03/2771833. html。

④ 《全省范围征集百名普法宣传大使快来参选！要求人选具有广泛性、代表性、针对性，基层占比不低于 60%》，河南省人民政府网站，2023 年 5 月 15 日，https：//www. henan. gov. cn/2023/05-15/2742966. html。

（四）创新法治宣传教育方式

河南将粮食安全普法工作摆在重要位置，聚焦粮食安全、耕地保护等相关的法律法规开展专项普法；关注企业发展过程中的难点、痛点、堵点问题，印发《关于加强法治化营商环境建设的若干意见》《围绕“项目为王”提供优质法治保障十项措施》等文件，开展“法援惠民生”活动，努力营造法治化营商环境；开展法律服务这一普法暖心工程。全省 2022 年为群众提供“零距离”“点单式”的法律服务共计 5.3 万次，有效解决了群众的急难愁盼问题。关注老年人、未成年人等重点人群。2022 年用 547 场防范养老诈骗法治宣传活动、用发放 2500 万份宣传资料等守护好老年群体的养老钱；用每年 4 月第三周的“全省教育系统法治宣传周”、用发放 110 万顶安全小黄帽等织密未成年人安全网。①

总的来看，在习近平法治思想的科学引领下，河南法治宣传教育工作取得了较为显著的成效。普法队伍发展壮大，法治元素随处可见，全民普法进一步走深走实，进一步惠民生、润民心，全民法治信仰进一步确立，法治观念更加深入人心，法治素养日益提升，法治文化蓬勃发展，社会治理法治化水平不断提高，法治社会正在加快建成，法治河南根基进一步筑牢，形成了上下联动、广泛参与、共同行动的普法格局。

三　河南开展法治宣传教育的鲜活案例

河南积极探索法治宣传教育新方式，针对不同层面、不同对象开展了形式多样、内容丰富的普法活动，涌现出很多典型的、效果好的案例，总结比较具有代表性的实践案例，分别是针对特定人群普法类、体现地方特色普法类、创新基层依法治理类。

① 《聚力专项普法　传递法治温度　省司法厅创新开展专项普法宣传综述》，河南省人民政府网站，2022 年 12 月 9 日，https：//www. henan. gov. cn/2022/12-09/2654374. html。

（一）针对特定人群普法类

1. 驻马店市聚焦青少年群体的法治宣传教育

驻马店市打造新形势下的青少年法治宣传教育品牌，认真落实“谁执法谁普法”责任制，不断探索“法治进校园”的新路径、新方法，以法治呵护青少年学生的健康成长。用“立体式”普法增加法治宣传教育热度。通过已经建成的16个青少年法治宣传教育阵地、362个乡镇（街道）中心校区法治宣传教育基地、2500个心理法治咨询室、2527个校园法治图书室（角）以及560块校园法治显示屏等，立体式、全方位、全地域营造法治宣传教育的浓厚氛围。[①] 用“沉浸式”普法增加法治宣传教育趣味。结合青少年群体的学习特点和成长规律，将当地发生的一些和青少年生活学习紧密相关的案例，如校园欺凌、消防安全、防拐防骗等编印成法律知识读本，制作以案释法短视频，改变了以往填鸭式的法治宣传教育，沉浸式的法治宣传教育大大提升了普法效果。用“专题式”普法增加法治宣传教育互动。充分发挥学校、家长的联动作用，开展主题不同的系列专题活动，如未成年人保护、交通安全等，在家校互联互动中、轻松愉快的氛围中共同帮助青少年们增强法律意识、掌握法治知识。

2. 巩义市关注老年群体的法治宣传教育

巩义市专门针对老年人如何防范诈骗打出了法治宣传教育“组合拳”，大大增加和保障了老年人融入智慧时代、开始智慧生活的安全性，用法治为老年人的晚年幸福生活保驾护航。用《老年人智慧生活手册》指导网络生活。这本手册由巩义市司法局、巩义市总医院等具备专业法治素养的部门来编撰，共分为了五个部分，具体为老年人使用智能手机、运用智慧养老服务平台、防范非法集资、防范电信网络诈骗和掌握一些急救常识等提供法律上的和专业上的帮助。截至2023年8月底，巩义市共向全市发放手册1.1万

① 《全省普法与依法治理优秀创新案例丨驻马店市：打造特色法治宣传教育品牌　用法治护航成长》，河南省司法厅网站，2023年9月4日，https：//sft.henan.gov.cn/2023/09-04/2809188.html。

本，发放了关于如何熟练掌握手册内容的培训视频U盘360个，组织了相关的培训600余场，有4万余人受益。[①] 用现场宣讲活动掀起老年人学法热潮。巩义市抽调业务骨干组建宣讲团，到全市20个乡镇（街道）开展现场宣讲，在全市形成了广泛影响。各个乡镇（街道）也结合党员联系户制度、网格化基层治理等对60岁以上老年人入户走访，引导老年人提高防范意识，提高自身智能技术运用能力。

（二）体现地方特色普法类

1. 宝丰县马街书会唱响法治曲艺

马街书会是流行于宝丰县的国家级非物质文化遗产。宝丰县司法局借助2023年马街书会，在现场热烈地开展法治宣传教育活动，将法治宣传教育活动和文化活动相结合，运用传统民俗活动扩大法治宣传教育的效果，满足新时代广大人民群众学法的新需求。唱响法治宣传教育强音。在宝丰县司法局的大力支持下，全国“七五”普法先进个人、河南十大法治人物金素珍带领“宝丰县三八红姐法治曲艺队”将国家政策、法律法规编成词、谱成曲，以广大人民群众喜闻乐见的豫剧、河南坠子、三弦书等形式展现出来，将法律知识润化于民众心间。法治元素无处不在。马街书会会场专门设置“法治宣传一条街”，宝丰县法院、县检察院、县司法局等多家单位通过摆放宣传展板、设置咨询台等方式向广大群众宣传法律知识，主要内容涉及反诈、禁毒等法律常识，法律援助、公证、未成年人保护等相关法律法规。[②]

2. 济源方言普法短剧传递法治声音

济源创新法治宣传教育模式，群众自编、自导、自演，自发组成普法

---

① 《全省普法与依法治理优秀创新案例丨巩义市：打出防范养老诈骗“组合拳”　让老年人安享“智慧生活”》，河南省司法厅网站，2023年8月22日，https://sft.henan.gov.cn/2023/08-22/2800657.html。

② 《全省普法与依法治理优秀创新案例丨宝丰县：马街书会唱响法治“好声音”》，河南省司法厅网站，2023年8月22日，https://sft.henan.gov.cn/2023/08-22/2800799.html。

选举摄制组。从短剧语言来看，使用当地方言演绎是济源普法短剧最大的特点，方言更接地气、更加亲切、更受欢迎，因此取得的效果更好。从短剧内容来看，作品涵盖范围广泛，且取材均来自和群众日常生活息息相关的常见事儿，主要集中在离婚纠纷、反电信诈骗、宅基地使用权等民生领域。从短剧表现方式来看，以诙谐幽默、通俗易懂为主要风格，让群众在轻松的氛围中学法。从短剧演职人员来看，群众自发参演，既是演员，又是观众，他们从“被动接受”到“主动传播”，成为实实在在的普法受益者和传播者。济源示范区司法局提供法律顾问支持，为普法内容严格把关，还提供部分资金支持、协调拍摄场地。济源方言普法短剧通过抖音、微信公众号等平台传播，受到了诸多好评。通过“身边人演身边事，身边事教育身边人”的方式，法治宣传教育的针对性和有效性得以提高，分层分众普法得以实现，群众的法治观念得以强化，学法、懂法、守法、用法的自觉性得以提高。①

（三）创新基层依法治理类

1. 邓州市“4+2”工作法服务基层法治建设

邓州市积极深化“4+2”（也称“四议两公开”）工作法，将法治元素融入乡村治理各环节，探索基层依法治理、法治乡村建设的新路径，引导基层治理依法、解决问题用法、化解矛盾靠法，提高基层治理的法治化水平，不断筑牢法治河南、平安河南的“压舱石”，夯实乡村振兴的法治基础。“4+2”工作法最早发源于邓州市，自 2009 年起在全国推广。“四议”即党支部会提议、两委会商议、党员大会审议、村民代表会议或村民大会决议。“两公开”即决议公告公开、实施结果公开。② 通过合法性审查、村（居）法律顾问监督指导等制度和流程确保集体决策的科学性、合法性；把问题摆

① 《创新普法形式，济源方言普法短剧火了》，河南省司法厅网站，2022 年 11 月 10 日，https://sft.henan.gov.cn/2022/11-10/2637587.html。

② 赵红旗：《解锁乡村治理有了“金钥匙”——记者一线采访河南邓州“四议两公开”工作法》，《法治日报》2022 年 6 月 7 日。

在桌面上，引导群众做“明白人”、算“明白账”；引导群众树立法治思维，理性、依法反映个人诉求，让办事讲究方式方法、讲求程序协商、讲法律讲责任成为群众的思想和行动自觉；打造法治宣传教育队伍，截至2023年3月，邓州市为600余个村（居）聘用了法律顾问，培育了近4000位“法律明白人”，争创了4个国家级民主法治示范村（社区）、30多个省级民主法治示范村（社区）。①

2. 鲁山县打造“未来乡村议事厅”创新依法治理路径

鲁山县蔡庄村在坚持党建引领下，结合“五星”支部创建，搭建“未来乡村议事厅”新平台，以问题为导向，畅通表达渠道，聚焦“民事”开展议事活动，“未来乡村议事厅”成为解决问题、化解矛盾的“好地方”。②“未来乡村议事厅”形成以党支部为核心、党员为骨干、群众为主力的网络治理体系。依托“未来乡村议事厅”群策群力，开展法律法规教育，普及法律知识，群众的法律意识、法治思维在解决大事、小事、急事、难事中逐步增强，自治、法治、德治、智治相结合的治理方式也得以不断健全，乡村普法学法在基层治理中取得了显著的成效。另外，在村“两委”干部的带领下，志愿者通过建设宣传角、发放宣传品、建立村民平安微信群等方式，开展与群众生活贴近、形式多样、内容丰富的平安法治宣传教育活动，积极提高公共法律服务水平，开展法律讲座、法律咨询等活动，为法治乡村建设提供了强有力的保障。

四　优化建议

（一）精准普法，在满足人民法治需求上下功夫

开展法治宣传教育、建设法治社会是为了满足人民的法治需求，维护人

① 孟向东、曾倩：《邓州市深化运用“四议两公开”工作法　破解一批市域社会治理难题（深入学习贯彻党的二十大精神）》，《河南日报》2023年3月19日。

② 《“未来乡村议事厅”　画好基层治理“同心圆”》，《河南法制报》2022年11月17日。

民利益，增进人民福祉，促进人的全面发展，因此要以普法的“需求侧”牵引其“供给侧”。一是加强系统谋划和顶层设计。要打开普法工作新思路，做好精准普法的整体谋划和推进，尝试打破地域界限、行业壁垒，各部门要加强联动、协同和配合，使普法资源有效利用最大化。二是突出重点，分层分众普法。普法内容选取人民群众的急难愁盼为重点，普法对象重点关注青少年和老年人等人群，重点关注领导干部人群，重点关注妇女、农民工等人群，开展分众化、差异化普法宣传。三是推广“点对点”精准普法形式。细致研究不同人群的法治需求，形成需求清单，量身定制普法内容。四是加大以案释法力度。以群众需求为切入点，提高普法质量，用具体案例、典型案例讲明法律知识和法律道理，增强法治宣传教育的实效性。

（二）智慧普法，在顺应数字化时代化上下功夫

开展法治宣传教育要紧跟时代，善于探索和运用新媒体、新技术、新手段、新方法，让现代科技手段赋能法治宣传教育的效率和质量。一是创新法治宣传教育载体，搭建数据共享平台。优化整合法治领域的各类信息、数据和网络资源，健全媒体公益普法制度。二是着力增强法治宣传教育的趣味性、故事性、互动性和体验性。促进法治宣传教育从单向式传播向互动式、服务式、场景式传播转变，增强受众参与感、体验感、获得感。三是延伸网络普法阵地，做好网络普法事业。借助网络和信息化技术，探索直播说法、手机 App 讲法、原创短视频释法等新形式，尝试普法和动漫、游戏等相结合，加强对优秀自媒体制作普法作品的引导，扩大普法的受众群体，打造功能互补、便捷高效、覆盖广泛的网上法治宣传教育体系。四是提高将“法言法语”转化成“网言网语”的宣传能力。要注重将抽象专业的法律条文恰当地转化为有趣的网络语言，增加法治宣传教育对网民尤其是 Z 世代的感召力、影响力。

（三）特色普法，在打造知名化品牌化上下功夫

开展法治宣传教育要充分发挥地方优势，激发品牌化普法活动的更大活

力。一是继续打造并发挥河南法治宣传教育基地的独特宣传作用，总结推广普法实践的典型做法和成功经验。二是加强法治文化阵地建设，讲好黄河法治故事。结合国家文化公园、南水北调等重大建设工程，鼓励、支持创作体现河南特色的法治文化作品，打造服务国家和河南发展的普法品牌，开展群众性法治文化活动，弘扬法治文化。三是利用重要节日、重要时间节点和庙会、各类集市等，从河南实际出发因地制宜、因时制宜地开展群众真正喜闻乐见的宣传活动。四是注重发挥河南传统法律思想、法律文化丰富的独特优势，推动优秀传统法律文化创造性转化、创新性发展，特别尊重群众在乡村法治文化建设中的主体地位和首创精神。

参考文献

《河南26万余名“法律明白人”助力乡村振兴　推动基层法治宣传走深走实走心》，河南省人民政府网站，2023年7月3日，https：//www.henan.gov.cn/2023/07-03/2771833.html。

《全省范围征集百名普法宣传大使快来参选！要求人选具有广泛性、代表性、针对性，基层占比不低于60%》，河南省人民政府网站，2023年5月15日，https：//www.henan.gov.cn/2023/05-15/2742966.html。

《创新普法形式，济源方言普法短剧火了》，河南省司法厅网站，2022年11月10日，https：//sft.henan.gov.cn/2022/11-10/2637587.html。

赵红旗：《解锁乡村治理有了“金钥匙”——记者一线采访河南邓州“四议两公开”工作法》，《法治日报》2022年6月7日。

孟向东、曾倩：《邓州市深化运用“四议两公开”工作法　破解一批市域社会治理难题（深入学习贯彻党的二十大精神）》，《河南日报》2023年3月19日。

《“未来乡村议事厅”　画好基层治理“同心圆”》，《河南法制报》2022年11月17日。

B.6
河南建设黄河法治文化带的实践成效及推进路径

邓小云*

摘　要：　建设黄河法治文化带不仅有助于更好地保护传承弘扬黄河文化，还有助于进一步夯实黄河流域生态、文化、资源综合保护和高质量发展的法治基础。自“七五”普法以来，河南黄河法治文化带建设成效显著，建成了一批高品质法治宣传教育基地，使依法治理黄河、保护绿水青山、促进高质量发展的理念深入人心。从更好地推进法治文化与黄河文化、红色文化等融合发展的目标要求来看，河南黄河法治文化带建设还需破解经费投入不足、运行形式单一、河地共建不足、沿黄省区共治缺乏、影响力有待进一步提升等困境。对此，河南省沿黄各地需要从创新普法载体和方式、将黄河法治文化带建设与地方文创文旅产业深度融合、以集群效应增强黄河法治文化带的吸引力等方面持续发力。

关键词：　黄河法治文化带　普法宣传　法治创新

黄河从陕西省潼关进入河南省，在河南省境内，西起灵宝市，东至台前县。黄河流域河南段，由于中原文化在华夏文明发展史中的根源性、核心性地位等特质，从而具有特殊的文化发掘空间。推进黄河文化传承弘扬在法治轨道上运行，既是全面推进依法治国的重要内容，也是促进黄河流域生态保护和高质量发展的生动实践。河南省将黄河文化、法治文化、红

* 邓小云，河南省社会科学院法学研究所所长、研究员，法学博士，研究方向为环境资源法学。

色文化融为一体，聚焦“普法长廊集群、法治文化示范基地、法治文化作品”三大品牌，在省内沿黄地域创设了绵延700多公里的黄河法治文化带。[①] 以此为载体，建成了一批高品质法治宣传教育基地，充分发挥促进法治社会建设的基础性、支撑性作用，助推社会主义法治文化繁荣和法治河南建设迈向更高水平。

一　河南黄河法治文化带是普法依法治理创新的典范

河南省将沿黄自然景观与文化旅游、群众娱乐、法治宣传等元素紧密联系在一起，以广博精深、具有深远影响力的黄河文化为媒介，大力宣传法治理念、弘扬法治精神。河南黄河法治文化带既是普法精品工程，也是依法治理创新方式，与黄河流域其他地区法治方式一起，为黄河流域生态保护和高质量发展营造良好的法治氛围。

（一）河南黄河法治文化带的特色内容

“七五”普法以来，河南省找准习近平生态文明思想和习近平法治思想的交汇点，倾力打造黄河法治文化带。2018年，省司法厅与河南黄河河务局共商共建，编制《河南黄河法治文化带建设规划》，统筹防汛、环保、法治等功能，在黄河两岸打造集法治、文化、艺术于一体的河南黄河法治文化带。通过开展河南黄河法治文化带示范基地创建活动，命名第一批河南黄河法治文化带示范基地10个，[②] 使其发挥引领带动作用；后续公布的第二批

① 《河南黄河法治文化带专刊》，河南省司法厅网站，2022年11月11日，https：//sft. henan. gov. cn/2022/11-11/2637878. html。

② 《聚力打造“黄河法治文化带”助力黄河流域生态保护和高质量发展河南建设“黄河法治文化带”的探索与实践》，河南省人民政府网站，2022年1月18日，https：//www. henan. gov. cn/2022/01-18/2384489. html。

名单示范基地多达 33 个。[1] 近年来，黄河流域河南段各地围绕黄河这一特殊地理位置，在深入挖掘黄河沿线丰富的红色法治文化、传统法律文化资源的基础上，因地制宜进行独具特色的探索尝试，通过法律条文解析、治理黄河名人事迹介绍等形式向人们讲述黄河法治故事。

在普法长廊集群建设方面，按照“无死角”“全覆盖”等条件，在沿河上堤路口、涵闸、大型非防洪工程等地点建立了 49 处普法长廊、372 个图文并茂宣传牌，形成了一道雄奇伟观的“法治风景线”。[2] 如范县李桥普法长廊设立了 42 个普法板块，将宪法以及水利、生态环境等方面的法律法规都予以普及，长度达 358 米，有“河南黄河普法第一长廊”的称号。[3] 郑州黄河河务局按照“黄河为带，堤防为廊，线面结合”的思路，因地制宜、突出特色，建成了“一带五苑”普法长廊集群，努力满足市民和游客了解黄河法治文化的需求。

在法治文化示范基地建设方面，寓教于乐，让群众在休闲娱乐的同时学到法律知识、增强法律意识、提高法律素养，彰显普法阵地的文化魅力。兰考东坝头法治文化示范基地将毛泽东和习近平视察黄河历史、焦裕禄精神、治黄知识、黄河文化与法治文化有机融合，创设了“法治号”小火车作为普法载体，车内宣传《河南省黄河防汛条例》《河南省黄河河道管理办法》等法规，载着乘客从兰坝支线驶往东坝头。[4] 郑州花园口法治文化示范基地以纪念 1938 年花园口扒口事件为背景，以石林、碑亭、浮雕、长廊为载体，具有黄河文化传承、历史铭记、法治集萃、人水和谐等多元功能。开封黑岗口、新乡曹岗、濮阳引黄入冀补淀渠首、台前将军渡等地，也都结合本地特有的红色文化，通过电子显示屏、碑刻、石刻等，建成了各具特色的法治文

① 《河南黄河法治文化带新增 33 个示范基地》，河南省人民政府网站，2023 年 2 月 17 日，https：//www. henan. gov. cn/2023/02-17/2690904. html。

② 《“河南黄河法治文化带”获批全国法治宣传教育基地，背后有深意》，大河网，2019 年 12 月 5 日，https：//photo. dahe. cn/2019/12-05/564742. html。

③ 《普法润物无声　护航黄河安澜——省司法厅着力打造黄河河南法治文化带》，河南省司法厅网站，2020 年 6 月 29 日，https：//sft. henan. gov. cn/2020/06-29/1739674. html。

④ 《毛主席昔日走过的兰坝支线上诞生了一列“法治号”小火车》，《大河报》2018 年 8 月 4 日。

化示范基地。2022 年 7 月，河南黄河法治文化带专属 Logo 正式上线并在全省推广运用，以进一步提升河南黄河法治文化带的内涵品质，发挥好辐射带动作用，塑造全国法治建设品牌。①

（二）河南黄河法治文化带的价值意义

2023 年 4 月 1 日起施行的《黄河保护法》第八章专门规定了“黄河文化保护传承弘扬”，以法律的形式明确了国家层面和地方层面保护传承弘扬黄河文化的职责和要求。河南黄河法治文化带的建设正是河南省“加强黄河文化保护传承弘扬，提供优质公共文化服务，丰富城乡居民精神文化生活”的具体实践，其蕴含依法治理精神、反映黄河流域特色、体现黄河文化精髓，既可营造浓厚的法治文化氛围，使依法治理黄河、保护绿水青山、促进高质量发展的理念深入人心，又可提升集全社会之力依法治河的能力和水平，筑牢黄河流域生态保护和高质量发展的法治根基。

河南黄河法治文化带的建设，不仅能推动深入挖掘中华法系中民为邦本、礼法并用等传统法律文化精华，还可以帮助我们根据时代精神创造性地传承弘扬中华优秀法律思想和理念，使中华优秀传统法律文化在当下法治实践中焕发出新的生命力。通过河南黄河法治文化带的建设，将普法长廊、宣传牌等设置在沿黄各地的上堤路口、涵闸、大型非防洪工程等地点，可以使社会大众了解黄河防洪安全、水资源安全、水生态安全等方面的法律知识和法治实践，让黄河沿线的风景因具有法治元素而增添文化韵味。河南黄河法治文化带的建设，创设了黄河沿线法治文化、红色文化、黄河文化、地方特色文化等协同保护发展制度，有力促进黄河沿线自然景观、文化旅游、群众娱乐、法治宣传等元素深度融合，使黄河流域成为融学于趣、寓教于游的法治风景线。

河南黄河法治文化带的建设对于建设更高水平法治河南，推进河南全省生态文明建设和经济社会发展等具有重大的现实意义。这一举措契合黄河流

① 《一河一渠绘出“十字形” 法治文化筑起新高地》，《河南日报》2022 年 12 月 8 日。

域生态保护和高质量发展重大国家战略的要求，对于以法治的方式保护传承弘扬黄河文化具有重要的引领作用。国家重点支持的6个国家级大遗址保护片区中，黄河流域占据了4个片区，其中洛阳、郑州位于黄河流域河南段沿线。① 2019年11月，河南黄河法治文化带入选十大“全国普法依法治理创新案例”。河南黄河法治文化带还被命名为全国法治宣传教育基地，是全国第一个以带状形式展示出的法治宣传教育基地，中央全面依法治国委员会办公室向全国推广了这一做法。②

（三）河南黄河法治文化带的实践成效

1. 以柔性多样的宣教活动，营造了浓厚的法治氛围

河南省围绕黄河法治文化带建设，采取多样化的形式广泛深入宣传宪法以及涉及水生态保护的法律、《河南省黄河防汛条例》等地方法规，开展了“黄河法治文化千里行”、河南省“宪法宣传周”活动暨“全国法治宣传教育基地”揭牌仪式等大型活动，受教育群众260多万人，司法部、水利部领导出席了系列活动。③ 黄河法治文化带以静态的法律法规展示和动态的法治宣教活动，将法治建设和黄河治理紧密结合起来，引导广大民众知悉了解法律、自觉遵守法律、树立法治思维，使依法治河的理念深入民心，为黄河治理和黄河流域经济社会绿色低碳高质量发展营造了良好的法治环境，引导全社会形成依法保护母亲河、共建法治社会的浓厚法治氛围。

2. 以持续刚性的治理行动，有效提升了黄河流域河湖治理能力，治理成效明显

河南省沿黄各地生态环境、水利、自然资源等部门的工作人员在建设黄

---

① 时志强、郭喜玲：《建设“黄河法治文化带”为黄河流域生态保护和高质量发展保驾护航》，《中国司法》2022年第3期。

② 《聚力打造“黄河法治文化带”助力黄河流域生态保护和高质量发展河南建设“黄河法治文化带”的探索与实践》，河南省人民政府网站，2022年1月18日，https：//www.henan.gov.cn/2022/01-18/2384489.html。

③ 时志强、郭喜玲：《建设“黄河法治文化带”为黄河流域生态保护和高质量发展保驾护航》，《中国司法》2022年第3期。

河法治文化带的各种活动中，不断丰富治理方式方法、提升依法治理能力，群众也更愿意积极主动配合执法人员的工作，很多过去绞尽脑汁都无法处理的老大难问题得到了妥善解决。涉及黄河流域河湖治理的立案数量呈现稳定减少趋势，从 2017 年的 265 起下降到 2021 年的 161 起，结案率从 2016 年的不足 90%提升到 2021 年的 97%。2018 年 12 月开启的“携手清四乱　保护母亲河”专项行动，有效遏制了黄河流域河湖治理范围内乱占、乱采、乱堆、乱建问题多发蔓延的趋势。截至 2021 年底，查办扫除干净总计 403 处、面积共计 70.7 万平方米的违章建筑，多达 291 个“四乱”问题取得了有成效的处理结果。①

3. 产生了良好的品牌效应和一定的社会影响力

河南黄河法治文化带的品牌效应凸显，司法部、财政部、水利部、生态环境部等部门领导，乌拉圭驻华大使费尔南多·卢格里斯等国际友人前来参观指导；江苏、内蒙古、宁夏、陕西、山西等地派人前来考察学习；省内一些单位前来开展主题党日活动，现场学习参观人数突破 100 万人次。② 河南黄河法治文化带建设的系列活动受到《法治日报》、《中国水利报》、中国普法网、中国水利网和《河南日报》、《河南法制报》、河南广播电视台等媒体关注和报道，网上点击率超千万人次。河南建设黄河法治文化带所取得的成效被广泛传播，也让河南省的法治宣传工作在全国闻名。

二　河南黄河法治文化带提质升级面临的困境及存在的问题

《河南黄河法治文化带建设规划（2020—2025 年）》提出，打造“国

① 《〈中国司法〉杂志推出“推动黄河法治文化带建设”主题笔会》，河南省司法厅网站，2022 年 4 月 14 日，https：//sft. henan. gov. cn/2022/04-14/2431400. html。

② 《聚力打造“黄河法治文化带”助力黄河流域生态保护和高质量发展河南建设“黄河法治文化带”的探索与实践》，河南省人民政府网站，2022 年 1 月 18 日，https：//www. henan. gov. cn/2022/01-18/2384489. html。

家级基地为核心、省级基地为纽带、市级基地为辐射板块”的建设格局，形成连点成线、以点带面、全面发展的新格局。从这些目标要求来看，河南黄河法治文化带建设还需要持续发力，进一步提升这一普法精品工程的质量及其推进依法治理的效能。从实际情况来看，河南黄河法治文化带提质升级尚面临诸多困境，需破解一系列问题。

（一）经费投入不足

近年来，黄河水利委员会河南黄河河务局携手河南省司法厅和沿黄地方政府及其部门聚焦建设河南黄河法治文化带，投入资金 1.2 亿元。[①] 这笔资金对于打造普法精品工程来说，并不能算充足。以河南黄河法治文化带的建设主体之一河南省司法厅对此的投入为例，尚需进一步加大投入力度。据统计，河南省司法厅 2022 年的支出合计为 557391.52 万元，其中普法宣传项目支出为 461.99 万元。[②] 在该项目上的资金投入比重并不算高，在河南黄河法治文化带建设上的资金投入比重就更低了。各地河务局尤其是基层县局的专项资金往往严重不足，致使普法投入力度不够，已经规划和初步建设的法治文化示范基地因经费紧张而难以优化提升。河南黄河法治文化带建设是一项系统的大工程，随着其示范基地数量的逐渐增加，必然需要更多资金支撑。资金投入不足，将导致后期的工程建设进度缓慢甚至停滞，影响其普法宣教及促进依法治理的效能进一步彰显。

（二）运行形式单一

河南黄河法治文化带的建设主要集中在三个方面，即打造普法长廊集群、法治文化示范基地、法治文化作品。目前，河南省内部分地区在这三方面工作的规划推进中，对河南省提出的“一市一特色、一县一品牌”的要

① 《贯彻实施黄河保护法　携手共护母亲河》，搜狐网，2023 年 3 月 22 日，http：//news.sohu.com/a/657720350_121106991。

② 《2022 年度河南省司法厅部门决算公开》，河南省司法厅网站，2023 年 8 月 18 日，https：//sft.henan.gov.cn/2023/08-18/2799303.html。

求缺乏深入理解和落实，刻板地将法律法规的相关条款作为主要宣传内容，没有深入挖掘黄河文化与地方特色文化的融合发展空间，难以发挥黄河法治文化带所特有的宣教优势，达不到预期的普法效果。这种现象表明，各地在河南黄河法治文化带建设中需要因地制宜，进一步创新该平台运行形式。

（三）河地共建不足

河南黄河法治文化带建设战线长，亟须各级河务局与当地政府及其部门共商共建，防止出现重复投入、内容雷同等问题。同时，推进河南黄河法治文化带建设，需要河南省内沿黄各地协同联动。但从实际情况来看，河南黄河法治文化带建设的集群效应还没有充分发挥出来，有关部门之间的沟通协调还不够深入，各地在这项工作中仍存在单打独斗的问题，在共同商议发展计划、共同研究需要解决的问题、共同分享取得成效的经验等方面还有很大的进步空间。为进一步提升河南黄河法治文化带的影响力，除了河务系统与司法系统要加强沟通协调，这两个系统还要加强与各地行政系统的共商共建，共同加大黄河流域法治文化阵地建设力度。

（四）沿黄省区共治缺乏

黄河流经 9 个省区，黄河流域覆盖的行政区域较多，各地社会经济发展、自然资源禀赋等方面情况各异。黄河流域各类环境要素是黄河文化的重要载体，而各类环境要素具有的经济、生态与其他非经济价值分属不同的职能部门管理，因此在推动建设黄河法治文化带过程中，需要统筹沿黄各省区、不同行政主管部门职责，对全流域文化资源进行通盘考虑，明确黄河法治文化带建设的目标、阶段与措施，共同打造体现黄河文化特色的法治文化宣教工程。[①] 如同黄河流域生态保护和高质量发展需要沿黄各省区齐抓共管，黄河法治文化带建设也需要沿黄各省区加强系统性、整体性协同。目前黄河河务系统实行的管理体制无法保障沿黄有关政府及其部门充分发挥纵向

① 刘先辉：《建设黄河法治文化带的实践路径》，《河南科技大学学报》2022 年 4 月 30 日。

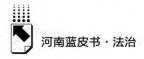

与横向的协同效应，无法有效推动有关政府及其部门齐头并进参与黄河法治文化带建设，也不能促使各地在黄河法治文化带建设上形成应有的合力。

（五）影响力有待进一步提升

在河南段黄河法治文化带的建设中，各地积极落实“谁执法谁普法”责任制，通过建设法治文化示范基地等形式进行法治文化宣传教育，产生了良好的社会反响。不过，目前的建设主体主要是河务系统和政府司法部门，还需要调动生态环境部门、法院、检察院等有关力量乃至全社会的力量进行共建共享。此外，各地还需要进一步将当地环境要素与黄河深厚的文化底蕴和丰富的旅游资源结合起来并融入黄河法治文化带的建设中，努力满足当地群众和外地游客的旅游休闲、法治文化学习等多方面需求。在建设黄河法治文化带的探索中，河南省沿黄各地需要将法治文化宣传与黄河景观及生态旅游项目深度融合，在吸引更广范围内更多社会公众参观学习方面进一步创新措施，扩大黄河法治文化带的社会影响范围，提升其社会知名度和影响力。

三　推进河南黄河法治文化带建设的思路与措施

（一）创新普法载体和方式，提升河南黄河法治文化带的传播力和影响力

河南沿黄有关政府及其部门研究利用大数据、云计算等技术建立普法平台，建立普法网站、普法考试考核网络平台，组织开展线上学法答题、在线法治课程等网络普法活动，利用微宣讲、微视频的短、灵、快特点，积极做好黄河流域生态保护和高质量发展相关法律法规的宣传工作。敦促报刊、广播、电视等传统主流媒体设立一批特点鲜明、影响力大的黄河法治文化宣传专刊专栏，支持各地充分利用社区电子显示屏、公交车、出租车等信息传递

工具提升法治公益广告播发密度，扩大法治宣传覆盖面，促使法治文化向群众日常生活中渗透，形成“舆论全覆盖、媒体全联动、社会广知晓”的黄河法治文化传播态势。河南省继续办好“黄河文化节”“黄河戏曲节”“黄河民俗节”等文化旅游节会，并通过提档升级扩大其社会知名度，与黄河流域其他省区联合，打造具有国际影响力的黄河文化旅游节。

（二）将黄河法治文化带建设与地方文创文旅产业深度融合

从省级层面重点规划一些重大项目，并给予必要的经费支持，推出一批精心创作的黄河法治文化作品。以打造重大黄河文化品牌作品为途径，充分挖掘省内黄河文化资源，推动黄河文化与法治文化、红色文化等深度融合，以具有中原特色、民族内涵、时代风貌的影视歌曲、动漫产品、舞台剧目、大型实景演出等表现方式进行演绎展示，赋予黄河法治文化以生命力。鼓励沿黄各地开展法治书画、摄影、微电影等征集、评选活动，在小品、相声、歌曲等文艺作品中融入法律知识，建设黄河法治文化精品库。充分利用“三下乡”等形式，组织内容丰富、种类多样的黄河法治文化节目下基层展演。河南省内各级各部门加大资金投入和政策扶持力度，构建内容丰富、种类齐全、特色突出的黄河法治文化资源体系，促进黄河法治文化资源的科学保护和有效利用，对实现文化事业、文化产业和旅游业可持续发展目标发挥重要的法治保障和引领作用。

（三）统筹各方力量共建共享黄河法治文化

建议河南沿黄各地以政府部门为主导，联合当地企业和金融机构设立黄河法治文化保护传承弘扬基金，为黄河法治文化带建设提供必要的经费支持。沿黄各地普法依法治理机构和黄河河务局等职能部门，常态化开展以黄河流域生态保护和高质量发展为主题的法治宣传活动，通过“以案释法”的形式让社会公众了解黄河流域法治故事。推动“枫桥式人民法庭”建设和“三零”创建，构建多元化纠纷解决机制，通过法官进网格、调解平台进基层、巡回审判、举办法官讲堂等举措，把案件带出法庭办理、带到群众身边办理，到基层群众中传播法律知识，同时将矛盾化解在基层。① 加强普法讲师团和普法志愿服务队伍建设，采用群众喜闻乐见的方式宣传法律知识、宣讲法治故事。

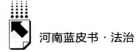

（四）既因地制宜凸显特性，又以集群效应增强黄河法治文化带的吸引力

河南省沿黄各地要按照“一市一特色、一县一品牌”的普法项目建设要求，深入挖掘地方特色，打造一批体现地方文化和地域、行业特色，地方风格鲜明的黄河法治文化阵地。结合实际条件，推出本地法治文化品牌，推动黄河法治文化进机关、进企事业单位、进校园、进社区、进乡村。河南省文化和旅游厅、河南黄河河务局共同建设“黄河文化千里研学之旅”精品线路，邀请清华大学建筑学院文旅研究中心打造黄河法治研学专题课程，助推黄河法治文化进校园。② 这种合力传承弘扬黄河法治文化的做法，对于沿黄各地共商共建共享黄河法治文化工程有很大的启发，值得推广借鉴。河南省各市司法局、普法办应当按照省司法厅、普法办关于加强法治宣传阵地建设的总要求，开展法治文化品牌项目化管理，指导沿黄各地充分发挥其特有的地理优势，将黄河法治文化带作为区域法治宣传发展规划的重要组成部分，推动黄河法治文化带从有形覆盖向有效覆盖转变，形成一批区域性的法治文化集群。③

（五）深化黄河法治文化相关学术研究和理论创新

河南省教育、宣传等部门面向高校和科研机构发布招标课题，引导学者挖掘黄河法治文化带建设过程中的典型经验和特色案例并进行理论提升，推

① 《彭州法院聚力创建“枫桥式人民法庭”》，《四川法治报》2023 年 7 月 6 日。

② 《河南省文化和旅游厅与河南黄河河务局签订“黄河文化千里研学之旅”战略合作协议》，河南省文化和旅游厅网站，2022 年 2 月 12 日，https：//hct. henan. gov. cn/2022/02 - 12/2397319. html。

③ 《用法治力量守护黄河安澜丨河南全方位建立黄河流域司法保护机制》，河南省司法厅网站，2022 年 5 月 17 日，https：//sft. henan. gov. cn/2022/05-17/2449944. html。

出一批具有标志性的研究成果。河南省司法系统、法学会、社科联等单位设立法治河南建设理论与实务、河南省法治文化研究专项课题，将保护传承弘扬黄河法治文化研究作为重点内容，为找准黄河文化与法治文化融合发展的对接点和着力点提供智力支持。河南省内高校、法学会、科研机构、律师协会等定期召开黄河法治文化研究论坛，为河南黄河法治文化带高质量发展提供交流平台。河南省内沿黄各地应当围绕黄河流域生态保护和高质量发展国家战略以及区域发展目标，将黄河法治文化研究工作深度融入本地发展大局。河南省内各级黄河河务局应当在黄河法治文化带建设中将涉河项目对水利风景区生态的影响纳入防洪影响评价，创新开展涉河项目对水利风景区的影响分析研究并形成阶段性成果。①

（六）推进黄河法治文化带建设与黄河流域法治实践深度融合

首先，在关于黄河法治文化带建设的地方性法规和地方政府规章的制定过程中，坚持开门立法与全程普法相结合，通过多种方式广泛征求社会各界意见建议，既提高立法工作的社会知晓率，又增强黄河法治文化的渗透力和影响力。其次，在执法司法实践中加强黄河法治文化带建设。加强文化市场管理，推进黄河文化保护执法工作，建立黄河法治文化保护与管理的执法监督机制和投诉举报机制。在“清四乱”“河道采砂专项整治”“陈年积案清零行动”等专项整治行动中，有关部门要注重在办案的各个环节加强对诉讼参与人、行政相对人、利害关系人以及相关重点人群的政策宣讲和法律法规讲解，着力在执法司法实践中提升黄河法治文化的影响力。最后，在提高法律服务水平的过程中加强黄河法治文化带建设。河南省沿黄各地通过建设覆盖城乡、便捷高效、均等普惠的公共法律服务体系，健全调解、公证、仲裁、诉讼相衔接的多元化纠纷解决机制，推动形成保护传承弘扬黄河法治文化的浓厚氛围。

① 参见李传华《打造黄河法治文化建设的山东路径》，《中国司法》2022 年第 3 期。

参考文献

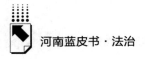

苗长虹等：《黄河保护与发展报告——黄河流域生态保护和高质量发展战略研究》，科学出版社，2021。

李丽娟等：《河南省实施黄河流域生态保护和高质量发展路径研究》，中国经济出版社，2023。

张震、石逸群：《新时代黄河流域生态保护和高质量发展之生态法治保障三论》，《重庆大学学报》（社会科学版）2020 年第 5 期。

张祖增、王灿发：《整体系统观：黄河流域生态保护与高质量发展法治建构的应然逻辑》，《西北民族大学学报》（哲学社会科学版）2023 年第 2 期。

孙佑海：《如何健全黄河流域生态环境法治体系——对〈黄河流域生态环境保护规划〉健全生态环境法治相关内容的解读》，《环境保护》2022 年第 14 期。

B.7

依法保护民营企业产权的河南实践研究

周欣宇*

摘　要：　民营经济是推动我国全面建成社会主义现代化强国、实现第二个百年奋斗目标的重要力量。有恒产者有恒心。依法保护产权对经济社会的稳定发展起着重要作用。近年来，一些关于民营经济的“工具论”“退场论”“阶段合理论”等论调不断出现，影响到了一些企业家的投资信心。不断落实依法平等保护民营企业产权的务实举措，优化适宜民营企业发展壮大的营商环境，是对民营经济发展不妥当言论回应的最好方式。通过营造公平竞争法治环境，依法保护民营企业产权，是提升企业生产及科技创新专注度的有力抓手。

关键词：　民营企业　产权平等保护　法治化营商环境

习近平总书记在党的二十大报告中强调：“完善产权保护、市场准入、公平竞争、社会信用等市场经济基础制度，优化营商环境。”2023 年 7 月 14 日，《中共中央　国务院关于促进民营经济发展壮大的意见》发布，着眼中国式现代化建设长远目标，对促进民营经济发展壮大作了新的重大部署。近年来，河南省委、省政府高度重视民营经济的发展，先后出台了多项措施，组织促进民营企业高质量发展的相关活动，为民营经济良好发展提供有力支撑。

---

* 周欣宇，河南省社会科学院法学研究所助理研究员，研究方向为民商法学。

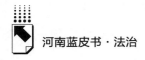

一 河南省依法保护民营企业产权的务实举措

近年来，河南省先后出台“六稳”“六保”、促进民营经济高质量发展“32条”等政策措施，扎实推进“万人助万企”和“三个一批”项目建设等活动，为民营经济的良好发展提供了有力支撑。截至2022年底，河南A股上市公司达到107家，民营企业上市公司占比为62.61%，全省国家高新技术企业突破1万家，国家科技型中小企业备案数超2.2万家，[①]民营企业上市公司占比以及国家高新技术企业数量的重大突破，都与河南省重视民营企业产权等各项权利保护、实施科技强省等战略发展目标有着重要联系。

（一）出台地方法规及相关政策文件规范保护民营企业

河南省以《民法典》《优化营商环境条例》等法律法规为依托，全面落实企业有限责任及出资人在出资范围内承担责任等市场经济法律制度，对全省范围内相关规范性文件加以专项清理，及时废止、修改与法律上产权保护制度相抵触的规定，实现对各类市场主体的平等保护。2020年11月，制定出台《河南省优化营商环境条例》，明确各级监察委员会、人民法院、人民检察院和公安机关应当依法平等保护市场主体的人身权、财产权、经营自主权，要求在采取查封、扣押、冻结等措施时，不得超权限、超范围、明显超标的、超时限。

2021年，省法院、省检察院联合出台《关于充分发挥司法职能服务保障民营企业发展的30条意见》，明确提出对民营企业等各类市场主体坚持平等保护。始终坚持各类市场主体诉讼地位平等、法律适用平等、法律责任平等，平等保护不同所有制主体、不同地区市场主体、不同行业利益主体的合法权益，不因所有制性质不同而在审判执行尺度、法律监督力度上有所不

---

① 李小卷：《着力激发企业发展活力》，《河南日报》2023年8月4日。

同，保障各类市场主体依法平等使用生产要素、公平参与市场竞争、同等受到法律保护、共同履行社会责任，推动形成平等有序、充满活力的现代化、法治化营商环境。2022 年 11 月，河南省政府办公厅出台《进一步优化营商环境降低市场主体制度性交易成本实施方案》，切实保障市场主体公平竞争，持续加强知识产权保护和运用，进一步规范行政权力，切实稳定市场主体政策预期。

2022 年 12 月，河南省委、省政府召开民营经济高质量发展大会，出台《关于新时代促进全省民营经济高质量发展的意见》，带动各级党委、政府以更鲜明导向、更有力政策、更务实举措，推动民营经济创新发展、转型发展、提质发展，为中国式现代化建设河南实践提供坚实支撑。《河南省“十四五”制造业高质量发展规划》提出，构建亲清政商关系，严格保护市场主体经营自主权、财产权等合法权益。不但要保护民营企业生产经营中涉及的物权、债权等重要产权，更要保护企业的知识产权、经营自主权等无形权利，通过一系列的保护措施，真正让民营企业放开手脚，大胆创新，实现高质量发展。2023 年 3 月，《河南省 2023 年国民经济和社会发展计划》印发，通过政策性文件形式，对民营企业的发展壮大给出明确的支持意见，通过对民营企业和民营企业家合法权益的依法保护，鼓励引导民营企业在经营中不断形成完善现代企业制度，提升企业的核心竞争力。

（二）明确行政执法范围开展“清单式”执法

1. 出台知识产权行政保护工作实施方案

河南省知识产权局印发《2023 年河南省知识产权行政保护工作实施方案》，以规范性文件形式为知识产权领域行政执法及保护工作提供重要参照及依据。实施方案的出台，为全省知识产权行政保护工作打好了行政制度基础。全省各级行政执法机关通过对专利、商标等重点知识产权保护方面的执法，不断加大监管力度，实现对全省重点领域民营企业和企业生产经营关键环节相关的知识产权保护真正落地落实。同时对涉外知识产权加强保护，通过在重大活动和重要节点的相关工作保障，聚焦知识产权热点难点问题，对重要民营企业加强知识产权保护。同时运用数字化、信息化手段，对知识产权保护机制进行全方位提升，实现知识产权保护的数字化转变，不断引领各方面知识产权保护工作。

2. 依法严格规范行政监管及执法行为

2022年底前，通过编制完成省、市两级的监督事项目录清单，进一步明确行政监管及执法的对象及范围。在行政监管及执法中，严格落实“三项制度”，对违反执法规范操作的行为进行通报，实现监管及执法行为全流程监督、全流程公开。通过科学确定行政裁量权基准，实现行政裁量权适用标准统一，防止出现同案不同裁、同一违法事项执法尺度不统一等问题。对出现违法违规行为的市场主体开展执法活动时，杜绝“一刀切”“运动式”执法，把日常监管作为行政监管及执法的主要工作，结合临时性抽查以及集中执法行动，实现行政监管及执法效能的不断提升。

3. 落实轻微违法行为免予处罚指导意见

各级行政机关充分听取企业意见，制定实施涉企政策和作出涉企重大利益决策前，注重加强与企业的沟通，听取企业家的意见建议。河南省市场监管局出台《河南省市场监督管理轻微违法行为免予处罚规定》，并制定下发《河南省市场监督管理轻微违法行为免予处罚清单》，对不涉及公民生命健康安全，且法律、法规、规章规定对当事人的违法行为责令改正，当事人按照规定的时限或要求改正违法行为，市场监督管理部门不予行政处罚的事项作出了明确的清单式规定。

（三）进一步强化民营企业产权的司法保护

1. 严格区分定性民营企业经营中的不规范问题

在司法实践中，全省司法机关坚持严格区分经济犯罪与经济纠纷、企业财产与个人财产、合同诈骗与民事欺诈、非法集资与正当融资等行为的界限，对民营企业过往经营不规范问题作出妥善处理。在民营企业涉及相关刑事犯罪及行政处罚案件中，坚持严格遵循法的溯及力原则、刑法罪刑法定原则，用不断发展的眼光对民营企业的过往不规范行为作出严谨评价。针对民营企业生产经营中一些不规范问题，除非法律及行政法规有明确禁止性规定，一般不予认定为犯罪或者不以犯罪论处，给民营企业充分的发展空间。

2. 切实提升民营企业产权相关案件审判能力水平

河南省法院陆续出台涉中小微企业办案指引等一系列指导意见，2017~2022 年，一审共审结涉企案件 222.7 万件，同比上升 105.2%。2022 年涉企案件平均审理用时 45.3 天，比全国均值短 12.3 天。共审结涉企物权、股权、数据产权等案件 42.7 万件，一审共审结知识产权案件 63709 件，同比增长 26.4%，郑州中院判令侵犯金博士公司植物新品种权的单位赔偿 4952 万元，创同类案件赔偿纪录。①

3. 能动履行检察职能营造安商惠企法治化营商环境

近年来，河南省检察机关以服务优化安商惠企法治化营商环境为指引，在工作中主动为民营企业发展提供检察力量。在省委、省政府号召的“万人助万企”以及在检察院落实“六稳”“六保”等方面不断发力，着力营造有利于民营企业发展的法治化营商环境。

以三门峡、洛阳等地市为代表的检察机关带头探索涉案企业合规改革试点工作，针对民营企业涉及环境污染犯罪的，以恢复环境生态功能为主导，企业通过一系列生产及污染物排放改造和生产流程合规，经过第三方机构评估合格的，检察机关对单位依法作出不起诉决定。对涉及刑事程序的民营企业，严格区分其正常经营行为与刑事违法犯罪的情形，避免检察机关介入民营企业经营性经济纠纷，打破企业之间的平等法律地位。通过健全涉企法治供给体系，从为企业提供精准法律服务等方面入手，提出加强涉案企业合规审查、常态化开展羁押必要性审查、健全完善侦查监督与协作配合办公室各项制度机制等 13 项举措，全力服务保障企业发展。

① 2023 年 1 月 14 日，河南省第十四届人民代表大会第一次会议上，河南省高级人民法院工作报告。

（四）依法严厉打击侵害民营企业权益突出犯罪

对民营企业和民营企业相关人士合法权益加大保护力度，严厉打击侵犯民营企业和相关企业家合法权益的刑事犯罪。在持续深入开展扫黑除恶专项斗争的同时，加强政法干部队伍教育整顿，不断净化政法干部队伍，整治经济活动中的不正之风，让扰乱市场秩序、霸占市场经营、干扰民营企业家干事创业的违法犯罪人员受到刑事打击，对包庇相关违法犯罪人员的政法干部予以坚决处置。同时，对侵犯民营企业产权等合法权益的诈骗、贿赂等经济犯罪行为，依法予以严惩。对强揽工程、串通投标、强迫交易、官商勾结垄断经营以及故意损害商业信誉等破坏公平竞争的犯罪依法严厉惩治，维护公平竞争、健康有序的市场秩序。对恶意利用诉讼打击竞争对手、破坏市场经营正当竞争环境的，根据情况作不同处理。对虚假诉讼参与人，依法采取罚款、拘留等民事强制措施；对以虚假诉讼侵害企业家民事权益的行为人，根据受害人企业的请求承担赔偿责任；涉嫌犯罪的，依法追究刑事责任。

通过一系列针对市场主体的政策出台和务实举措实施，河南全省各类企业发展迈上新台阶。据统计，2023 年上半年，河南省工业投资同比增长 5.1%，规上工业增加值同比增长 3.3%，新增小升规工业企业 669 家，新增经营主体 107.4 万户，同比增长 38.6%（见图 1）。

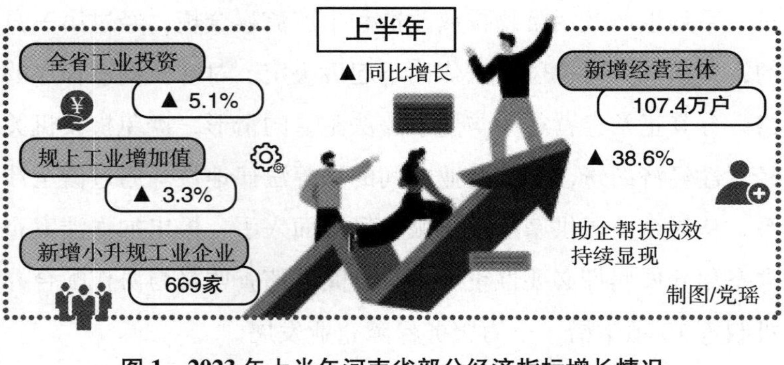

图 1　2023 年上半年河南省部分经济指标增长情况

资料来源：陈辉：《上半年“万人助万企”成效持续显现》，《河南日报》2023 年 8 月 4 日。

二　河南省平等保护民营企业产权实践中存在的问题

（一）民营企业与国有企业等公有制企业保护措施上的不平等

1. 地方政府未能完全杜绝对公有制企业的“非市场化”行为

民营企业与国有企业等公有制企业相比，本身在法律层面并没有不平等的规定，都存在于市场经济按市场竞争规律生存的大环境下。但是国有企业作为国家出资的经营性单位，在市场中获取资金支持、内部政策支持等方面相比民营企业有着优势，这个优势并不是天然的，而是政府出于对自身出资企业良好生存和发展的考虑而在某些方面给予国有企业而并不给民营企业的。

2. 民营企业与国有企业所受监管存在不平衡性

民营企业与国有企业不同的运营模式，决定了民营企业在经营管理中所受的行政监管更多而自身或外部的监察监督不多，而国有企业受到的行政监管相对更少而纪检监察等监督更多。行政监管及执法相关手段的国家强制力，决定了民营企业在实际经营中，对自身产权的保护力度及保护效果无法与国有企业相比较。民营企业需要更多依靠法律程序维护自身产权等合法权益，而国有企业由于其政府出资的特定背景，在其合法权益受到侵害时，往往有多种行政手段可供使用，导致国有企业与民营企业在合法权益维护方面的实质不平等。

3. 某些地方政府保护民营企业产权措施用力过猛

近年来，省、市、县等各级党委、政府不断出台关心、关注、关爱民营企业成长发展的各项政策，开展对民营企业帮扶支持的“助企”“惠企”活动，这充分体现了地方政府对民营企业发展状态、民营经济进入高质量发展阶段的重大期盼。但是这些“助企”“惠企”手段，虽然表面上使一些民营企业呈现良好的发展态势，但是这些手段的推出，客观上又让国有企业有了不安全感或保护力度受限感。政府对民营企业发展所需要的产权平等保护等方面的政策落实有限，未能让民营企业真正融入有国有企业等与之共同竞争的统一平等大市场，对国有企业和民营企业左右摇摆式的保护，会让民营企业在发展中不知所措，影响其活力和最终发展效果。

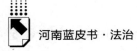

（二）民营企业之间产权保护存在不平等现象

平等保护主体的确定上，通常以国有企业等公有制企业和民营企业的平等保护作为分类，在优化营商环境总体部署下，政府高度重视民营企业与国有企业等公有制企业的平等保护问题。实践中，某些体量大、对地方经济贡献大的民营企业，也因为其拉动就业、经济发展以及对地方财政收入的重要作用，而获得了与国有企业一样的隐形优势地位。这些地方明星企业或龙头企业，在获取支撑企业发展扩张的银行贷款方面、在获取地方政府有关人力资源和地方配套政策及资金支持等方面，能够得到地方政府的全力支持，而其他小微型民营企业，却难以获得以上任何一种实质上的优惠，导致民营企业之间存在不能被平等保护的现象。

（三）民营企业产权保护执法或司法中的地方保护仍未杜绝

近三年疫情蔓延，地方政府经济发展以及财政收入受到很大冲击，数量庞大的民营企业群体所缴纳税费及大企业生产经营所拉动的本地就业、产业链条完善等效应对地方经济发展的作用越来越重要。在关系这些民营企业的执法或司法活动中，地方出于保经济保稳定等考虑，还一定程度上存在地方保护现象。对因民营企业违规或经营中产生纠纷而发起的异地行政执法或司法案件，一些地方还有协调地方执法权或司法权，对本地民营企业作出不平等保护的行为。特别是知识产权保护执法或司法过程中，对某些民营企业侵犯其他企业知识产权的行为执法或司法打击力度不够，甚至有些还存在变相保护问题。

（四）执法或司法案件办理中随意侵害民营企业产权现象还存在

虽然全省大力提升对民营企业等市场主体产权执法或司法等方面保护的

水平，但产权执法或司法保护领域依然存在不少问题和薄弱环节，如利用公权力侵害私有权、违法查封扣押冻结民营企业财产、知识产权侵权易发多发等现象。这些现象的存在，叠加其他影响因素，对民营企业发展信心的影响较大，导致某些民营企业从本地迁移或者另寻主要生产经营住所，导致本地区民营经济高质量、可持续发展受到严重影响。一些中小微企业因在全省或本地没有知名度，而无法在企业产权平等保护问题上向党委、政府提出有效的意见和建议，一定程度上影响到了这些企业在本地继续发展的信心。

（五）个别地方干部知识产权也是生产力的理念欠缺

由于知识产权具有一定的专业性特征，对民营企业知识产权的保护特别是执法或司法手段的保护具有专业性，且无法在短时间内出明显效果。一些地方干部没有认识到知识产权能够给企业特别是民营企业带来持续性、大规模的经济收益，对民营企业知识产权保护的力度不够，平等保护思维欠缺。民营企业因此在专利、商标等知识产权方面的投入不足，间接影响到了企业发展的后续动力，知识产权这一核心竞争力无法得到应用，企业生产和竞争仍处于低端状态，对地方经济收入的贡献以及经济发展的推动作用有限。

三　河南省平等保护民营企业产权的有关对策建议

平等保护民营企业产权，法律层面已经有了相对完善的规定，河南省要想在平等保护民营企业产权实践中做得更好，主要还是要杜绝政府“非市场化”行为，对民营企业内部以及民营企业与国有企业的保护实现平等看待、一视同仁，同时要注重在民营企业行政执法方面更加克制，通过实时存在而又不打扰民营企业生产经营的方式形成贯穿始终、力度适中、效果良好的各种监管局面。具体来讲，需要从以下几个方面作出改变。

（一）坚持党的领导和管总协调

党的领导是党和国家的根本所在、命脉所在，是依法做好产权保护工作的根本政治保证。全省各级党委要站在完整、准确、全面贯彻新发展理念，主动构建新发展格局，着力推动高质量发展的高度来认识助力营商环境持续优化、依法强化产权保护这一工作的紧迫性，加强对产权保护工作的组织领导。[①] 党委、政府主要负责人要自觉提升政治站位，从全局出发，认真履行法治建设第一责任人的职责，把依法平等保护民营企业产权工作作为党委、政府重要工作来抓。通过大兴调查研究之风，准确把握本地区民营企业产权保护方面存在的问题和短板，有针对性地采取策略推进产权的依法保护、平等保护。同时坚持正确政治方向，建立完善民营经济和民营企业发展工作机制，明确和压实部门责任，加强协同配合，强化央地联动。支持工商联等民主党派及社会组织围绕促进民营经济健康发展和民营经济人士健康成长更好发挥作用。[②]

（二）创新产权保护理念和保护手段

在实现中国式现代化的征程中，我们的经济社会已经进入新的发展阶段，必须坚持用新发展理念构建新发展格局。在民营企业产权保护方面要突出理念上的创新和保护手段上的创新，突出用新的理念解决问题，实现平等保护和促进民营经济发展壮大的重要目标。工作人员在产权保护执法或司法中要牢固树立人权意识、程序意识、证据意识、规则意识等，摒弃以往以罚代管、一罚了之等只罚不教、简单粗暴的办案方式，强化教育引导功能作用，突出对企业产权保护的重视，尽量减少执法或司法行为对企业正常经营的不利影响。要始终秉持不论何种所有制企业一律平等看待的原则，不论国有还是民营、不论集体还是私营，都要作为平等的市场主体，平等适用法律法规，平等看待企业的各种经营行为，平等维护各类企业的合法权益。要进一步在广大党员领导干部中明确知识产权就是生产力、保护知识产权就是保护创新的理念，重视民营企业特别是中小微民营企业知识产权的依法平等保

---

① 冯之东：《助力营商环境持续优化　依法强化产权保护》，《人民日报》2023 年 4 月 6 日。

② 参见《中共中央　国务院关于促进民营经济发展壮大的意见》，《人民日报》2023 年 7 月 14 日。

护，给企业依靠创新实现突破性发展留出空间，实现创新型国家建设的重要战略目标。

（三）进一步优化产权保护执法或司法工作机制

加强行政保护和司法保护协调配合，整合行政保护和司法保护资源，强化对产权的协同保护。在产权保护行政执法正面清单和负面清单等规范化执法机制建设基础上，强化司法程序对民营企业产权的依法保护。行政执法过程严格依法进行，对民营企业有关产权做好保护，不随意扩大执法限度和范围。司法活动中严禁超标的及超时限查封、扣押、冻结民营企业相关资产。完善行政执法与刑事司法衔接机制，加强“两法衔接”信息平台建设，推进信息共享机制化、案件移送标准和程序规范化。[①] 坚决杜绝利用刑事手段插手企业民事纠纷，打击民营企业生存发展信心。加强办案机关的联动配合，持续深入推进跨领域跨部门的专项执法联合执法，在证据标准认定、执法尺度统一等方面不断实现互通互认，对利用地方执法标准尺度不统一等制度性缺陷侵害企业产权的行为予以打击，努力实现“办案一件、解决一片”的工作效果。

（四）持续完善知识产权保护体系

构建省内统筹、省外协同的知识产权保护机制，加大对中小微民营企业原始创新的保护力度。在司法实践中完善惩罚性赔偿制度，同时探索适用新审判程序减轻知识产权权利人维权的举证负担，缩短审理期限，提高赔偿数额，降低维权成本，全面提升知识产权司法保护的整体效能。建立知识产权侵权和行政非诉执行快速处理机制，全面推进互联网审判，以技术支撑提升审判效能，并强化诉讼的便利性和经济性。对新业态新模式形成的知识产权形式，不断探索完善依法保护办法，对恶意侵害专利、商标等知识产权违法犯罪行为严厉打击。以雷霆之势打击知识产权违法犯罪，不断挤压侵犯知识

① 冯之东：《助力营商环境持续优化　依法强化产权保护》，《人民日报》2023 年 4 月 6 日。

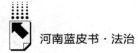

产权相关行为的生存空间，通过加大对侵犯知识产权违法犯罪行为的刑事打击力度，净化全省营商环境，实现对知识产权的全面深入保护。

（五）助力提升民营企业守法水平，实现依法合规经营

对涉及民营企业行政合规问题进行全过程指导。围绕行政执法事前、事中、事后，面向各类市场主体，建立系统性、全过程的行政合规服务和指导机制，通过编制涉企行政合规指导清单、帮助企业进行合规管理、开展普法教育、深化“法治体检”等方式，让企业尊法学法守法用法，促进企业依法经营，防止或者避免违法行为发生。针对发生违法行为的企业，以企业长久合规发展为导向，合理运用行政强制手段，依法实施免罚轻罚等柔性执法行为，提高执法精度的同时保留执法的温度。对经营管理不合规的民营企业开展处罚或其他处理后，及时持续地进行跟踪，指导完善企业风险内控机制，切实把控生产经营中的各类法律风险，同时开展信用修复专项行动，助力企业持续合法经营。

参考文献

王利明：《论平等保护民营企业产权》，《上海政法学院学报》（法治论丛）2023年第3期。

冯之东：《助力营商环境持续优化　依法强化产权保护》，《人民日报》2023年4月6日。

窦璐：《全国统一大市场建设中的民营经济刑事司法平等保护：现状、机理与路径》，《深圳大学学报》（人文社会科学版）2022年第4期。

黄文忠：《民营企业产权平等保护探析》，《中国检察官》2020年第16期。

许娟、秦登峰：《大数据挖掘技术下的企业产权平等保护》，《江西社会科学》2020年第10期。

B.8

法治乡村建设的河南实践与推进路径

张 雷　张钊溥　柏 满*

摘　要：　河南法治乡村建设正式实施以来，全省涉农法律体系渐趋完善、涉农执法司法水平逐渐提高、农村法治环境进一步优化、民众合法权益得到保障，法治乡村建设取得明显成效。然而，从法治建设的底层逻辑来看，法治乡村建设的诸多问题依然存在。为提升河南法治乡村建设效果，应坚持问题导向，从确保决策科学、锻造合格主体、畅通末端梗阻和优化监督手段方面下大功夫，打好“组合拳”。

关键词：　法治乡村建设　习近平法治思想　河南实践

法治乡村建设是当前党中央高度重视的重大问题，事关全面依法治国战略的贯彻与乡村振兴战略的实施。法治乡村建设是提高国民素质的助力器，是推进治理体系与治理能力现代化的里程碑，是确保基层社会稳定的安全阀。作为农业大省、文化大省与人口大省，河南省承载着法治乡村建设的重要任务。加之河南历史悠久，文化遗存丰厚，农村经济欠发达且矛盾多，增添了法治乡村建设的难度。因此，河南法治乡村建设更要持续发力。

* 张雷，商丘师范学院法学院教授，河南师范大学硕士生导师，研究方向为法理学；张钊溥，英国考文垂大学法商学院硕士研究生，研究方向为法理学、刑法学；柏满，河南师范大学硕士研究生，研究方向为民商法学。

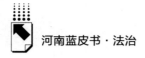

一　法治乡村建设的顶层设计与强力部署

党的十八大以来，法治乡村建设的重要性越发凸显，针对法治乡村建设的顶层设计也渐趋清晰，主要表现在以下方面。

（一）习近平法治思想对法治乡村建设的精心谋划

习近平法治思想对法治乡村建设谋划体现出前瞻性、创新性与持续性高度融合。早在2013年12月23日召开的中央农村工作会议上，习近平总书记就明确指出："加强和创新农村社会管理，要以保障和改善农村民生为优先方向，树立系统治理、依法治理、综合治理、源头治理理念，确保广大农民安居乐业、农村社会安定有序。"[①] 此论述创造性地提出"四治融合"的乡村治理新模式，为探索法治乡村建设提供了理论指引。习近平总书记又在党的十九大报告中指出，要"加强农村基层基础工作，健全自治、法治、德治相结合的乡村治理体系"，[②] 初步勾勒了法治乡村建设的轮廓与未来方向。2017年12月28日，习近平总书记在中央农村工作会议上再次指出："法治是乡村治理的前提和保障，要把政府各项涉农工作纳入法治化轨道，加强农村法治宣传教育，完善农村法治服务，引导干部群众尊法学法守法用法，依法表达诉求、解决纠纷、维护权益。"[③] 进一步明确了法治乡村建设重要着力点，为法治乡村振兴政策出台提供了直接参考。2020年2月5日，中央全面依法治国委员会第三次会议召开，习近平总书记指出："加强法治乡村建设是实施乡村振兴战略、推进全面依法治国的基础性工作。要教育引导农村广大干部群众办事依法、遇事找法、解决问题用法、化解

---

① 《在中央农村工作会议上的讲话》（2013年12月23日），《十八大以来重要文献选编》（上），中央文献出版社，2014，第681页。

② 习近平：《决胜全面建成小康社会　夺取新时代中国特色社会主义伟大胜利》，《光明日报》2017年10月28日。

③ 汪晓东、李翔、刘书文：《谱写农业农村改革发展新的华彩乐章——习近平总书记关于"三农"工作重要论述综述》，《人民日报》2021年9月23日。

矛盾靠法，积极推进法治乡村建设。”[①] 再次重申法治乡村建设的重大意义与必要性，要求基层干部提升法律综合能力，切中了当前法治乡村建设面临的重大问题与短板，为法治乡村建设指明了方向。习近平总书记针对法治乡村建设的上述系列重大论述，为推动法治乡村建设顶层设计提供了理论指导与方法指南。

（二）两个重大意见[②]对法治乡村建设的宏观设计

法治乡村建设最先出现在两个重要中办、国办文件即《关于实施乡村振兴战略的意见》与《关于加强和改进乡村治理的指导意见》中。2018 年 1 月，中共中央办公厅、国务院办公厅联合印发《关于实施乡村振兴战略的意见》，明确提出“建设法治乡村”“强化乡村振兴法治保障”的重大任务，并对法治乡村建设重要内容进一步细化与明确，即“坚持法治为本，树立依法治理理念，强化法律在维护农民权益、规范市场运行、农业支持保护、生态环境治理、化解农村社会矛盾等方面的权威地位。增强基层干部法治观念、法治为民意识，将政府涉农各项工作纳入法治化轨道。深入推进综合行政执法改革向基层延伸，创新监管方式，推动执法队伍整合、执法力量下沉，提高执法能力和水平。建立健全乡村调解、县市仲裁、司法保障的农村土地承包经营纠纷调处机制。加大农村普法力度，提高农民法治素养，引导广大农民增强尊法学法守法用法意识。健全农村公共法律服务体系，加强对农民的法律援助和司法救助”，为我国法治乡村建设提供了政策依据。

2019 年 6 月，中共中央办公厅、国务院办公厅又联合印发《关于加强和改进乡村治理的指导意见》，对法治乡村建设提出 17 项具体任务要求、4 项组织实施举措，为进一步开展法治乡村建设提供了明确指导意见。

---

① 习近平：《推进全面依法治国，发挥法治在国家治理体系和治理能力现代化中的积极作用》，《求是》2020 年第 22 期。

② 所谓两个重大意见，分别指中办、国办于 2018 年 1 月联合印发的《关于实施乡村振兴战略的意见》与于 2019 年 6 月联合印发的《关于加强和改进乡村治理的指导意见》。上述两个文件明确提出“法治乡村建设”问题，为法治乡村建设专门文件出台提供了政策依据。

（三）中央全面依法治国委员会对法治乡村建设的专门部署

2018年3月，中共中央印发《深化党和国家机构改革方案》，正式确定“组建中央全面依法治国委员会，负责全面依法治国的顶层设计、总体布局、统筹协调、整体推进、督促落实，作为党中央决策议事协调机构”。2020年3月，中央全面依法治国委员会印发《关于加强法治乡村建设的意见》，这是国家层面的第一个针对法治乡村建设的专门性文件。《关于加强法治乡村建设的意见》明确了法治乡村建设的阶段性目标，即涉农法律制度与乡村公共法律体系更加完善，基层执法质量、干群尊法学法守法用法自觉性及乡村治理法治化水平明显提高，并要求各地把法治乡村建设纳入本省、市、县法治建设总体规划，确定重点任务，分步实施，扎实推进法治乡村建设。

（四）司法部与农业农村部对法治乡村建设的强力推进

2020年1月18日至19日，在北京召开的全国司法厅（局）长会议上，有关部门开始部署“完善市域公共法律服务体系”工作。会议强调：“加强乡村法治宣传教育，推进农村法治文化阵地建设，重点培育一批‘法治带头人’。深化法治乡村示范建设，以‘民主法治示范村（社区）’建设为载体，充分发挥村（居）法律顾问作用，引领带动法治乡村建设。”①

2021年4月20日，农业农村部下发《关于全面推进农业农村法治建设的意见》，“明确到2025年农业农村法治建设的总体目标，并从完善农业农村法律规范体系、提高农业执法监管能力、提升农业农村普法实效、依法全面履行职能、强化农业农村部门依法治理能力等5个方面，提出了强化重点领域立法、严格规范性文件合法性审核等15项重点举措”。② 司法部办公

---

① 《完善市域公共法律服务体系》，“光明网”百家号，2020年1月20日，https：//m.gmw.cn/baijia/2020-01/20/33495366.html。

② 侯馨远：《全面推进农业农村法治建设》，《农民日报》2021年4月28日。

厅、农业农村部办公厅联合发出通知，就充分发挥司法行政部门、农业农村部门和法律服务机构在服务乡村振兴中的职能作用，推进“乡村振兴 法治同行”活动常态化、长效化，作出部署安排。

二 法治乡村建设的河南实践

《关于加强法治乡村建设的意见》出台后，河南省快速响应、周密部署，开展了一系列有效实践。

（一）出台实施方案强部署

针对国家相关顶层设计，省委、省政府高度重视、亲自部署。河南出台《关于加强以新时代党的建设为根本的基层基础工作的若干意见》《河南省乡村振兴战略规划（2018—2022年）》《河南省法治社会建设实施方案（2021—2025年）》《河南省乡村建设行动实施方案》《关于加强法治乡村建设的实施意见》《河南省法治乡镇（街道）创建指导标准》等文件，为法治乡村建设绘就河南方案。

（二）强化组织领导压责任

成立以省委书记为重要负责人的省委全面依法治省委员会，委员会旨在做好全面依法治省的工作设计、统筹协调、整体推进、督促落实等各项工作，对河南法治乡村建设起到了牵头把总的作用，有利于工作的推进。河南全面依法治省委员会自2018年10月成立以来，加大推进法治乡村建设工作力度，就加强和改善法治乡村建设工作进行安排部署。如2022年4月12日，省委全面依法治省委员会办公室第七次全体会议召开，省委副书记、政法委书记周霁强调：“深入学习贯彻习近平总书记在中央政治局第三十五次集体学习时的重要讲话精神，落实省第十一次党代会部署，加快建设更高水平平安河南、法治河南。”会议通过了《河南省法治社会建设指标体系（试行）》。① 又如2023年6月27日，省委全面依法治省委员会第二次（扩大）会议暨专题述法会议在郑州召开，就河南省加强地方立法和法治政府建设、推进全民守法、创新法治宣传等重要工作进行专题部署。会议还审议通过了《中共河南省委全面依法治省委员会2023年工作要点及分工方案》。

（三）对标建设任务抓落实

为确保河南法治乡村建设工作取得实效，省委、省政府对标对表《关于加强法治乡村建设的实施意见》任务要求，责成各相关部门强化举措落实，推动工作开展。具体而言，主要有以下内容。

1. 重视涉农立法工作

河南省关于涉农方面的立法，大致可分为两类。一是直接针对法治乡村建设的法律规范：《河南省乡村振兴促进条例（草案）》《河南省农村供水管理办法（草案征求意见稿）》《河南省农业生态保护条例》《河南省农村宅基地和村民自建住房管理办法（试行）》《河南省农村消防工作规定》。二是与农业农村相关的法律规范：《河南省土壤污染防治条例》《河南省水污染防治条例》《河南省固体废物污染环境防治条例》《河南省农作物种子管理条例》《河南省禁止不可降解一次性塑料制品规定（草案）》《河南省露天矿山综合治理和生态修复条例》。

2. 强化涉农案件办理

全省三级法院开辟涉农案件绿色通道，快速办理涉农案件，保障农民工及其亲属合法权益及时实现；法院加强与人社、公安等其他部门联动，形成合力，共同化解涉农案件，为农民工追要工资报酬。省高院与省人社厅联合下发了《关于服务保障农民工返乡创业工作的意见》，引导各地推进涉农维权平台建设。

① 《周霁在省委全面依法治省委员会办公室会议上强调 深入推进全面依法治省 加快建设更高水平平安河南法治河南》，河南省司法厅网站，2022年4月13日，https：//sft.henan.gov.cn/2022/04-13/2431195.html。

3. 加大涉农检察力度

河南省检察院印发《关于加强涉农检察服务保障农业强省建设的意见》，努力打造涉农检察河南品牌。聚焦粮食安全，加强涉农知识产权司法保障，加强农业特色产业司法保护，完善涉农生态检察工作机制，促进山水林田湖草沙系统治理。

4. 大力推广村（居）法律顾问制度

2018 年以来，全省司法行政机关在省委、省政府的高度重视和有关部门的大力支持下，以法律咨询、法律调解、法律援助、法治宣传为基本要素，积极推进村（居）法律顾问工作，引导广大律师、基层法律服务工作者，为村（居）提供专业法律意见、提供法律咨询、开展法治宣传，取得了良好的社会效果，人民群众日益增长的法律需求得到较好满足，以法治思维和法治方式管理村（居）公共事务、化解基层矛盾纠纷、维护群众合法权益和社会稳定和谐的基层治理新格局初步形成，人民群众的获得感、幸福感、安全感得到增强。

5. 培育“法律明白人”

2021 年以来，河南省在“法律明白人”选、培、用三个环节上持续发力，打造了一支素质高、结构优、用得上的“法律明白人”队伍。截至 2023 年 7 月 3 日，全省共培育“法律明白人”263471 人，平均每个村（社区）有“法律明白人”5 人。河南省妇联、省司法厅联合印发的《在全省实施“巾帼法律明白人”培育工程的意见》明确提出，2023 年全省每个行政村（社区）至少培育 3 名“巾帼法律明白人”，到 2025 年，将逐步实现村民小组“巾帼法律明白人”全覆盖。

6. 重视乡村法治研究

为对乡村法治问题作持续深入研究探讨，河南省法学会成立了乡村法治研究中心。该中心的成立是河南省深入推进基层法治建设的探索和尝试，邀请来自全国及省内科研单位和高校的专家学者、专门研究农村问题的政府部门和立法部门的代表、司法实务工作者等人才，组建专家团队，为法治乡村建设建言献策，为推进基层治理法治化作出积极贡献。

7. 积极开展乡村普法宣传

举办全省普法骨干培训，提升包括“法律明白人”在内的基层普法骨干业务能力；依托“法律明白人”做好乡村普法宣传工作。围绕农村电信诈骗、养老诈骗等进行专项普法宣传；鼓励高校法科学生开展暑期“三下乡”普法活动。重视村（居）普法宣传标语，营造良好法治氛围等。

三　河南法治乡村建设存在的主要问题及原因分析

自河南法治乡村建设正式实施以来，全省涉农法律体系渐趋完善、涉农执法司法水平逐渐提高、农村法治环境进一步优化、民众合法权益得到保障，法治乡村建设取得明显成效。然而，从法治建设的底层逻辑来看，法治乡村建设的诸多问题依然存在。易言之，河南法治乡村建设对依法治国战略河南实践的支撑力不强，对河南乡村振兴战略实施的贡献力偏弱，亟须引起我们的高度重视。具体来看，主要存在以下几个突出问题。

（一）从对待态度看，出现上热中温下冷现象

整体观察，在对法治乡村建设工作的重视度上，省、市、县、乡呈现明显递减态势。从省级层面看，主要领导对法治乡村建设工作非常重视。无论是对国家相关顶层设计的积极回应，还是推进本地实施方案的出台，都呈现出快速高效特点；无论是开展工作的组织建制，还是具体工作推行的实际指挥，都呈现出主要相关领导亲自挂帅、亲力亲为特点。从地市层面看，尽管都能针对省委部署进行回应，也能根据省委部署出台本市（区）应对方案，但从回应效率及工作部署落实亲力亲为程度上，与省级层面出现明显差距。当然，不同地市之间也存在明显差异。从县、乡级层面看，则出现重视度不够的普遍现象。如省司法厅于2020年印发《在全省农村实施“法律明白人”培育工程的意见》，要求当年年底每一个行政村确保配足三明“法律明白人”，然而从实际调研情况来看，该项工作存在重形式轻内涵的弊端。许多行政村的“法律明白人”并没有真正发挥作用。

造成上述问题的原因在于：一是部分基层地方政府坚持 GDP 至上或以经济发展为中心的传统理念，除非上级硬性要求，否则根本无暇顾及“非经济因素”工作；二是部分地方政府主要领导存在法治意识偏弱现象，容易引发对法治乡村建设对于乡村振兴的重要性认识不足；三是省级层面的压力传导不到位，没有形成量化的硬性考核制度，容易引发基层地方政府的工作懈怠；四是针对村（居）法律顾问与行政村“法律明白人”的待遇兑现不够。

（二）从路径选择看，出现被动应对多与主动创新少的倾向

从法治乡村建设的路径选择看，呈现一味跟进国家政策，缺乏地方实际因素考量，实施方案仓促出台倾向。如 2020 年 3 月，中央全面依法治国委员会印发了《关于加强法治乡村建设的意见》，并发出通知，要求各地区各部门结合实际认真贯彻落实。2020 年 12 月 21 日，河南省委全面依法治省委员会出台了《关于加强法治乡村建设的实施意见》，在时间上表现出及时跟进特点。然而，从内容看，《关于加强法治乡村建设的实施意见》则明显表现出结合地方实际不够的短板，许多内容直接抄录《关于加强法治乡村建设的意见》，而对河南法治乡村建设面临的最大困难元素缺乏深入分析，自然很难制定出适合本地省情的实施方案。

造成上述问题的原因在于：部分地方政府主要领导法治意识不强，治理制度创新与治理能力建设有待加强，立法精细化建设能力存在明显不足。

（三）从司法运作看，出现重视形式轻视实质的弊端

尽管河南省也出台了许多与法治乡村建设有直接、间接联系的政策性文件与法律规范，但从司法运作看，出现重视形式轻视实质的弊端。如为破解法治乡村建设人才缺乏困境，河南省司法厅印发了《2021 年河南省村（居）法律顾问工作推进方案》，希望实现全省村（居）法律顾问全覆盖。为强化推进村（居）法律顾问工作，还与省公安厅联合印发《关于建立村（格）警务室和村（居）法律顾问工作联勤联动机制的通知》，推进社区民警辅警

与村（居）法律顾问分工协作。根据河南省司法厅官方数据，河南村（居）已实现法律顾问全覆盖。然而，在调研中发现，在部分经济落后的偏远地区，村（居）法律顾问真正参与村（居）务法治工作者占比不足50%，甚至有的村（居）并没有真正配备法律顾问。再如，在开展普法活动中，有部分普法活动举办方并没有针对受众群体特点进行规划与设计，仅关注普法活动本身，忽略对其实效考量。此外，在部分高校法科学生的暑期“三下乡”普法活动中，同样存在仅仅发放传单、悬挂横幅、拍照留痕等形式主义现象。

造成上述问题的原因在于：相关主体对法治乡村建设的重视度不够、法治意识不强以及法治运用能力弱化等。

（四）从规范政策落实看，出现政策执行与预期目的偏离现象

从严格意义上讲，河南省针对法治乡村建设工作的政策与规范体系逐渐完善，但从政策预设目的与真正效果达成看，出现了政策执行与预期目的偏离现象。如在依法保护耕地方面，河南省2022年印发《关于严格耕地保护保障粮食安全的通知》，落实最严格的农田保护制度，推行耕地保护“党政同责、严格考核、一票否决、终身追责”，希望充分发挥地方政府在耕地保护工作中的主体责任。然而，在查处地方违法案件中，地方政府破坏耕地案件多发，出现耕地违法建楼、占补平衡造假等现象。再如，在生态环境保护方面，河南省同样也有《关于进一步落实最严格生态环境保护责任的决定》文件出台，也专门成立环境资源审判庭，实现环境资源审判专门化等，加大环境破坏行为惩处力度等。但在具体实施中，依然出现大量生态环境违法行为，甚至出现“环境监管失职罪”条款虚化倾向。

造成上述问题的原因在于：立法水平不高造成法律规范本身不周延，存有漏洞，引发规范适用困难；执法能力不足，引发对法律规范解释不精准、法律事实认定有偏差、法律规范适用欠说理，造成法律适用困境；法治环境不良善，法律监督弱化，引发行政监察不敢、公益监察不会等弊端。

四 河南法治乡村建设的进路建议

为提升河南法治乡村建设效果，我们应坚持问题导向，立足河南实际，做好以下几个方面的改进工作。

（一）坚持“三导向”，确保决策科学

决策是否科学既是评判领导综合能力的指标，也是能否解决问题的关键。破解河南省法治乡村建设决策困境，制定决策要坚持“三大导向”。一是制定决策必须坚持河南特色。《关于加强和改进乡村治理的指导意见》明确要求各地结合地方实际制定实施意见。尽管河南法治乡村建设面临共性困难，但河南独特的历史文化传统、广袤的乡土疆域、众多的农村人口等决定了河南制定决策同质化是当前最为棘手的普遍问题之一，单靠当前出台的《关于加强法治乡村建设的实施意见》，还不足以扎实推进河南省法治乡村建设。建议尽快出台“河南省法治乡村建设实施细则”，针对当前河南省法治乡村建设决策存在的主要问题，对法治乡村建设任务进行分解、对实施方案进一步明确、对主体责任进一步明晰、对技术路线进一步构建等。二是决策必须体现法治思维。法治乡村建设决策的核心要义在于提升乡村法治水平，建议在决策制定时必须以习近平法治思想为指导，突出基层党委对法治乡村建设的坚强领导，重点提升基层政府官员的主体责任意识及法律综合能力，优化乡村社会法治环境等，突出地方政府推进法治乡村建设的权力与义务等。三是制定决策要坚持可操作性导向。法律的生命在于实施，法治乡村建设更具特殊性，相关决策更需避免形式化，更应该考量其能否得到贯彻执行。在制定河南法治乡村建设政策时，要针对问题有的放矢，做到政策要求尽量周延，减少政策规则本身漏洞，避免政策之间相互打架，保证政策用语尽量清晰明确等。

（二）打好“三张牌”，锻造合格主体

推动法治乡村建设主要关涉涉农决策的制定者与执行者、涉农法律职业

群体以及广大农村居民等。“法贵在得人”，缺少了合格主体，河南省法治乡村建设注定挫折重重。因此，三大主体的综合素质决定了法治乡村建设事业的成败。提升涉法主体的法律综合素质，需要打好“三张牌”。一是以党建引领压实政府主体责任。党建是推动事业发展的根本保证，对各级地方政府领导而言，要以党建引领为载体，压实主体责任，提高对法治乡村建设价值的认知水平，把法治乡村建设当成中心任务来抓。同时，以作风建设为抓手，提升自身管理能力，锻造一支重视法治乡村建设、能够制定科学决策、高效执行决策的领导干部队伍。二是以能力建设力促涉农法律职业群体素质提高。涉农法律职业群体较高的专业能力是实现法治乡村建设的另一重要因素。开展专项培训，以业务能力提升带动涉农法律职业群体理解力、执行力、服务力等的提升，打造一支业务精良、技术精湛的涉农法务团队。三是以普法教育提升农村居民的法律素养。受历史文化传统、农村生活习惯等多种因素影响，法治被农村居民接纳更为困难。破除人治思维是河南法治乡村建设最应解决的重大问题。开展形式多样的普法活动，让农村居民形成尊法、懂法、用法的价值导向。

（三）开展“三行动”，畅通末端梗阻

依法治国国家战略能否顺利实现，关键在农村，重点与难点也在农村。对法治乡村建设而言，要根据面临的主要问题，开展专项治理提升活动，补齐短板弱项，推动法治乡村建设提质增效。一是开展“清朗”行动，严格规范政府与村干部行为。针对基层治理问题进行的调查发现，被民众诟病最多的往往不是政策本身，而是基层政府因政绩观出现偏差与纪法敬畏缺失，出现落实政策时采取的“一刀切”“不作为”“乱作为”“公权私用”等行为，严重影响了党和政府的公信力，侵蚀了人民群众的获得感、幸福感。建议在全省范围内开展“清朗”行动，对基层政府行为进行严格规范，严格惩戒失范行为，甚至运用法律手段进行严惩，提振政府依法执政公信力。由于村干部是国家权力在乡村社会的代言人，是党和国家方针政策的宣传者、落实者，此次“清朗”行动应把村干部纳入重点整治对象。二是开展“涉

农涉黑犯罪整治”行动，营造良好法治环境。近年来，涉农犯罪备受关注，涉农扶贫领域的职务犯罪率一直在高位徘徊，“小村大腐”“小官大贪”现象较为严重，严重破坏了党和政府的形象。建议在全省范围内针对耕地破坏、扶持资金贪腐、医疗医保腐败、教育腐败、农村涉黑等民众重大关切问题进行专项整治，推动农村居民法律信仰重塑。三是大力推动“人才返乡”行动，激发基层组织活力。随着大量农村人口进城创业务工，农村“空心化”已成不争事实。尤其是“新生代农民工”数量增加，势必造成优秀农村管理人才断层，引发基层组织缺少活力，推进事业发展乏力。建议尽快重视推进“人才返乡”行动。出台“河南省鼓励年轻人返乡干事兴业办法”，设置返乡创业基金，为年轻人返乡创业提供优厚扶持条件，重点培养一批创新意识强、品行好、有干事创业激情的人才队伍，为村两委班子储备人才；加快落实农业农村部、国家发展改革委、退役军人事务部等九部门联合印发的《“我的家乡我建设”活动实施方案》，鼓励返校退休干部参与基层管理，并适时推开“大学生在村两委挂职”行动，为基层组织注入新鲜血液，激发基层组织活力。

（四）织密“四张网”，优化监督手段

强化监督是检视问题、提高质效的重要手段。整体考察发现，河南法治乡村建设政策执行偏离预期目的的原因多元，但人为因素依然是其中最为关键的因素之一。为充分发挥各级各类主体积极性，需要从四个方面给予严格监督、传导压力，确保法治乡村建设效能提升。一是强化主管监督。创新层级监督、党内监督、人大监督等手段，强化各级政府的监管责任，建立长效监督机制，坚持“横向到边，纵向到底”的原则，做到对法治乡村建设进行全流程监管，规避“重事后，轻过程”弊端。二是加强法律监督。坚持以习近平法治思想为指导，强化监察监督手段，加大对行政主体涉农违法行为监督力度，倒逼各类行政主体自觉规范各自行为，推动法治政府、法治社会的建设进程。三是强化民主监督。充分发挥各民主党派的民主监督职能，对法治乡村建设存在的突出问题进行专项监督，有利于找出真问题、分析真原

因，探寻有效应对方法。四是推进人民监督。广大农村居民是法治乡村建设的重要主体，他们是法治乡村建设的主要获益者，他们对法治乡村建设最期待，当然也最有发言权。人民监督有利于激发民众参与热情，有助于揭示问题真相，是提升监督效果的重要手段。政府应尽快创新人民监督机制，充分利用科技手段，搭建各类监督平台，为农村居民、社会组织等充分发挥监督职能创造便利条件等。

参考文献

汪晓东、李翔、刘书文：《谱写农业农村改革发展新的华彩乐章——习近平总书记关于“三农”工作重要论述综述》，《人民日报》2021 年 9 月 23 日。

侯馨远：《全面推进农业农村法治建设》，《农民日报》2021 年 4 月 28 日。

B.9

老年人数字权利法治保障的河南实践研究

祁雪瑞*

摘　要： 老年人是数字化生存时代最主要和最重要的弱势群体。数字鸿沟造成的差别正在成为“第四大差别”，甚至超越传统的三大差别而跃升为第一大差别。“数字弱势群体”权利保障，就是在社会法的基本理念指引下，最大可能地保障弱势群体的生活便利权和发展权，从而使之与“数据控制者”一样，平等享受大数据时代的数字红利。河南为保障上位法落实，制定了相关治理制度的落地方案，进一步完善可操作性实施细则，不断增强法律法规的针对性。河南通过四个途径保障老年人数字权利，即职能部门严格执法净化网络生态，相关部门和企业提供制度化专项服务，社区民警开展微信专项警示预防网络诈骗，加强对老年人维权案件的法律援助，同时提出了立法保障多方参与的老年人数字融入社会支持体系等具体建议，并进行了展望。

关键词： 老年人　数字权利　法治保障　河南实践

每年的 5 月 17 日是世界电信和信息社会日，2023 年的主题为“面向老年人和实现健康老龄化的数字技术”。可见，“老年人”和“数字技术”已经成为并列的关键词。在大数据时代，社会上的每个人既是无时无刻不在生产数据的生产者，也是每天都要利用数据产品的消费者，老年人是不容忽视

---

* 祁雪瑞，河南省社会科学院法学研究所研究员，研究方向为社会法学、行政法学。

的数字生产和消费群体。“数字弱势群体”① 是在智慧社会建设所引发的社会结构变革中不能回避的基本社会矛盾的显现。“数字弱势群体”不是单一的技术应用副作用的产物，而是数字技术复杂特性、虚拟空间秩序紊乱以及社会内在结构缺陷等多方面共同作用的产物。“数字弱势群体”将是否拥有搜寻、挖掘、处理、使用信息的能力作为判断其程度高低的关键。老年人在日常生活中最大的障碍是无法便捷、正确地使用网络工具，因而被一些人称为“数字文盲”，甚至被特指为“数字弱势群体”。从新兴权利视角对“数字弱势群体”的权利进行重塑，既有助于推进整个社会的权利保障，也有助于完善现代化的社会治理。

一　数字权利的内涵及法律规制现状

数字与数据密不可分，学界和实务界都有数字权利和数据权利两种说法。一般情况下，相对于个人所有权的是数字权利，相对于信息企业的是数据权利，有时候两者可以通用，指向对象一致。数字权利与数据权利、信息权利等与数字相关的权利具有密切的内在逻辑联系，它对传统的民事权利和公法权利具有制度上的补充作用，共同形成更为严密的权利体系。② 数字权利是不同于传统权利的新兴权利，我国现行法律对具体数字权利的保护已经初步形成了体系，但是对权利外延的确认和拓展尚在探索中。

（一）数字权利及“数字弱势群体”

数字产生数据，③ 数据承载法益。当下社会活动的数字化，为我们带来

① 数字弱势群体，指基于主体的经济状况、学习能力等差异，以及数字化、智能化社会引发的社会结构和社会关系变革等原因，在获取、理解和运用相应信息并享有数字红利时处于劣势的社会群体。参见宋保振《“数字弱势群体”权利及其法治化保障》，《法律科学（西北政法大学学报）》2020 年第 6 期。

② 莫纪宏：《论数字权利的宪法保护》，《华东政法大学学报》2023 年第 4 期。

③ 数据是对已知或者未知信息的数字描述，且在技术上能够成为数字运算的对象，是以可机读方式存在的电子化信息记录。参见申卫星《论数据用益权》，《中国社会科学》2020 年第 11 期。

了前所未有的便利，但同时也使得数字鸿沟越来越大。作为弱势群体的新类型，“数字弱势群体”现象因智慧社会建设进程的加快而愈加凸显，成为智能化时代不容忽视的社会问题。

1. 关于数字权利

数字权利具体表现为数据权益。数据具有一些传统财产所不具备的特征：以非有形物的形式存在，属于非消耗性资源，并且在一定程度上具有非竞争性。数字权利包含个人信息权①等多项相关权利，是一个集合性的权利，可以描述为一束权利。

数字权利需要保护的既有物质性的利益，也有精神性的利益。隐私权、财产权、知情权、数据权、个人信息权及社会发展权等众多类型的权利，都可以以数字形式表现为数字权利。② 也可以将数字权利分类为政治权利、经济权利、文化权利、社会权利等各个领域的权利，其权利主张的法益几乎附着在传统法学所有形态的权利领域。③ 有学者将数字权利划分为数据主权、个人信息权、数据财产权、知情权和数据自由权等。数据用益权包括积极权能和相应的消极防御权能，其中的积极权能即控制、开发、许可和转让。④ 权利的行使应该在公平、合理、非歧视原则下进行。立法需平衡两种价值，既要保护数据财产权，也要有利于数据充分利用。

数字权利具有以下效力：要求停止侵害的效力，查询与更正的效力，要求侵权人承担损害赔偿责任的效力。也有学者将数字权利划分为知情权、请求权和形成权三种类型。知情权即平等地知晓其本身所产生的信息或其他主体对自己信息运用的事实。请求权即当个人信息和隐私面临侵害之时可以要

① 《网络安全法》第76条第5项将个人信息界定为：“以电子或者其他方式记录的能够单独或者与其他信息结合识别自然人个人身份的各种信息，包括但不限于自然人的姓名、出生日期、身份证件号码、个人生物识别信息、住址、电话号码等。”个人信息权是指个人依法对其信息所享有的占有、支配并排除他人侵害的权利。参见张新宝主编《〈中华人民共和国个人信息保护法〉释义》，人民出版社，2021，第128页。

② 参见王利明《论数据权益：以“权利束”为视角》，《政治与法律》2022年第7期。

③ 莫纪宏：《论数字权利的宪法保护》，《华东政法大学学报》2023年第4期。

④ 申卫星：《论数据用益权》，《中国社会科学》2020年第11期。

求“数据控制者”停止相应行为。形成权即主体拥有采取直接行为获取和运用信息以平等地享用数字红利的权利。①

2.“数字弱势群体”权利保障

“数字弱势群体”是传统弱势群体在信息时代的特殊展现，是弱势群体和数字鸿沟两种现象在数字社会共同作用的产物。老年人既是传统四大弱势群体之一，也是数字化生存时代最主要和最重要的弱势群体。

“数字弱势群体”权利保障，就是在社会法的基本理念指引下，最大可能地保障弱势群体的生活便利权和发展权，从而使之与“数据控制者”一样，平等享受大数据时代的数字红利。由于政府或社会组织实施的大量保障措施如社会保险、社会救助、社会福利、职业训练、就业服务等逐渐趋向于通过线上或信息化方式运作，作为其中最大受众的“数字弱势群体”就会因信息获取难题，在享有相应的社会保障利益时存在障碍。“数据控制者”对“数字弱势群体”权利侵犯主要有三种类型：一是公权力借助信息技术对社会公众的自由监控；二是强势商业组织对“数字弱势群体”信息的不当获取与应用；三是技术壁垒导致部分人群无法使用服务工具。

（二）数字权利法律规制现状

中国实施大数据战略，鼓励和支持数据在各领域的创新应用，致力于数字政府建设。中共中央、国务院在2023年印发了《数字中国建设整体布局规划》，要求建设公平规范的数字治理生态。该规划强调，发展数字政务，要加快制度规则创新，完善规章制度。各地要想较好地落实规划，就必须重视老年人这一最主要的“数字弱势群体”数字权利的法治保障。

我国立法机关因应数字时代，制定出台了一系列的相关法律法规，我国正在逐步形成数字权利相关法律体系。我国制定了《个人信息保护法》、《网络安全法》、《数据安全法》和《电子商务法》等法律法规，新修订的

① 宋保振：《“数字弱势群体”权利及其法治化保障》，《法律科学（西北政法大学学报）》2020年第6期。

《民法典》也将数据纳入民法保护范围，标志着我国数据领域的相关法律制度不断完善。

1.《数据安全法》《网络安全法》的相关规定

自2021年施行的《数据安全法》第7条规定“国家保护个人、组织与数据有关的权益”。第15条特别规定“提供智能化公共服务，应当充分考虑老年人、残疾人的需求”，便利其日常生活，不能因智能化而对这些弱势群体造成障碍。《网络安全法》第22条规定：网络产品、服务提供者收集用户信息，“应当向用户明示并取得同意”。《网络安全法》第41条规定“网络运营者收集、使用个人信息，应当遵循合法、正当、必要的原则”，并经被收集者同意。

2.《民法典》的相关规定

我国早期对于数字权利的保护主要是通过《刑法》《反不正当竞争法》等针对行为自由的规制模式，对数据进行享有安全的静态保护。目前，我国《民法典》已经将数字权利作为一类新兴权益，分别规定在不同的篇章。《民法典》第127条肯定了数据为财产权益，但对数据财产权及其具体形式和规则作了留白处理。《民法典》第1038条规定“未经自然人同意，不得向他人非法提供其个人信息”，对个人信息进行了人格法益保护。

3.《个人信息保护法》的相关规定

《个人信息保护法》第15条规定：“基于个人同意处理个人信息的，个人有权撤回其同意。个人信息处理者应当提供便捷的撤回同意的方式。”那么，这种撤回权在性质上可视为任意解除权。也就是说，即便数据权利人已经依据信息主体的授权通过技术处理形成了数据，信息主体仍然享有撤回同意等个人信息权利。该法明确提出个人信息处理和利用的合法原则、知情同意原则、目的明确原则、限制利用原则、完整正确原则、安全原则，还将个人信息权细化为决定权、保密权、访问权、更正权、可携权、封锁权、删除权、被遗忘权等具体的个人信息权利，将抽象法益上升为积极权能。由个人信息权而衍生的信息查询权、信息更正权、信息删除权和报酬请求权等具体权能，早已在当下众多的案件裁判中得以证成并获得有效保护。

4. 国务院及其部委的相关规定

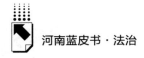

国务院新闻办公室2009年至2020年所公布的三个《国家人权行动计划》均把公民的平等信息权作为一项基本人权内容，并强调在互联网时代要加以着重保护。

《关于切实解决老年人运用智能技术困难便利老年人使用智能化产品和服务的通知》是工信部2021年发布的，该通知以便利老年人使用智能化产品和服务为目的，进一步完善了该领域的政策和措施。

中央网信办2023年3月召开了《新时代的中国网络法治建设》白皮书座谈会，会议总结了我国网络法治建设取得的成就，并就进一步推动网络法治建设高质量发展提出设想。《新时代的中国网络法治建设》是中国第一次专门就网络法治建设发布的白皮书，反映了中国网络立法的进步历程。

为进一步保证对“数字弱势群体”的广泛覆盖性，我国在信息制作、发布、应用和管理等方面发布了相关标准。比如，通过《信息终端设备信息无障碍辅助技术的要求和评测方法》（YD/T 1890—2009）、《信息无障碍用于身体机能差异人群的通信终端设备设计导则》（YD/T 2065—2009）等，努力营造以人为本的信息化发展环境。

5. 河南的相关规定

河南的相关规定主要是执法性文件和专项行动方案。河南为保障《网络安全法》《数据安全法》《个人信息保护法》等上位法落实落细，制定了移动互联网相关治理政策文件的落地方案，在现有制度基础上进一步完善可操作性实施细则，不断增强法规的针对性。河南省工业和信息化厅作为职能部门，为进行相关行政许可、行政处罚、行政强制、行政征收和行政检查而发布了一系列的规定、办法、方案等。

二　老年人是数字时代的主要弱势群体

目前，中国65岁及以上的老年人中，不会使用互联网的比例达到了

70%以上。[1] 在互联网、大数据和人工智能三浪叠加下，能力受限的人群茫然无措，望数字鸿沟而兴叹。新时代，有相当多的老年人面对数字化生存环境束手无措。数字鸿沟造成了巨大的日常生活状况差别，正在成为传统的三大差别之后的“第四大差别”，甚至超越城乡、工农、脑体差别而跃升为第一大差别。

（一）老龄化遭遇数字化的时代进程

近年来，我国数字技术基础设施和智能化的高速发展与人口老龄化程度的持续深化形成一对矛盾。数字鸿沟、数字安全等成为老龄化社会的重要挑战。党的十九届四中全会提出了建设数字政府的重要任务，大众数字化生存程度日益加深。张文显教授在《无数字　不人权》一文中认为：数字生活已成为人们真实生活的重要组成部分。中国互联网络信息中心（CNNIC）发布的《第 51 次中国互联网络发展状况统计报告》显示，截至 2022 年 12 月，我国互联网普及率为 75.6%，其中农村地区互联网普及率为 59.2%。国家电子政务外网实现市县全覆盖，乡镇覆盖率达到 96.1%。

另外，截至 2022 年 6 月，我国非网民规模为 3.6 亿人，60 岁及以上老年群体是非网民的主要群体。我国 60 岁及以上非网民群体占非网民总体的比例为 41.6%，较全国 60 岁及以上人口比例高出 22.5 个百分点。[2] 老年人由于主客观条件的限制，对互联网不敢用、不会用、不想用。老年人和数字一体化智能服务中间的数字鸿沟，表现在衣食住行的方方面面，老年人获取数字红利的机会被大大地剥夺，因此需要采用有效的措施，让老年人跨越数字鸿沟，保障他们的基本权利。

（二）老年人遭遇的数字化困境

数字鸿沟的存在主要是由于以下几个方面：教育和文化差异导致老

① 《互联网时代，老年人如何应对数字鸿沟?》，“臻品好文”百家号，2023 年 3 月 26 日，https：//baijiahao. baidu. com/s? id=1761425519119514671&wfr=spider&for=pc。

② 数据来源：前瞻经济学人 App。

年人缺乏对数字技术的理解和应用能力；数字技术的使用门槛较高使得老年人无法操作；老年人觉得数字技术太复杂不安全，进而产生抗拒心理；老年人身体机能退化，容易出错和造成多次重复操作，从而生出畏惧心理。新华网思客通过一项调查，展示了现实中老年人数字化生活的状况。其调查数据显示：老年人不愿使用智能软件和设备的主要困扰中“操作复杂”占68%，“担心被骗”占17%，“不愿求助”占17%。如此情形导致老年人在出行、购物、就医、银行业务办理和政务办理等方面受到困扰。①

对老年人数字化障碍的另一组调查数据显示，选择“老年人需要较长时间学习”的占36%，选择“缺乏数字化适老服务”的占34%，选择“年轻人缺乏耐心教老年人使用数字化产品”的占24%，选择其他的占6%。②

数字鸿沟具体表现在三个方面。第一是接入沟，主要取决于信息基础设施状况、经济实力和政府决策等，如老年手机与智能手机性能的差别。第二是使用沟，主要取决于技术界面是否友好，是否能够引导网络“菜鸟”顺利使用。第三是知识沟，每个人所拥有的知识和能力不同而造成差距。这三大数字鸿沟层层递进，其中接入沟是基础、使用沟是过程、知识沟既是原因也是结果，因果循环深化。③

农村老年人的数字化困境与城市相比较更严重。这一人群在知识、能力、经济、社会支持、社区支持、家庭支持等各个方面都逊于城市。农村老年人在日常生活和养老服务中遭遇到数字平台和产品设计的技术鸿沟、熟悉新技术困难的能力鸿沟、无钱购买智慧产品的经济鸿沟、关怀较少的社会鸿沟。

---

① 《调查丨跨越“数字鸿沟”，父母们面临哪些“数字化障碍”?》，“新华网”百家号，2022年5月16日，https：//baijiahao. baidu. com/s? id=1732974122462401854&wfr=spider&for=pc。

② 《人民大学发布〈中老年网络社群生活现状研究〉》，中国经济网，2021年10月12日，http：//www. ce. cn/xwzx/gnsz/gdxw/202110/12/t20211012_ 36984813. shtml。

③ 《老年数字鸿沟的现状、挑战及对策》，“中工网”百家号，2020年10月30日，https：//baijiahao. baidu. com/s? id=1681950362652088272&wfr=spider&for=pc。

三　河南保护老年人数字权利的法治实践

河南省有关部门作为地方层级的管理者，在老年人数字权利这一新兴权利的法治保障方面，主要是执行国家的相关法律和行业政策，制定执行性的工作规范，当然也在探索地方立法。最核心的法治保障工作是配合中央政府安排的专项执法行动。

（一）职能部门严格执法净化网络生态

河南省对于老年人数字权利进行法治保障的主要责任单位是河南省工业和信息化厅及其相关处室，如数字化与未来产业处、大数据产业发展局、信息化与软件服务业处等业务管理机构。其中，产业政策和法规处负责提出政策措施建议，组织拟订全省工业和信息化产业政策并监督执行，组织起草地方性法规和地方政府规章，负责机关规范性文件合法性审查、清理和执法监督工作。数字化与未来产业处负责推动虚拟现实和增强现实等新兴业态发展。大数据产业发展局负责推动大数据与经济社会各领域融合发展。电子信息处承担电子信息行业管理工作。信息化与软件服务业处负责指导协调全省网络安全和网络安全保障体系建设。

河南按照工信部《关于进一步提升移动互联网应用服务能力的通知》，抓住当前移动互联网应用服务的五类关键主体①，从规范安装卸载、优化服务体验、加强个人信息保护、响应用户诉求等关键点方面提出要求，通过多项具体的保障措施，保障用户知情权、选择权。如服务续期及时提醒，提供便捷的退订途径等。2022 年就 App 弹窗广告“关不掉、乱跳转”、欺骗误导用户点击和下载等突出问题进行了集中整治，推动企业提升依法合规经营意识。

河南省工业和信息化厅办公室于 2023 年 8 月发布了《关于组织申报 2023 年国家新型信息消费示范项目的通知》，对申报者的要求是积极履行社

① 五类关键主体即 App 开发运营者、分发平台、SDK（软件开发工具）、终端和接入企业。

会责任，切实保障消费者合法权益，积极维护公共利益。

河南省互联网信息办公室严格依照《网络信息内容生态治理规定》《互联网用户账号信息管理规定》等法规，加大对违法违规网站平台与网上各类违法和不良信息的查处力度。2022 年 11 月至 12 月，共清理网上各类违法和不良信息 5668 条，处置违法违规互联网站 538 家、互联网公众账号 19 个，下架违法违规互联网移动应用程序 48 款。其中，“BOB 体育”“河南省青兰体育舞蹈健身俱乐部”等 140 家互联网站，因发布赌博类、色情类、诈骗类信息，被取消网站 ICP 备案、停止互联网接入服务。2023 年 1 月至 3 月，河南全省共处置网上各类违法和不良信息 25759 条，处置违法违规互联网站 805 家、互联网公众账号 68 个，下架违法违规互联网移动应用程序 35 款。[①]

（二）相关部门和企业提供制度化专项服务

2020 年国务院出台《关于切实解决老年人运用智能技术困难的实施方案》，该方案聚焦老年人日常生活涉及的 7 类高频事项，着力改善服务。工信部也推出《互联网应用适老化及无障碍改造专项行动方案》等，推进适老化改造，便利老年人应用互联网。按照该方案，工信部优先推动 43 个 App 和 115 家网站进行适老化改造，解决老年人在进行智能终端应用时遇到的困难。对于上述方案，河南都进行了积极的响应。

河南积极打造老年友好型应用，智能应用老年模式相继推出。一是通过“四大”措施[②]，解决老年群体看不清、听不见、找不到、学不会等问题。二是通过“四简”方案[③]，适应老年群体上网的特殊需求和习惯。河南持续推进适老化信息无障碍服务。比如，敦促河南的企业推出老年人专属 App 版本，满足老年群体数字应用服务需求。积极协调公安、民政、人社、卫健和金融监管等部门，持续打通信息壁垒，不断优化服务模式，为老年人提供贴心便捷信息服务。

---

① 数据来源：河南网信网。

② “四大”措施，即大字体、大图标、大按钮、大音量。

③ “四简”方案，即简化界面、简化结构、简化功能、简化操作。

（三）社区民警开展微信专项警示预防网络诈骗

近年来，河南的业主们都会收到物业管理人员在微信群里转发的社区民警发布的网络诈骗案例警示和预防网络诈骗的宣传信息，诈骗的被害人和报警人多数是老年人。通过这种微信专项警示，让民众了解了诈骗的常见套路，真实地感受到社会的复杂，骗子就在身边，上网需要谨慎，“刷单做任务”是一种违法行为，违法的事情不能做，会害人害己。

为了更好地警示民众，河南社区民警总结出了2023年十大反诈公式：陌生来电+屏幕共享=诈骗；网络贷款+交纳手续费=诈骗；领导加好友+帮忙转账=诈骗；网恋交友+投资赚钱=诈骗；陌生链接+下载App+垫资刷单做任务=诈骗；共享屏幕+操作银行或第三方支付账户=诈骗；你犯事儿了+指定账户资金审查=诈骗；网购客服来电+主动要求赔偿=诈骗；陌生App+投资理财=诈骗；大额采购+垫付资金=诈骗。

（四）加强对老年人维权案件的法律援助

《河南省法律援助条例》是2002年实施的，其中老年人作为传统的四大社会弱势群体之一，被明确为法律援助的对象，但是在具体实施过程中，各地附加了不同的限制条件，并不是所有老年人的所有维权事项都可以得到法律援助服务。为此，需要进一步完善援助制度，加大援助力度，特别是需要把老年人的数字权益维护明确纳入法律援助的范围。河南省各县（区、市）都有法律援助中心，热线电话是12348，老年人遇到法律问题，都可以打电话咨询，也可以让物业管理人员、社区居民委员会工作人员帮助咨询维权事宜。

四　老年人数字权利法治保障的建议与展望

今后一段时间，我国处于数字化和老龄化相互叠加的历史时期，老龄化和数字化齐头并进，老年人数字权利法治保障的任务也越来越重。数字鸿沟是由诸多因素共同作用的产物，要想让老年人跟上数字时代的步伐，就必须多管齐下、综合治理。

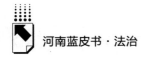

（一）老年人数字权利法治保障的建议

积极应对老龄化和打造数字政府、发展数字经济同样是我们的国家发展战略。这就要求科技和长者相携而行、共生发展。目前虽然国家对“数字弱势群体”利益侵害问题作出了积极回应，但还缺乏明确的具体规范和有效监管，没有形成常规化服务惯例，规范性的法律保障明显滞后。我们必须构建完善政府监管、行业自律、社会监督、用户参与的共治格局。

建议通过修改宪法和三大部门法律，并进行必要的专门立法，构筑权利保护法治网络体系，系统保护老年人的数字权利。可以着重关注以下几个方面的制度化建设。

1. 研究出台数字权利保护相关司法解释和指导性案例

现行法律关于数字权利的规定较为笼统且分散，不利于权利保护的司法裁判。为此，建议司法机关出台数字权利司法解释，提高数字权利司法保护的可操作性。最高人民法院可以围绕数字权利保护的规律性问题，发布司法保护指导性案例，为各地司法实践提供规范性参考。

2. 立法保障多方参与的老年人数字融入社会支持体系

老年人沦为“数字弱势群体”，最重要的原因是受教育水平低，使用智能设备的培训和指导少。所以，治本之策是提升老年人的数字素养和知识水平。数字相关企业要把帮助老年人顺利使用其产品作为市场销售的附随义务，政府应该监管企业切实履行此义务。建议立法机构适时推出关于老年人数字教育的立法，将数字信息服务纳入免费基本公共服务中，促进形成老年人数字友好的智慧家居、智慧社区和智慧社会。立法鼓励信息技术开发者在设计产品时充分考虑到老年人的身心特点，如手机自带放大镜工具等。对于老年人数字技能教育，除了线下进行，应同时鼓励线上方式，方便老年人居家学习，如邀请人口学、老年学相关专家，通过抖音直播等形式为中老年人进行智能设备和知识的“答疑解惑”。

3. 要求机构增强数字应用场景的老年人数字包容性

“数字适老”是现代社会对老年群体包容的具体体现，要让老年人有网可用、用得好网。建议在政务、医疗、金融等领域，强制要求特别关照老年人等“数字弱势群体”，安排专门工作人员协助老年人进行网络填报、现金转换支付、服务预约等事宜。制定深化公共服务应用的适老化和无障碍改造规划，加强老年友好型的媒体设计，创建“容错型”互联网交互机制，让老年人安心用网。

4. 大力发展无感型多用途“互联网+智慧养老”服务

立法推动实现老年人服务一体化、便捷化和智能化，实现基于互联网的“护联网”。加强老年人专属智能终端产品的开发设计，如帮助出行的智能轮椅、精神层面的社交机器人等。为老年人设计专属使用说明书，便于老年人更好地理解操作。为老年人配备无感智慧终端，提供远程问诊、刷脸进门、刷脸吃饭、指纹开锁等无感智慧养老服务。鼓励开发老年人电游等数字游戏娱乐产品，进行老年人电竞队等组织服务。

5. 把适老化数字基础设施建设纳入政府规划

尤其要持续提升农村以及边远地区等经济落后区域老年人聚居地的网络覆盖水平，普及信息化服务活动场地设置。在政府财力有限的地区，鼓励服务型企业打造专门服务老年人的购物中心、图书馆等设施，把晨练、学习等所有老龄人群想做的事都搬进场地，使得企业与周边老年人建立紧密联系。鼓励企业研发适老化的新产品、新服务，为数字银发经济提供创新的、高质量的、有针对性的供给。

6. 修改地方法规加大老年人数字维权援助力度

《河南省法律援助条例》已经实施 20 多年，其中关涉老年人的条款需要进行修改和完善。尽管该条例把老年人作为弱势群体之一予以强调，但是仍然附加了经济条件限制、案件类型限制、案件审级限制等诸多限制条件，并且没有考虑到老年人维护数字权利的援助问题。在全国法律援助的实践中，已经有很多地方对老年人进行了无条件的援助，但是修改地方法规的却很少。在进行法治政府、法治社会建设的背景下，在法治河南的实施进程中，帮助老年人维权立法先行是应有之义。

7. 学习外地先进立法案例保障老年人数字权利

很多地方立法机关总结实践经验，关注公众诉求，对老年人数字权利保障进行了立法回应。比如，江苏省人大常委会 2021 年修正了《江苏省老年人权益保障条例》，该条例新增规定：地方各级政府应当采取措施，推动兼顾老年人需要的智慧社会建设。这是江苏首次以立法形式支持帮助老年人融入数字时代。诸如此类的地方立法案例都值得各级立法机关学习借鉴。

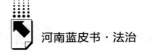

（二）老年人数字权利法治保障的展望

让老年人摆脱“数字弱势群体”的困境，达成一个人人共享的智慧老龄社会，是我们法治建设的目标。追求这一目标，势必会出现以下趋势。

1. 公法与私法相结合保护老年人数字权利

世界多数国家采取了公法规制与私法赋权相结合的治理模式来保护个人数字权利。公法规制，即颁布行政管制性法律，规范数据收集、使用等方面的行为。比如，我国的《网络安全法》等法律，以及各种保护个人数据和个人信息的法律。私法赋权，即通过私权制度保护个人数字相关权利，主要是民事和商事立法。

2. 通过个人数据权保护个人信息权

在进入数字时代后，传统民法中的人格权与财产权的表现形式均发生了重大的变化，人格权越来越多地以数字形式表现出来，财产也逐渐由有形变为无形。欧盟保护个人信息的重要规范——《欧盟一般数据保护条例》将个人信息包括在个人数据（personal data）中，将敏感个人信息包括在敏感个人数据（personal sensitive data）中，是典型的立法例。我国的立法也会更多地通过个人数据权保护个人信息权。

3. 立法和执法运用数字包容理论

保护老年人的数字权利需要数字包容理论的指引。数字包容理论关注“数字弱势群体”，注重全体民众的数字素养提升，致力于数字鸿沟消弭，推动消除数字排斥现象。比如，2014 年英国发布的《政府数字包容战略》

就运用了数字包容理论，该战略为了确保人们的数字终端使用能力，从普惠性角度出发，着重提升“数字弱势群体”的数字技能，增加数字产品的联通性，让数字技术包容所有人，一个也不能少。

4. 基于技术赋权理论确立“数字人权”保障理念

在硅基文明时代，代码即规则，算法即权力，信息技术构成影响乃至主宰个体行为的控制力量。现实和网络双重空间的生产生活关系构成社会基础，逐渐地塑造着以人的数字信息面向和相关权益为表达形式的新的人权。此时，“数字人权”就构成保护“数字弱势群体”权利的重要理念基石。法制将努力从公民基本权利出发保护弱者利益，通过对以老年群体为代表的“数字弱势群体”进行倾斜性、有针对性的制度变革回应社会的数字化变革。

5. 结合新兴权利生成“三阶段”完善法治化保障体系

遵循“案例—解释—立法”的新兴权利生成“三阶段”，形成对数字权利的保护模式。结合权利生成过程，新兴权利入法主要包括三个阶段：第一个阶段结合个案裁判进行特殊化救济，第二个阶段通过司法解释进行规范化续造，第三个阶段建构一般性的法律规定。①。基于此，我们就可以把“数字弱势群体”权利的法治化保障体系归纳为“作出倾向性个案裁判”“完善司法解释”“制定相应立法”三种具体方式，三者对新兴权利的塑造过程呈现出效力上的递进。②

参考文献

莫纪宏：《论数字权利的宪法保护》，《华东政法大学学报》2023 年第 4 期。

申卫星：《论数据用益权》，《中国社会科学》2020 年第 11 期。

---

① 参见王庆廷《新兴权利渐进入法的路径探析》，《法商研究》2018 年第 1 期。

② 宋保振：《“数字弱势群体”权利及其法治化保障》，《法律科学（西北政法大学学报）》2020 年第 6 期。

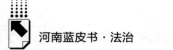

王利明：《论数据权益：以“权利束”为视角》，《政治与法律》2022 年第 7 期。

宋保振：《“数字弱势群体”权利及其法治化保障》，《法律科学（西北政法大学学报）》2020 年第 6 期。

张新宝主编《〈中华人民共和国个人信息保护法〉释义》，人民出版社，2021，第 128 页。

张文显：《无数字 不人权》，《网络信息法学研究》2020 年第 1 期。

范亚康：《“数字鸿沟”中弱势群体基本权利保护研究》，《湖北经济学院学报》（人文社会科学版）2022 年第 12 期。

B.10
城乡一体化视域下河南生态环境治理的法律问题及对策

樊天雪*

摘　要：　生态环境治理城乡一体化推进事关城乡生态环境改善和城乡统筹发展，是生态文明建设的关键一环。近年来，河南省生态环境治理城乡一体化推进成效显著，美丽河南建设取得长足进步。然而，城乡生态环境治理理念存在偏差、立法体系不甚完善、执法监管质效受限以及司法保障仍有不足等问题依然存在，直接制约河南省生态环境治理城乡一体化推进取得更大实效。以重塑城乡生态环境治理理念为出发点，从立法、执法、司法等维度推动相关问题有效解决，在当前显得尤为迫切和必要。

关键词：　生态环境　城乡一体化　乡村治理

2023年全国生态环境保护大会上，习近平总书记明确强调，“把建设美丽中国摆在强国建设、民族复兴的突出位置”。[①] 加快建设美丽中国，要严格遵循生态系统本身之整体性、系统性和内在规律的要求，一体化推进山水林田湖草沙的保护治理工作。城市生态环境与乡村生态环境作为互为联系、不可分割的整体，应统筹推进环境治理，确保美丽中国建设有机协同、系统推动。河南省为了进一步提升城市生态环境保护水平和补齐乡村生态环境保护短板，坚持标本兼治、综合治理，以更大力度和更实举措双向发力，奋力

---

* 樊天雪，河南省社会科学院法学研究所助理研究员，研究方向为环境法学。

① 《人民网评：把建设美丽中国摆在强国建设、民族复兴的突出位置》，人民网，2023年7月21日，http：//opinion. people. com. cn/n1/2023/0721/c223228-40040693. html。

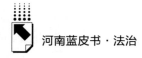

推动全省生态环境质量在整体上继续保持稳中向好态势，美丽河南建设取得长效进展。

一　河南生态环境治理城乡一体化推进的现状

2023年中央一号文件再次强调，要推进县域城乡融合发展，健全城乡融合发展体制机制和政策体系，畅通城乡要素流动。生态环境治理城乡一体化体制作为城乡融合发展的重要体制之一，对推动地域经济发展、提升经济竞争力具有不可估量的作用。河南省高度重视生态环境治理城乡一体化推进，不断加大生态环保投入，加快构建生态文明体系，在深耕细耘绿色发展、循环发展、低碳发展中成效显著。

（一）生态环境立法日益全面

目前，河南省已经围绕城乡生态环境治理这一内容出台了系列法规规章及规范性文件。在省一级层面，主要包括《河南省水污染防治条例》《河南省大气污染防治条例》《河南省土壤污染防治条例》等针对某一特定污染对象的专门地方性法规，《河南省城市生活垃圾处理管理办法》等针对某一特定污染源的地方性法规，《河南省地下水管理办法》等针对某一具体保护对象的地方政府规章。此外，也不乏一些政策性质的规范性文件，如《河南省“十四五”生态环境保护和生态经济发展规划》《河南省环境影响评价及排污许可审查审批规范（试行）》《河南省推动生态环境质量稳定向好三年行动计划（2023—2025年）》。这些法规规章及规范性文件不仅实现了生态环境要素的整体涵盖，也为未来河南省生态环境保护和治理明确了工作目标和任务，使得生态环境治理城乡一体化推进有了基本的法治支撑与制度保障。

（二）生态环境执法成效初显

根据省生态环境厅公布的数据可以得知，全省生态环境保护综合执法队伍以最严执法向严重违法和破坏生态的环境问题亮剑，并取得了良好成效。2023 年以来，河南省生态环境执法部门共开展空气质量监督帮扶、入河排污口排查整治等 10 余项专项执法活动，查办生态环境违法案件 2000 余件，累计罚款 1 亿余元，移送行政拘留 50 余件，移送生态环境违法犯罪 70 余件，以实际行动全力守护生态环境安全。此外，城乡生态环境监测网络得到进一步完善，城乡生态环境监测数据质量得到进一步提高，城乡生态环境治理依据因此更加科学有力。①

（三）生态环境司法格局初步形成

随着生态环境司法专门化水平的提升，河南省为集中审理生态环境案件初步形成“18+1+1”的司法审判模式。该审判模式下由 18 个基层生态环境法庭和 1 个中级生态环境法庭统一审理全省的生态环境案件，在统一审判标准、提升城市和乡村生态环境案件进入司法程序概率的同时，也在一定程度上打破了行政区划限制和地方保护主义，更大程度上为生态环境司法领域公平正义保驾护航。此外，河南省在生态补偿和生态产业领域持续发力，努力保障生态文明建设与经济社会发展协同推进、互促共赢。

虽然河南省在生态环境保护和治理方面不断加大投入力度，但当前生态环境治理的重点仍放在城市生态环境保护方面。随着城乡居民对宜居生态环境要求的不断提高和经济社会高质量发展的持续推进，城乡生态环境治理不协调对全省经济社会整体向好发展、总体竞争力有效提升的不利影响必将越发凸显。未来，河南省仍需继续加大生态环境治理城乡一体化推进力度，努力实现人与自然和谐共生的美好河南建设目标。

二　河南生态环境治理城乡一体化推进存在的问题及原因分析

尽管全省生态环境治理相关立法一直不断完善，但由于长期受制于

① 数据来源：河南省生态环境厅网站，https：//sthjt. henan. gov. cn/。

“城乡二元结构”的立法思维，与城市生态环境治理立法相比，美丽乡村建设相关立法仍然较少，乡村生态环境治理工作存在较为明显的法律制度供给不足的问题，[①] 导致城乡之间在生态环境治理力度上出现失衡状况，城乡居民在享受宜居生态环境方面暂时无法同步，总体上呈现“城市生态环境逐步变好、乡村生态环境有待改善”的困境。

（一）城乡生态环境治理理念存在偏差

尽管乡村振兴、美丽乡村建设等国家政策落实依然如火如荼地进行，各方面的资源在全省范围内向广大乡村地区倾斜投放，但根据河南省常住人口城镇化率的数据得知，2022 年以来河南省城镇化率连年提升，说明此种尚未完全形成长效影响的短时政策倾斜无法改变绝大部分资源聚集于少数城市的现状，该现状的背后又恰恰说明河南省乡村发展不足的窘况。

究其原因，主要包括以下几点。一是“城市中心主义”立法倾向明显。[②] “城市中心主义”使得地方人大、政府的生态环境立法明显呈现出“为城市立法、为经济立法”的选择和偏向，这种观念渗透于立法的目的、原则及具体的规范内容上，此种在立法资源上的倾斜以及由此引发的在机构设置、资金投入等方面的倾斜，直接在制度设计这一基本层面上将乡村生态环境治理排在城市生态环境治理之后，甚至是排在生态环境治理的末端序列，[③] 使得乡村和农业生态环境法制“输”在了起跑线上，进而被边缘化，造成城市和乡村在生态环境权益的享有与不利污染后果的承担上存在明显的不公平现象，由此产生的“剪刀差”效应若无强势干预必将越发清晰明显。[④] 二是生态环境教育机会不均等。居民的理解和参与对生态环境保护至关重要。与城市居民相比，乡村居民生活方式相对粗放，对生活垃圾、污

① 吕忠梅：《美丽乡村建设视域下的环境法思考》，《华中农业大学学报》（社会科学版）2014 年第 2 期。

② 李奇伟：《城市中心主义环境立法倾向及其矫正》，《求索》2018 年第 6 期。

③ 肖萍：《论我国农村环境污染的治理及立法完善》，《江西社会科学》2011 年第 6 期。

④ 卢群、肖萍：《城乡环境综合治理的法律协调机制研究》，《南昌大学学报》（人文社会科学版）2018 年第 4 期。

水、化肥农药等的生态环境危害认识不足。虽然生态环境法律法规中有关于宣传教育的规定，但也只是针对县级及以上的，乡镇一级的政府没有要求，导致实践中乡村居民的生态环境保护意识较为淡薄。

（二）立法体系不甚完善

当前，河南省生态环境治理城乡一体化立法存在明显不足。一是立法结构不合理。通过对立法数据分析得知，在省一级层面，全省只有针对城市生态环境保护出台的专门立法，如 2022 年出台的《河南省城市生活垃圾分类管理办法》。各个省辖市也出台有适用于本市域范围的城市环境卫生管理等领域的法规规章。针对乡村生态环境保护和农业污染防治方面的省一级专门立法尚属空白，仅有省生态环境部门针对农村生活污水处理排放出台的《农村生活污水处理设施水污染物排放标准》，其并非法规规章，仅为一般的规范性文件。各个省辖市也鲜有针对乡村生态环境治理的立法，仅濮阳等地出台了《濮阳市农村生活垃圾治理条例》等法规规章。二是生态环境治理城乡一体化推进的综合性法规缺失。截至目前，河南省只有信阳市在 2023 年出台了《信阳市城乡人居环境综合治理条例》，将城乡生态环境作为一个整体进行治理，其他省辖市乃至河南省均未出台与生态环境城乡一体化综合治理有关的法规。城市和乡村是一个不可分割的整体和系统，这是生态系统的自然属性。然而，如今的立法状况却明显与这一自然属性要求的系统性、整体性和协同性立法相悖。

究其原因，主要在于当前河南省经济发展以城市为中心，未同时将城镇化进程中涌现的乡村生态环境治理问题与城市等量齐观，且城市与乡村的差距依然较大，由此导致了河南省乡村生态环境治理立法在较大范围内的缺位问题。虽然河南省在部分立法中明确了统筹城乡一体化发展的规定，但由于立法内容停留于一般抽象规定层面，可操作性不强，实务中乡村生态环境发展水平不高的状况仍未改变。例如，《河南省实施〈中华人民共和国城乡规划法〉办法》的第 1 条明确强调，要在经济社会发展和生态环境改善上实现城乡统筹。但从该办法的内容来看，其依然以城市规划为主，未脱离“城乡二元结构”。

（三）执法监管质效受限

执行是法律生命力的重要体现，监管作为法律正确执行的保障，其对生态环境治理极其重要。综观河南省城乡生态环境治理执行监管效果可以得知，一是城乡执法力量悬殊。当前，河南省生态环境主管部门主要涉及省、市、县三级，乡镇一级并未设置专门负责生态环境工作的执法管理机构。在此生态环境执法体制下，河南省生态环境执法力量主要集中于城市地区，对于相对“地广人稀”的广大乡村地区，生态环境执法关注度低、不深入的局面普遍存在。现实中，受相关因素的影响，县级生态环境主管部门对乡镇的生态环境治理工作的监督指导不甚高效和有力。这在一定程度上形成了“城紧乡松”生态环境治理格局，直接导致了乡村地区接收了部分污染严重的企业入驻，使得城市的污染转移到乡村。城乡生态环境执法力量之所以悬殊，主要在于当前我国立法中的关于基层生态环境执法部门的设置缺乏。根据《环境保护法》第10条规定，自中央政府至县一级政府分设各级生态环境主管部门，县级生态环境主管部门即为最基层环保部门，县级以下的乡村并无相关机构设置。这种制度设计与乡镇基层单位在生态环境治理尤其是乡村生态环境治理体系中的重要作用和关键地位不相匹配。广大乡村地区的生态环境治理问题的处理因此严重依赖于上级部门，而上级部门受限于各类条件，对乡村生态环境治理的关注和介入明显不足，导致当前乡村生态环境治理局面不甚理想。二是基层执法队伍建设不足，整体素质尤其是专业素质和经验水平亟待提升。随着经济社会的不断发展，新的更加复杂的生态环境问题不断涌现，基层生态环境部门作为处理具体生态环境治理问题的直接责任主体，在处理乡村生态环境治理问题上越发显得力不从心，对相关的违法行为不能及时、有效、全面查办处理。在体制尚不足够健全的前提下，应有的监督无法及时有效发挥作用，导致基层生态环境主管部门往往局限于其所处的地区和部门自身的利益，将“上之政策”转化为“下之对策”，相关政策和监督因此难以有效落实，执行不足、监督乏力而致“法之不行”，生态环境污染尤其是广大乡村地区的生态环境污染愈重之势难以有效遏制。

（四）司法保障仍有不足

司法保障可谓乡村生态环境治理的最终防线和最后堡垒，担负着为乡村生态环境治理提供最权威保障和最严格保护的使命，对建设乡村生态文明、助力乡村振兴、保障民众身心健康发挥着难以或缺的作用。[①] 2023 年 1～8 月，河南省共接到生态环境举报线索 23539 条（见图 1），说明其间河南省生态环境治理局面仍不容乐观。

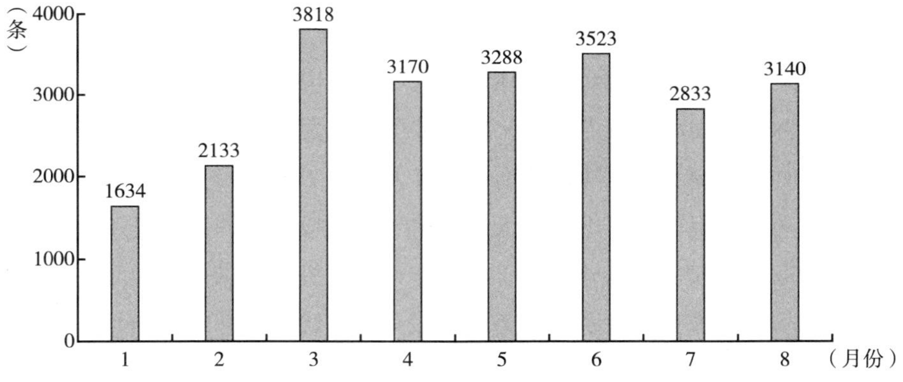

图 1　2023 年 1～8 月河南省生态环境举报线索统计

资料来源：根据河南省生态环境厅提供的数据整理。

作为生态环境治理“最后一公里”的乡村，自然成为实现美丽河南建设的关键一环。但实践中鲜少有乡村居民因生态环境污染提起民事诉讼，环境法庭更是面临无案可审的局面。归根到底，是因为河南省乡村生态环境司法监管体制存在不足，具体表现在以下方面。

一是乡村生态环境司法队伍建设不足。从司法实务上看，全国范围内的司法队伍都在一定程度上存在难以及时关注乡村生态环境问题，对乡村生态

① 王树义、李景豹：《论我国农村环境治理中的司法保障》，《宁夏社会科学》2020 年第 3 期。

环境有别于城市生态环境的特殊性认识不够；还存在对乡村生态环境治理主动介入不够，未依法充分发挥其职权作用的问题。此外，相较于城市生态环境司法队伍，乡村生态环境司法队伍整体层面的建设水平和业务素养要偏低，这使得乡村生态环境治理领域的司法保障相较城市明显欠缺。以基层法院为例，当前基层法院审理生态环境案件的人员大多从其他法庭抽调而来，其乡村生态环境司法领域的具体专业知识掌握不足，诉讼经验较少，不可避免地在事实认定、法律适用等方面存在意见不一的情况，进而导致裁判结果差异较大、稳定性差、预测性及教育性弱，不利于生态环境纠纷的有效解决和生态环境司法秩序的长效维护。

二是乡村生态环境司法制度尚不完善。目前我国乡村生态环境方面的民事公益诉讼制度尚待得到更多关注。我国《环境保护法》尽管依然明确了环保组织关于提起公益诉讼的主体资格问题，但由于存在举证难度大、诉讼周期长、诉讼费用高等难点，在一定程度上有致使环保组织在面对乡村生态环境纠纷时望而却步的风险，从而可能降低环保组织参与乡村生态环境公益诉讼的主动性和积极性，不利于遏制乡村生态环境治理领域的违法行为与救济乡村生态环境权益。此外，检察机关作为国家机关，虽有权提起诉前检察建议，但基于司法实践中乡村生态环境污染案件线索不易发现的问题，基层检察机关在主观上关注意识不强，客观上监督实践较少，难以充分且有效地发挥检察监督的应有作用。

三　河南生态环境治理城乡一体化推进的完善建议

推进省内城乡生态环境治理一体化不仅可以提升乡村基础设施供给水平，进一步优化和改善乡村人居环境，而且有助于打破“城乡二元结构”，促进省域范围内的环境、资源、服务等要素在城市和乡村之间得到更加科学、高效、充分的调整和配置，进而促成城乡互补、全面协同、深度融合、和谐共赢的城乡生态环境治理新局面。

（一）重塑城乡生态环境治理理念

城市与乡村作为一个在生态环境利益上具有显著共同性和公共性的整体，在空间上处于互动密切的同一生态系统中，同属一个命运共同体。因而，城乡生态环境治理自然而然地必须遵循其内在的自然规律。① 一是在治理思维上坚持整体推进。要坚决改变“城市中心主义”的发展和治理观念，注重城市和乡村生态环境的融合治理，在强调城乡生态环境治理的整体利益与公共责任的前提下，针对乡村生态环境治理加强关注和投入。二是在价值理念上坚持生态环境公平和合作共治。② 一方面，要进一步增强乡村基层干部和村民的环保意识，缩小直至消除城乡居民在环保意识层面的显著差距；另一方面，要进一步提升城乡居民的主体意识，从思想深度上重塑城乡居民关于生态环境的价值理念和保护思维。此外，要把生态环境教育根植于国民教育中，进一步突出生态环境保护宣教在综合素质教育中的地位，系好人生的第一粒“环保之扣”。

（二）完善城乡一体化生态环境治理立法体系

一是要构建完善的乡村生态环境治理立法体系。在《关于推动城乡建设绿色发展的意见》《关于构建现代环境治理体系的指导意见》等中央文件指导之下，为有效改善河南省乡村生态环境，省人大、省政府结合本省乡村生态环境、产业发展等实际情况将法律条文具体化，从而构建起较为完善的乡村生态环境治理立法体系。这既是落实国家乡村振兴战略的具体要求，也是推动乡村振兴见行见效的有力举措。此外，要提升河南省当前生态环境地方性法规内容的可操作性和具体实用性。在推进乡村生态环境治理专项立法工作时，紧密结合当前开展生态环境治理工作的客观技术情况，制定与我国

---

① 卢群、肖萍：《城乡环境综合治理的法律协调机制研究》，《南昌大学学报》（人文社会科学版）2018 年第 4 期。

② 唐斌、赵方诗怡、彭媛：《城乡生态环境治理：碎片化样态与治理进路》，《河北环境工程学院学报》2022 年第 3 期。

《环境保护法》等相关法律相配套的法规规章；出台规范乡村污水排放、垃圾处理以及农药使用等行为的具体要求和标准；明确乡村生态环境污染、人体健康危害的具体检测标准与评价体系；明确和加大涵盖行政主体、行政相对人等在内的污染治理责任人的制裁惩罚力度。二是要制定城乡生态环境综合治理方面的地方性法规。为持续有效改善城乡人居环境、不断满足人民群众对美好生活的向往，有必要通过地方立法的形式固化本省、借鉴他省当前在城乡人居环境整治领域取得的成功经验。在坚持城乡统筹发展理念的前提下，立足于城乡人居环境面临的突出问题，紧扣本省经济发展和人民关注的重点，明确城乡生态环境治理的管理主体。城乡生态环境治理是一项基础、长期且协同、综合的系统工程，唯有建立健全机制，明确责任主体，才能实现长效保障。目前，山西、四川等省份已先后出台相关立法，河南省可借鉴相关省份的立法经验和优秀做法，制定出能够体现本省地方特色的生态环境治理城乡一体化推进的地方性法规，推动本省城乡生态环境综合治理进一步法治化、系统化和规范化，通过做大做强做优城乡生态环境这一最大最普惠的民生福祉，实现全省人民群众获得感和幸福感的切实增强。

（三）统一城乡生态环境执法标准和监管制度

要实现生态环境治理城乡一体化推进，必须深度整合城乡生态环境保护职能至更加科学高效，协调城乡生态环境执法监管制度至更加有力有为。但“统一行使”不等同于“同等化行使”,[①] 城市与乡村的生态环境条件差异是有目共睹的，城市生态环境保护多数情况下涉及的是人工环境，而乡村生态环境保护主要涉及的则是自然环境，此间差别则必然要求执法监管实践的和而不同、异而共进。一方面，进一步完善城乡生态环境治理协同联动机制。在市一级成立城乡生态环境治理协调机制，在乡镇一级增设由县（区、市）级生态环境主管部门派出专职负责乡村生态环境治理的办事机构，通

① 卢群、肖萍：《城乡环境综合治理的法律协调机制研究》，《南昌大学学报》（人文社会科学版）2018 年第 4 期。

过进一步完备基层生态环境执法机构设置推动乡村生态环境治理工作有力高效开展。同时，可通过公务员考试、选调生招聘等方式为乡村生态环境执法队伍引进高质量人才，助力乡村生态环境执法水平提升；借助业务培训、学术研讨、外出交流、实地调研等方式为乡村生态环境执法队伍提供充足的学习机会，转变其不愿深入乡村执法、不积极作为等工作观念，从而加强乡村生态环境执法力量建设，实现城乡生态环境执法队伍力量之间的平衡，为统一执法标准提供有利条件。此外，必须通过严控城市污染源流入乡村地区和乡村有毒有害农副产品进入城市，有效解决城市和乡村之间污染转移的恶性循环问题。另一方面，进一步优化完善多元主体监督机制。通过健全制度机制强化对权力机关、检察机关等公权力主体的监督职责约束，通过畅通监督渠道、便利监督开展、激励监督担当激发包括新闻媒体、广大人民群众在内的各方主体的监督积极性，形成广泛全面、常态长效的监督合力，为实现城乡生态环境治理一体化推进打造坚实外部保障。

（四）完善乡村生态环境治理的司法保障

一是要加强乡村生态环境司法队伍专业素质建设，不断提升司法保障的能力。这就要求多措并举加强基层人才引进，在待遇保障、职务晋升等方面进行适当倾斜，吸引优秀人才扎根基层，为乡村生态环境司法注入新鲜血液。同时，针对乡村生态环境案件的复杂性，可以通过聘请、交叉挂职等灵活方式聚集一批专家型人才，建立专家库，引导其参与到乡村生态环境司法工作中来，推动相关纠纷问题有效解决。二是要进一步发挥环保组织的积极作用。实现更多主体尤其是环保组织参与到乡村生态环境治理实践中来是城乡生态环境治理一体化推进的复杂性与城乡利益诉求的多样性的必然要求。[①] 环保组织是可以提起环境民事公益诉讼的法定主体之一，是乡村生态环境治理的重要参与主体。应当在其与广大乡村居民之间建立起联系广泛、沟通高效的协作机制，一方面可以显著提升环保组织生态环境线索获取能

① 宋惠芳：《非零非博弈：城乡环境治理一体化研究》，《广西社会科学》2020 年第 3 期。

力，另一方面可以有效调动乡村居民参与生态环境治理的积极性，增加参与的便利性。这将对乡村生态环境治理大有裨益。三是要加大对乡村生态环境治理的资金投入。设立专门的乡村生态环境司法基金。该基金专款专用，用于乡村生态环境司法诉讼，这样不仅可以缓解环保组织的资金压力，还可以提升乡村生态环境污染案件诉讼率。此外，检察机关本身具有提前介入的职权职责，其应当尽可能主动发现、提前介入，通过行使检察监督权、提出诉前检察建议等方式，实现诉前化解矛盾与诉讼解决纠纷双管齐下，有力提升乡村生态环境司法效率；① 而且，检察机关深入污染治理一线，可以有效传播生态环境司法理念，提升乡村生态环境治理各方环保意识。

四　结语

乡村生态环境作为城乡生态环境系统的重要组成部分，其治理是河南省生态环境治理工作的重要内容之一，统筹城乡生态环境治理差异，协调城乡生态环境治理进程，一体化推动城乡生态环境治理是全省生态文明和美丽河南建设的必然要求和迫切需要，也是不断提升全省生态环境治理体系和治理能力现代化的必由之路和重要体现。必须高度重视、强效推进和有力保障城乡生态环境一体化治理，努力在生态文明建设领域谱写新时代中原更加出彩的绚丽篇章。

参考文献

吕忠梅：《美丽乡村建设视域下的环境法思考》，《华中农业大学学报》（社会科学版）2014 年第 2 期。

李奇伟：《城市中心主义环境立法倾向及其矫正》，《求索》2018 年第 6 期。

肖萍：《论我国农村环境污染的治理及立法完善》，《江西社会科学》2011 年第

① 王树义、李景豹：《论我国农村环境治理中的司法保障》，《宁夏社会科学》2020 年第 3 期。

6 期。

卢群、肖萍：《城乡环境综合治理的法律协调机制研究》，《南昌大学学报》（人文社会科学版）2018 年第 4 期。

宋惠芳：《非零非博弈：城乡环境治理一体化研究》，《广西社会科学》2020 年第 3 期。

王树义、李景豹：《论我国农村环境治理中的司法保障》，《宁夏社会科学》2020 年第 3 期。

唐斌、赵方诗怡、彭媛：《城乡生态环境治理：碎片化样态与治理进路》，《河北环境工程学院学报》2022 年第 3 期。

专题篇

B.11

市域社会治理现代化的司法回应*

汝阳县人民法院课题组**

摘　要：　诉源治理是以预防和解决纠纷为主要职能的基层司法，担负着基层社会治理的引领性和建构性功能，主要以“源头预防为先，非诉机制挺前，法院公正裁判”为核心治理模式。推进诉源治理工作，既是坚持和发展新时代“枫桥经验”的题中之义，又是助推市域社会治理现代化的创新举措。推动诉源治理的长久可持续发展与深度化改革，必须明确我国诉源治理的本体实质及法治策略。在司法定位上，法院应当扮演辅助者而非主导者角色，“主动融入”不等于“主动出击”；在治理内容上，法院需在空间范围、治理层级、治理维度等层面全面介入市域社会治理，但应当以权利义务关系的确定为基准；在治理方式上，诉源治理应当注重社会

* 本报告是汝阳县人民法院“市域社会治理与诉源治理研究”课题的阶段性成果之一。

** 课题组主持人：王晓辉，汝阳县人民法院党组书记、院长。课题组成员：姬现立，汝阳县人民法院党组成员、副院长；夏墨潭，汝阳县人民法院研究室主任；李刚强，汝阳县人民法院立案庭庭长；马涛，汝阳县人民法院审判管理办公室主任；王耀辉，汝阳县人民法院综合办公室副主任；李傲冉，汝阳县人民法院民庭法官助理。执笔人：夏墨潭。

化、法治化、智能化、专业化等多元化纠纷解决要求，进一步为民排忧解纷。

关键词： 市域社会治理　诉源治理　多元化纠纷解决机制

一　市域社会治理与诉源治理的衔接与交融

2019 年 12 月 3 日全国市域社会治理现代化工作会议在北京召开。会议提出作为城市和农村两种社会形态的结合体，市域具有以城带乡的引擎作用，把市域作为完整的治理单元，能够充分发挥城市辐射带动作用，让优势资源、优质服务从城市“高地”流向农村“洼地”，推进城乡一体化、基本公共服务均等化。综合上述分析，“市域社会治理现代化”应该是以设区的城市为基本治理单位，以城区为重点、覆盖农村、城乡联动，充分发挥市级层面主导作用，在市域范围内统筹谋划和实施的社会治理。

中央全面依法治国委员会于 2020 年 3 月发布《关于加强法治乡村建设的意见》，强调在乡村矛盾纠纷化解工作中加强诉源治理。2021 年 2 月《关于加强诉源治理推动矛盾纠纷源头化解的意见》出台，旨在构建源头防控、排查梳理、纠纷化解、应急处置的社会矛盾综合治理机制，促进基层治理体系和治理能力现代化，建设更高水平的平安中国。该意见提出“把非诉讼纠纷解决机制挺在前面，推动更多法治力量向引导和疏导端用力，加强矛盾纠纷源头预防、前端化解、关口把控，完善预防性法律制度，从源头上减少诉讼增量”。[①]

市域社会治理与诉源治理在制度建构与机制完善上密切相关。市域社会治理涵盖了防范化解风险矛盾的内容，强调法治在“五治融合”中的重要

① 范跃红、龚婵婵：《诉讼增量做减法　办案质效做加法——浙江检察机关打好“组合拳”协调推进诉源治理》，《检察日报》2019 年 11 月 20 日。

作用；诉源治理通过预防和解决纠纷，从源头上化解矛盾纠纷，提高运用法治方式和法治思维维护人民群众合法权益的能力。二者同属于社会治理制度同一项下的组成部分，市域社会治理是诉源治理的基础，而诉源治理则是市域社会治理的重要组成部分。[①] 市域社会治理的兴起与推进带动了诉源治理建设，诉源治理及其机制建设体现了对国家动员实现市域社会治理现代化目标的积极响应，同时也是法院提高自身在国家治理体系中政治地位、主动选择的结果。由此看来，诉源治理是国家权力主体在转型时期的主观选择，其通过对主要承担纠纷化解责任的党政、司法机关的任务调配，达到缓解制度性治理资源稀缺的效果。

二　诉源治理下基层法院与其他部门的衔接和界定

（一）基层法院应当主动建立对外承接机制，实现与其他部门治理体系的衔接

对外而言，“党管政法”体制使得法院需要积极参与市域社会治理，法院参加政府工作会议、向党委请示报告，从外部接收市域社会治理的政治工作任务；对内而言，法院制定实施市域社会治理的具体方案，依靠内设机构运行机制，整合法院内部各庭室的人力和资源，将市域社会治理的信息与要求向下传递和推动落实。同时，基层法院回应市域社会治理的组织形态，实施“四类案件”监管和院庭长监督制度，要求法官在独立行使审判权的同时必须考虑市域社会治理效果，将其融入个案裁判时的尺度考量。法院诉源治理具有主动选择与被动安排顺应布局的特点，两种情势均要求法院发挥诉讼裁判之外其他司法治理功能，如参与金融风险化解、参与国家扶贫帮困与捐赠资助计划等。[②]

---

① 徐汉明：《市域社会治理现代化：内在逻辑与推进路径》，《理论探索》2020 年第 1 期。

② 鲁篱、凌潇：《论法院的非司法化社会治理》，《现代法学》2014 年第 1 期。

（二）基层法院应当积极发挥司法建议的重要作用，参与外部相关主题的治理

基层法院应当积极发挥司法建议的重要作用，推动矛盾纠纷的多元化解和源头治理。法院囿于审判权行使，不能对诉前纠纷行使国家权力进行终局裁决，在具体操作中，法院各部门依托审判、执行职能，对案件中掌握的重点个性问题及类型化社会问题实行清单化记录管理，通过归类研判、总结提炼，以司法建议形式向相关主体指明问题并提供解决方案，从而实现裁判效果的补充扩大、公共政策的大局服务、综合管理的漏洞堵塞、民生权益的妥善保障等重要功能。①

（三）诉源治理应当向基层法院进行资源倾斜，保证其运行的合理配置

在市域社会治理格局下，基层法院实际是承担诉源治理职能的重要主体，因此在资源配置上应当适当倾斜。但也不是将中、高级法院从诉源治理的格局安排中排除，高级别人民法院宏观指导、政策研究、方案供给、法治支撑的作用亦较为关键。最高人民法院提出，要注重向低层级法院倾斜资源，保证权责相当的合理配置。这是因为基层法院在诉源治理中发挥着重要作用，而且人员编制相对较少，工作压力较大。通过向基层法院倾斜资源，可以提高基层审判执行工作水平，促进矛盾纠纷的多元化解和源头治理。

三　基层法院在诉源治理中的司法呈现

（一）基层法院在诉源治理中的现实角色：主导与包揽

尽管各级法院已普遍认识到诉源治理已经上升到“党委主抓”，诉源治

① 魏培培：《司法建议制度的现状、定位与完善——以人民法院参与社会治理创新实践为视角》，《山东审判（山东法官培训学院学报）》2016 年第 4 期。

理也“绝不是法院一家之事”，但在实际执行中法院的主导角色和包揽行动仍普遍存在，各机关部门虽然有将诉源治理的情况纳入工作绩效考核的创新做法，但收效甚微。[①] 自 2019 年以来，诉源治理机制在中央和全国层面铺展试点效果日渐显著。但是在实践中诉源治理形成了以法院为主导，以诉前调解为主要方式，通过非诉纠纷解决方式分流诉讼案件的运行现状。这种以诉为起点将已成诉矛盾逆向回推的方式与做法，对于法院代表的司法角色与功能而言却具有相当的弊害，造成诉源治理陷入协同困境，严重影响了协同效应的发挥，同时违背了诉源治理旨在缓解乃至化解“案多人少”现实矛盾的初衷。[②]

（二）基层法院在诉源治理中的应有态度：融入与辅助

法院在诉源治理机制中应处于辅助者而非主导者地位。市域社会治理的纠纷解决与司法裁判的纠纷解决不是同一范畴，前者以结果为导向、以政策为准则，后者则以实体与程序双重公正为导向，是两个不同领域的纠纷解决职能。[③]“主动融入”与“大包大揽”两个概念不能混淆，法院在提供诉前纠纷化解的方案与服务之前，应充分审查纠纷的可诉性，诉源治理并非化解一切社会纠纷，具有潜在可诉性是法院诉源治理的先行条件和工作重点，社会关系的修复是诉源治理视域下纠纷解决的附带结果，但应厘清理想状态并非司法的必然要求和绝对任务。

四　基层法院在诉源治理方式中的改革提升

多元化纠纷解决机制与市域社会治理的关系是密不可分的。建立完善多元化纠纷解决机制，有利于人民在市域社会治理现代化体系中社会关系的自

---

① 叶静宜：《基层法院在诉源治理中的角色定位》，硕士学位论文，华东师范大学，2022。

② 周苏湘：《法院诉源治理的异化风险与预防——基于功能主义的研究视域》，《华中科技大学学报》（社会科学版）2020 年第 1 期。

③ 赵贵龙：《“外嫁女”纠纷：面对治理难题的司法避让》，《法律适用》2020 年第 7 期。

我调节，形成人民、政府、司法等不同主体之间的良性互动关系。多元化纠纷解决机制也是实现市域社会治理现代化的必要内容。当事人的权利真正得到保障，不能仅仅依靠诉讼这一种单一的纠纷解决方式，现实中纠纷情况复杂多变，应当扩大当事人纠纷解决渠道的选择空间，如选择行政调解、行业调解、专家调解、人民调解的一种或几种，通过调解合力定纷止争，化解矛盾。尊重当事人化解纠纷的选择权，尊重当事人的价值取向，选择更加适合的纠纷解决方式，有利于降低成本，提升纠纷解决的稳定性，修复社会关系，维护社会稳定。

（一）诉源治理的本质要求更为开放的多元参与

基层法院常见的矛盾纠纷，大致可以分成三类：与婚姻家庭相关的纠纷，以及常见的宅基地、相邻关系、农业承包合同、补偿款分配纠纷，这些都是传统的乡土纠纷，可以称之为地域性强的纠纷；比较常见的业主与开发商和物业之间的纠纷、建设工程领域的劳务合同纠纷，以及保险纠纷、金融借款合同纠纷等，这些纠纷行业领域特点显著，处理起来专业性较强，可以称之为专业性强的纠纷；还有一种类型是涉及群体利益的纠纷，主要表现为涉特殊群体利益，或者一个事件涉及的群众特别多，我们称之为涉众矛盾纠纷。根据不同类型纠纷的不同特点，地域性比较强的矛盾纠纷宜由事件发生地人民调解组织利用当地风俗习惯化解；专业性强的矛盾纠纷由专业调解组织化解更为适宜；涉众矛盾纠纷由基层党政力量化解，确实无法解决的矛盾纠纷由人民法院依法审理。① 根据不同矛盾纠纷的化解路径，应建立立体化的“层级预防、多元化解”诉源治理机制。

1. 纵横织网，建立矛盾纠纷源头预防多元化解体系

一是以综治中心为基础，建立县、乡镇、村（社区）三级矛盾纠纷多元预防化解综合协调机构。二是完善人民调解机制。司法行政部门要指导乡镇政府、村（居）民委员会、企事业单位、社会团体等健全人民调解组织，

---

① 李占国：《诉源治理的理论、实践及发展方向》，《法律适用》2022 年第 10 期。

配齐配强专职、兼职人民调解员。三是完善行业和专业调解。医疗、交通、物流、电商、文化等行业组织、调解、仲裁、律师、公证等协会应当按照各自职责，根据多元化纠纷解决机制共同做好预防化解矛盾纠纷工作。四是完善行政调解。行政机关应与人民法院联合建立行政争议协调化解中心，民政、自然资源、交通、卫健、规划、市场监管等行政调解任务较重的部门，应当设立各自的专业行政调解委员会，与行政争议协调化解中心建立对接机制，将调解作为解决行政争议的重要方式，推动行政争议实质性化解。[①] 五是健全政法机关调解。人民法庭在乡镇综治中心或矛盾纠纷多元预防化解综合协调机构合理设置巡回办案点或者自助诉讼服务设备，人民法庭所在地的乡镇政府应在每个基层人民法庭配备2名以上专职人民调解员，提供经费保障，落实“三清两建”专项行动，助推乡村治理水平提升。公安部门积极探索“同心愿警务室”“庭所联动”“共享法庭”化解矛盾纠纷新模式，积极对接基层人民法庭、司法所、乡镇政府等单位，充分发挥各方优势，实行诉源治理“一单受理、双向推进、三调对接”流程化管理，按照“凭单受理、流程调解、全域覆盖”要求，及时受理调解、适时跟踪问效矛盾纠纷化解。[②] 六是人民法院及人民法庭与相关调解组织加强对接，在纠纷分流、程序安排、效力确认、生效法律文书执行等方面加强对接，为实质性化解矛盾纠纷提供司法保障。通过完善、健全这个方面的机制，形成了纵横联动的矛盾纠纷源头预防多元化解体系。

2. 层级预防，实现“抓前端，治未病”

一是加强矛盾纠纷日常排查预防。村（社区）“两委”干部、人民调解员、网格员、驻村（社区）民警等每周全面排查一次辖区矛盾纠纷和隐患，及时发现并制止苗头性问题。二是强化社会治安防控。整合社会群防群治力量，联合开展巡逻防范，加大“雪亮工程”和智慧安防小区（村居）建设力度等，增强信息收集和处置能力。三是建立健全重大决策风险评估机制。

① 《上海市促进多元化解矛盾纠纷条例》，《解放日报》2021年3月5日。

② 《河南省矛盾纠纷多元预防化解条例》，《河南日报》2022年4月6日。

强化司法大数据对矛盾风险态势发展的评估，从源头上减少矛盾纠纷，提前防控化解重大矛盾风险。[①] 四是加强矛盾纠纷的预防预警。主要是加强工作中发现的倾向性问题预警。五是构建社会心理疏导服务机制。对特殊群体提供心理健康服务。六是强化普法宣传工作。建立“法律明白人”培养机制，聚焦解决村民日常生产生活中的法律问题，在每个村（社区）至少培养3名“法律明白人”。

3. 递进化解，实现“抓末端，治已病”

以笔者所在汝阳县人民法院为例，具体做法可以概括为“一个体系、三道防线”。一个体系，就是构建人民调解、行政调解、行业性专业性调解、司法调解共同参与、优势互补、有机衔接的大调解联动工作体系。三道防线中，第一道防线，纵向是明确和突出村（社区）的第一道防线作用。对于村（社区）“两委”干部、人民调解员、网格员、驻村（社区）民警日常排查发现的纠纷或者苗头，矛盾纠纷多元预防化解综合协调机构或人民法院调解平台委托的矛盾纠纷，由村（社区）调解人员进行调解，确保“小事不出村”。横向是强化各单位、群团组织的第一道防线作用。各企业和单位组织及时解决已发现问题，组织化解矛盾纠纷。工会及时督促、化解劳动争议纠纷；共青团密切配合相关部门，参与调处涉未成年人合法权益等纠纷；妇联充分发挥职能优势，协助调处涉及妇女儿童合法权益的纠纷；残联依托各级、各类矛盾纠纷多元化解平台，参与调解处理涉及残疾人合法权益的纠纷；工商联、商会组织调解涉营商环境领域的矛盾纠纷，做商人之间的“和事佬”，化解纠纷促发展。[②] 第二道防线，是强调和注重乡镇第二道防线的作用。乡镇矛盾纠纷多元预防化解综合协调机构对村（社区）调解不成的矛盾纠纷，根据其性质，及时分流至相关部门或组织进行调解，必要时可协调辖区人民法庭、司法所、派出所等相关单位部门，联动调解，确保“大事不出乡”。[③] 第三道防线，是高质量发挥人民法院诉讼程序最后一道防线的作用。人民法

---

① 《天津市矛盾纠纷多元化解条例》，《天津日报》2022年12月12日。

② 赵伊荷：《在线庭审在民事审判中运行问题研究》，硕士学位论文，华中师范大学，2022。

③ 《深圳经济特区矛盾纠纷多元化解条例》，《深圳市人民政府公报》2022年第25期。

院应当积极推进繁简分流机制改革，推动简单案件快速办理、疑难案件精细化审理。

4. 积极融入，发挥法院在多元化解矛盾纠纷中的作用

以笔者所在汝阳县人民法院为例，一是结合实际，创建特色“枫桥式人民法庭”。以“枫桥式人民法庭”创建为契机，根据四个派出法庭辖区经济发展状况和矛盾纠纷类型特点，通过打造“助企法庭”“‘三农’法庭”“旅游观光法庭”“产业扶贫法庭”品牌，发挥人民法庭专业优势，推进相关矛盾纠纷精准化解。每个派出法庭每月选取5~10个辖区企业、基层组织，开展送法进基层活动，排查矛盾纠纷。同时，法庭所在地乡镇为每个法庭派驻两名专职人民调解员，开展诉前调解工作，实现法院诉前调解与基层综治部门、调解组织的深度融合，努力实现“小事不出村，大事不出乡”。二是加强调解，促进矛盾纠纷诉前化解。以人民法院调解平台为依托，与乡镇综治中心、行业调解组织完成对接，对婚姻家庭、交通事故、校园、金融、涉土地等矛盾纠纷，实行调解前置，由专业调解组织进行诉前调解。以“四官进村”“万人助万企”“六防六促”等活动为抓手，以干警分包村并对接所在村企业的形式，开展法律咨询、矛盾调处、法治宣传、困难帮扶活动，促进将矛盾纠纷化解在萌芽状态。加强诉调对接，对于调解成功但未即时清结的矛盾纠纷，导入审判流程系统，出具民事调解书或者司法确认裁定书，赋予强制执行力。三是及时研判，发挥司法大数据预警功能。对审判、执行工作中发现的涉群体事件，以及倾向性、苗头性问题，及时向党委报告。2022年以来，先后就市重点企业系列劳动争议、某镇拆迁补偿等9件涉群体事件向县委报告，相关职能部门采取相应措施予以妥善处置。定期对案件运行态势进行研判，对案件类型和区域分布进行分析，人民法庭制作白皮书向所在乡镇党委通报情况，并提出工作建议，促进相关领域、相关乡镇加强诉源治理。

通过上述诉源治理的努力，笔者所在汝阳县人民法院2022年民事、行政一审案件数量同比下降19%，刑事一审案件数量同比下降42%，2023年1~8月，民事、行政一审案件收案数较2022年同期下降5%。案件质量和效

率指标稳居全市基层法院前三名，法院工作“好差评”满意率居全省基层法院第二名，矛盾纠纷源头预防多元化解工作取得明显成效。

（二）诉源治理的前置化要求是维护人民群众利益的需要

按照2022年河南省全域营商环境测评的假设案例，2021年，汝阳县城镇居民人均可支配收入是32295.7元，以该数字的两倍64591.4元为标的的财产案件计，当事人通过诉讼解决纠纷，诉讼费减半收取为707.39元，律师费最低为3000元，财产保全申请费为665.91元，涉及质量鉴定则鉴定费不低于2200元，到最后进入执行程序执行费计868.87元，一个案件从一审判决生效到执行完毕，成本为7442.17元，占索赔额的11.52%，这是按照最优的成本计算。相反，纠纷通过非诉讼机制化解了，这些成本都可以省去。大量纠纷通过成本高的诉讼解决“费时、费力、费钱”，这说明我们的供给侧结构性改革还不到位，低成本的源头预防多元化解服务供给还不足，群众可以选择的有效解决纠纷的免费方式不多，可以说加强源头预防多元化解是降低群众解纷成本、满足群众解纷需求的需要。

五　基层法院在诉源治理中面临的问题和困难

（一）解纷合力还未真正形成

立案登记制改革后，法院受案范围扩大，案件数量急剧增加，集社会各方合力化解社会矛盾纠纷的重要性和紧迫性不言而喻。然而，在推进矛盾纠纷源头预防多元化解的实践过程中，各相关单位、部门间还并未形成统一的机制，组织领导机构、相互衔接配合的机制都不统一，尤其是当事人具有信访倾向或者已经诉诸信访渠道后，各部门合力解决问题的意愿不强，“甩锅式”向其他部门推的倾向明显，使群众在各部门之间空走程序的现象还较为严重。在运用多元化纠纷解决机制、调动社会力量参与纠纷化解时，法院受自身职能的限制和约束，不可能也不适宜作为主导力量。

（二）协调衔接还需切实加强

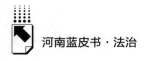

在诉源治理机制中，各个单位、部门均以在本单位、部门职责范围内化解矛盾纠纷为主，与其他非诉解纷机构间缺乏有效协调衔接。有的非诉解纷机构不健全，工作不能实质化开展，在多元化纠纷解决机制中的地位和作用被不断弱化。例如，法律规定一些非讼解纷机构具有调处与其职责相关的纠纷职能，但这些机构往往忽视该职能，有时虽然做了一些工作，但也只是走走过场。还有的部门对“法律途径”理解存在偏差，动辄引导群众“有问题去找法院”，敷衍应对，不仅没有化解矛盾，甚至导致纠纷激化，不利于社会矛盾纠纷化解。

（三）工作保障还不到位

各地党委、政府都非常重视诉源治理机制建设，但是由于各地发展水平不均衡，受财力限制，诉源治理保障机制依然不够完善，投入相对较少，客观上制约这一机制功能的发挥。参与纠纷化解的人员调解水平、业务能力参差不齐，需要加强相关教育培训。此外，多元纠纷化解工作开展时需要的场所和设施，均会受到客观条件的制约。一些调解人员需要的经费等，未能得到良好保障。这些因素都对多元化纠纷解决机制改革造成了一定影响，需要我们思考、研究、改善。

六　进一步推进诉源治理机制改革的建议

（一）凝聚解纷合力

首先，职责清晰。明确参与多元化纠纷解决的部门、单位、人员的分工、职责，为部门、单位、人员间配合、衔接提供制度保障。其次，充分发挥诉讼的最后一道防线的作用。司法权威性需切实维护，并相应增强诉讼纠纷化解之职能。既要切实保障审判权依法行使，不断提高法官队伍业务能力和道德水平，又要切实为法院减负，切实将不宜通过司法程序解决的纠纷消灭在成讼之前，避免“审不了、审不好”的纠纷挤占司法资源，增加涉诉信访。最后，完善考评机制。目前，对各乡镇的“万人起诉率”考核已经发挥了明显的作用，但是对各行业主管部门管理领域内的纠纷成讼情况还缺乏有效的考核手段，对于具有矛盾纠纷调处职责的调解机构、行政机关、群团组织、行业协会还没有相应的考核，需要建立科学的考核体系。

（二）加强协调衔接

法院在推进诉讼调解、人民调解、行政调解等的功能互补、良性互动方面做了大量的努力，但限于职能，法院主导的衔接机制存在天然缺陷，需要建立以党委为主导的衔接机制。首先，完善纠纷流转程序。可以由县委政法委以矛调中心为依托，建立综合协调机构，对各部门排查矛盾纠纷进行统筹安排，将群众主动申请解决的纠纷、排查发现的纠纷进行汇总并指派化解单位，化解单位向综合协调机构报告进展和结果，由综合协调机构将化解未果的纠纷流转至下一化解单位。其次，强化信访机构督办、分流功能。对于已经进入信访渠道的纠纷，要加大督办力度，注重实质化解。对于相关部门“引访入诉”的化解方式要严格把握，只有行政机关穷尽依法行政手段不能化解的，才可以引导当事人通过诉讼解决。

（三）全面加强保障

首先，加强组织保障。建立党委牵头的联席会议制度，定期组织对工作开展情况分析研判，协调解决存在的问题和困难，对落实不力的进行督促。其次，加强经费保障。县、乡镇人民政府应当将矛盾纠纷源头预防多元化解经费列入同级财政预算予以保障，明确专职和兼职人民调解员、法院专职人民调解员及特邀人民调解员的经费预算、工资标准及调解案件补贴标准。最后，加强人才保障。县矛调中心配备 5 名以上专职人民调解员，行业性和专业性人民调解委员会配备 3 名以上专职人民调解员，乡镇人民调解委员会配备 2 名以上专职人民调解员，村（居）人民调解委员会配备 1 名以上专职人民调解员，并加强业务培训，各行政机关、群团组织、行业协会均应有专人负责非诉解纷工作，确保“事有人管”。

为长远之计，将卓有成效的方针政策上升为法律规定可作为我国诉源治理的发展路径，这可以令治理主体和治理参与者双向受益。尤为关键的是，法院的职权定位与司法权运行规律应严格作为诉源治理的制度化标准，在赋予法院诉前纠纷处理的必要灵活空间与裁量尺度的同时，也应严格限定权力行使边界。司法行政双重属性是法院的诉源治理的重要特点，在两种手段的运用过程中，均要坚持扮演好利益分配中立者、利益表达平台方、利益均衡辅助者的角色，始终坚定法院的司法公正立场。法院只有保持有别于行政机关的治理方法与立场，才能保证司法与行政之间适度的异质化与距离感，司法治理渠道才能作为行政之外的社会治理渠道行而有效、畅通解纷。

参考文献

《上海市促进多元化解矛盾纠纷条例》，《解放日报》2021 年 3 月 5 日。

《河南省矛盾纠纷多元预防化解条例》，《河南日报》2022 年 4 月 6 日。

《天津市矛盾纠纷多元化解条例》，《天津日报》2022 年 12 月 12 日。

赵伊荷：《在线庭审在民事审判中运行问题研究》，硕士学位论文，华中师范大学，2022。

《深圳经济特区矛盾纠纷多元化解条例》，《深圳市人民政府公报》2022 年第 25 期。

B.12

社会组织参与法治社会建设的郑州实践

闫　慈*

摘　要：　构建法治国家是实现国家治理体系和治理能力现代化的重要体现，其中法治社会建设则是法治国家建设中的关键一环。当前，法治社会已经作为相对独立的内容，与法治国家、法治政府一同成为全面依法治国的重要保障。社会组织作为社会治理体系的重要组成部分，以社会治理共同体为目标，以开展自治为原点，与政府形成互为补充的关系，有利于弥合国家、政府与社会之间的沟壑，从而为法治社会建设贡献积极力量。当前，社会组织参与郑州法治社会建设已经走过初始阶段，并形成了一定的经验做法，逐步迈向多元主体共治、服务形式创新的纵深发展阶段。但也存在认识还不到位、能力有待提高、领域仍需丰富等问题。未来，需进一步提高政治站位、加强内在动力、完善制度保障、优化治理环境，合力推动社会组织参与郑州法治社会建设高质量发展。

关键词：　社会组织　法治社会　郑州

一　背景与意义

（一）法治社会建设的时代内涵

1. 法治社会建设是推进社会依法治理的坚强保障

当前，法治社会建设既包含各类社会主体在民主法治的轨道上自治自

* 闫慈，河南省社会科学院人口与社会发展研究所助理研究员，研究方向为社会法学。

律，又包含各类社会主体在法治范围内对国家权力的监督制衡。伴随经济社会的快速发展，公共事务显著增多，社会利益也更加多元。社会矛盾呈现出复杂化和多样化的状态，许多新情况、新问题不断涌现，亟须动员各方力量、运用不同方式推进依法治理工作。法治社会建设的目的就是倡导全社会形成法律至上、法律面前人人平等的法治理念，进而实现法治精神与法治实践的有效融合。同时，形成公众遇到问题找法、处理问题用法的行为规范，将科学立法、公正施法、有力监督作为解决社会治理矛盾问题的重要手段，实现社会依法治理的全面推进。

2. 法治社会建设是维护公共个人权益的有力抓手

随着经济社会的发展和改革深水期的到来，公众的利益诉求日渐多样化，特别是公共以及个人的权益保障问题不断增多，这也就造成各类社会矛盾此起彼伏，纠纷、仲裁以及诉讼成为社会生活中屡见不鲜的法治问题。法治社会建设恰能为公共个人权益的维护提供有效法律保障，其中，法治社会建设既涵盖建立健全公共教育、公共医疗卫生、劳动就业、社会保障等各种社会民生领域的法律服务体系，又包括建立健全社会矛盾预警机制、利益表达机制，完善人民调解、行政调解、司法调解联动工作体系。① 两者的共同目的都在于更加及时地将矛盾纠纷解决在初期和萌芽状态。

3. 法治社会建设是有效规范政府权力的重要基石

我国正处在改革攻坚期，并与社会转型期和矛盾凸显期相互叠加，整个社会利益的格局都发生着较为突出的变化。其中，公众诉求日趋多元，社会治理面临诸多新问题与新挑战，并触发一系列政府主体权力滥用、腐败蔓延等情况。针对这些问题的解决措施，仍然要回归法治，以法律规范政府权力。可见，当前法治社会建设正在为有效规范政府权力提供重要支撑，通过健全组织和程序制度，明确权力的边界和底线，运用法治方式约束权力，进

① 《高举中国特色社会主义伟大旗帜　为全面建设社会主义现代化国家而团结奋斗——在中国共产党第二十次全国代表大会上的报告》，中国政府网，2022 年 10 月 25 日，https://www.gov.cn/xinwen/2022-10/25/content_5721685.htm。

而实现完善社会和司法监督制度，纠正违法行为，惩罚贪腐犯罪，运用法律监督方式防止权力滥用。

（二）社会组织发展的现实意义

1. 提供公共服务，化解社会矛盾

改革开放以来，我国经济社会得到快速发展，人民生活水平不断提高，随之而来，公众对公共安全、社会保障、医疗教育等公共产品和公共服务的质量与水平有着更高的要求。甚至公共产品和公共服务由于短缺已经无法满足人民群众的生产生活需要，这也是造成社会矛盾激化、社会问题滋生的重要原因之一。按照《中共中央关于全面推进依法治国若干重大问题的决定》所提出的“发挥人民团体和社会组织在法治社会建设中的积极作用”，社会组织作为党和政府联系人民群众的桥梁和纽带，是国家治理体系和治理能力现代化的有机组成部分。社会组织可以通过政府购买等方式与政府联合或独立提供公共服务，与政府直接提供的公共服务互相补充，形成更加健全、更为完善、更能满足公众需求的服务体系，从而实现社会治理水平的有效提升。①

2. 解决群众诉求，维护合法权益

在社会治理格局中，社会组织以第三方的角色介入，一方面能够平等地与各类社会主体进行交流沟通，建立互相信任的关系，使其主动表达诉求，有效减少非理性行为的发生。另一方面，社会组织依靠自身自治力量的输出，能够完善公众与公共服务供应方的利益表达，进而推动不同群体间的利益协调，助力政府科学决策、民主决策，维护社会稳定、化解信访难题，进一步为实现法治社会建设贡献积极力量。

3. 发挥补充功能，优化政府职能

长期以来，我国政府都处于无所不包、无所不管的万能状态，过重的行政性事务负担，必然影响到社区公共服务质量和水平，只有从“万能政府”

---

① 王名编著《非营利组织管理概论》，中国人民大学出版社，2002。

转变为“有限政府”，才能实现政府职能的有效履行、行政效率的明显提升以及运行成本的合理缩减。因此，社会组织正在作为社会治理体系中的重要组成部分，帮助政府承担公共服务职能，减轻政府冗杂的行政负担。可见，充分发挥社会组织在社会治理中的作用，是深化社会治理的内在要求，也是政府真正“瘦身”和减负的有力措施，更是协助政府建设法治社会的重要手段。

（三）社会组织参与法治社会建设的积极作用

1. 推动全民普法，形塑行为规范

法治社会建设的重要一环就是开展全民普法工作，这也是培育全社会法治信仰的社会工程，重要性不言而喻。然而，目前制约普法工作开展的主要问题就是工作力量的欠缺，亟须社会组织这种民间力量利用自身的亲民性，高效、便捷地把法律知识、法律服务根植到群众中去。首先，有利于加强全民学法，增强全民法治观念。通过普法活动，各类社会主体可以了解法治社会建设的重要意义和积极作用，从而更好地尊法、学法、守法、用法，维护社会和谐稳定。其次，有利于促进全民懂法，提升全民法治素养。通过普法活动，各类社会主体可以熟知法治社会建设的基本知识和适用范围，从而更好地了解自身权利和义务，避免违法行为，加强自我保护。最后，有利于引导全民守法，完善社会法治秩序。通过普法活动，各类社会主体可以熟悉法律的监管领域和执行方法，有效规范自身行为，减少社会矛盾和纠纷。

2. 丰富法治渠道，弥补治理不足

社会组织具有非政府性、非营利性、公益性与独立性的先天优势，这也决定了其在法治社会建设中成为重要力量。社会组织具备提供公共服务、扩大社会参与、加强民主监督等作用。首先，它是基层治理的执行者。伴随法治建设的不断深入，公众对社会保障、公共安全、教育公平等方面的需求呈现不断增长趋势，社会组织的介入能够将其民间性与志愿性的优势所释放，为公众供应多元服务。其次，它是地方立法的参与者。社会组织参与立法，能规避个体的分散性和知识的局限性，积极发挥民意作用，更好地开展利益

表达和协调，充分发挥监管作用，推动立法民主化。最后，它是依法行政的监督者。社会组织的参与可以完善多方监督机制，确保所有行政权力都在阳光下运行，切实提高依法行政的透明度，有效防范“有法不依、执法不严、违法不究”的现象，实现社会公平正义。

3. 促进纠纷化解，维护合法权益

社会组织作为民间力量参与法治社会建设，在捋顺社会关系、维护社会稳定等方面具有政府与市场都欠缺的优势，以中介的作用，有效化解基层矛盾纠纷，提高基层治理效能。首先，便于贴近基层及时发现，避免矛盾激化。社会组织有着与各类社会主体天然联系的特点，可以及时地发现问题和隐患，引导正确认识和处理各种利益关系，有助于实现社会各利益群体之间的和谐发展。其次，便于拓宽渠道协调各方，畅通诉求表达。社会组织具有“直通车”优势，可以通过多种渠道将各类社会主体普遍关心的热点难点问题如实地反映给相关单位，从而有效调动各界群众的积极性。最后，便于形式多元地满足民众的法治生活需要，高效化解各类矛盾。当前，公众利益诉求日益多元，矛盾与问题呈现出复杂性和多变性。社会组织通过发挥其灵活性、多样性特点，能够进行有效协调处理，有利于增进理解、扩大共识、化解矛盾。

二　社会组织参与郑州法治社会建设的主要做法

郑州市的法治建设一直走在河南省前列，多年来注重发挥社会组织公益性、灵活性和多样性优势，积极探索社会组织参与法治社会建设的发展模式，明晰了法治社会建设的测评体系，确立了社会组织参与法治社会建设的重要地位。

（一）形式多元：深入基层开展普法活动

2023 年，郑州市新周期妇女儿童发展规划宣传暨 2023 年“法进万家”活动如期举行，郑州市绿城有爱妇女儿童维权关爱服务中心、河南有道律师事务所、河南一涵汴绣有限公司等单位和社会组织宣传法律法规知识，鼓励人民群众增强尊法、学法、守法、用法意识。郑州市法学会联合相关单位开展法治文化基层行普法宣传活动。5 月 10 日，中原区法学会联合棉纺路街道五棉南社区邀请辖区法律顾问董夙律师在社区门口开展了《民法典》宣传活动。7 月 24 日，惠济区法学会联合花园口司法所在南月堤村开展普法宣传活动。9 月份，金水区法学会联合丰产路、押砦社区在苏荷中心广场开展防电信诈骗宣传活动。通过多种方式，宣传国家安全、平安建设、防范邪教、防范电信诈骗及养老诈骗等相关法律法规，引导广大人民群众绷紧法律之弦，牢固树立法治理念；郑州市法律援助中心携手律师事务所开展“法律援助手牵手　和谐社会心连心”主题宣传活动，积极解答借贷、房产、劳动纠纷等相关法律问题，引导公众增强知法、懂法、用法意识。倡导公众在遇到纠纷与矛盾时，要敢于运用法律武器保护自身的合法权益不受侵害。高新区石佛办事处于 2022 年成立社区社会组织孵化中心和社区发展治理中心，经过一年多的建设发展，已经成功培育孵化出以安全法治为特色的多个社会组织。特别是西湖春天社区的郑州市红十字法律工作志愿服务队在 2023 年以“急救地摊”项目宣讲法律与安全知识，受到 20 余家国家、省、市媒体的广泛报道和社会各界的一致赞誉。

（二）探索创新：发挥优势参与多元共治

为进一步加强对社会组织的分类指导，郑州市人民政府出台《关于加强社会组织培育发展和登记管理工作的意见》，进一步实现社会组织公共服务功能的增强，鼓励社会组织扩大参与领域，激发社会治理体系的多元创新活力；郑州市消费者协会始终以维护消费者合法权益为工作目标，坚持情理法相统一，积极受理医疗、商业、教育等多个领域的投诉，为消费者全力打造一个无死角、全息化的消费维权体系；郑州市惠济区通过培育提升、宣传激励、项目孵化等举措，引导社区社会组织积极参与社区治理和疫情防控、“五星支部”创建、“三零”创建、“文明城市”创建等重点工作，有效促进社区社会组织融入基层治理。

（三）追求实效：积极推动矛盾纠纷化解

为进一步完善多元矛盾纠纷化解机制，郑州市温州商会积极探索新模式、新路径，通过成立郑州市首家社会组织人民调解委员会，发挥公共服务职能。先后受理会员信访事项、道路交通争议、医患纠纷、合作投资矛盾等各类案例 120 多个，平均结案率达 80%以上，调解成功率达 98%。2023 年全国政协副主席、全国工商联主席高云龙前往调研并对其进行了鼓励和肯定。除此之外，河南省民办教育研究会人民调解中心作为全国首家省级民办教育社会组织获批成立的民事调停机构在开展法制宣传教育、维护民办学校合法权益、推进民办教育领域多元矛盾纠纷化解等方面发挥着重要作用。为解决层出不穷的医疗纠纷，维护良好的医疗执业环境，实现社会的稳定发展，郑州市医疗纠纷人民调解委员会坚持以事实为依据，以法律、法规、规章、医疗操作规范为标准，通过对当事人进行说服教育以及规劝疏导来达到相互谅解与平等协商的目的。

三　社会组织参与郑州法治社会建设面临的困境

经过近十年的发展，郑州市的社会组织已经逐渐走出了发展起步阶段，开始进入一个相对成熟和稳步发展的新时期，在法治社会建设中也发挥着越来越重要的作用。但是，总体来看，社会组织依然存在质量不高、成熟程度不够、组织程序不规范等问题，参与法治社会建设的潜力和活力还没有得到充分挖掘和发挥。

（一）社会组织参与法治社会建设认识还不到位

新时代社会治理现代化的目标和要求给法治社会建设带来了新的挑战。政府在面对法治社会建设的多样性、复杂性和艰巨性的多重境遇下，对社会组织参与的重要性和必要性认识还存在一定的偏差。面对社会需求与公共服务之间存在不平衡、不匹配的突出矛盾，对社会组织解决供需矛盾的作用还未形成正确的认识。面对线上线下公共事件此起彼伏，复杂社会环境特别是网络环境对社会治理的广泛冲击，对社会组织化解公共事务管理危机的能力认识不够充分。面对优化发展环境、防控重大舆情、提供政府决策参考等方面的急切需求，对社会组织在法治社会建设领域所能延伸的触角认识仍不到位。

（二）社会组织参与法治社会建设能力有待提高

在现阶段，机构不够规范、发展不够均衡、运营不够独立等状况，直接影响了社会组织参与法治社会建设的成效。首先，社会组织的准入门槛和标准不统一，使得规范管理难以落实，影响社会组织作用的发挥；其次，各地各级各类社会组织发展不均衡的现象突出，导致专业人才队伍不稳定，影响社会组织在承接政府职能等方面的效能发挥；最后，受长期政府管理体制的影响，社会组织参与社会治理的主动性、独立性相对缺乏，缺乏内生动力，不利于其功能的良性发挥。此外，社会组织缺乏运转有力的统一领导和高位协调，容易造成各项工作发力但乏力的“边缘化”情形；同时，监管机制不健全，公信力较差，部分社会组织因为自身结构性缺陷而发生处理社会事务不当、应对舆情失策的情况，影响了社会组织的形象，降低了社会组织的公信力。

（三）社会组织参与法治社会建设领域仍需丰富

虽然党和政府逐步实现了从社会管理到社会治理的理念转变，但长期形成的“大政府、小社会”模式，导致社会组织参与法治社会建设的领域受到限制。首先，参与的公共性有待强化。通常来说，社会组织的成立往往是围绕既定的目标，以服务特定人群为原则，在参与社会治理领域中公共性和社会化程度都有较大的局限。其次，参与的范围有待扩展。社会组织由于受专业领域的限制，仅能在有限范围内参与社会治理事务，无法在更多的服务领域贡献力量。最后，参与的程度有限。通常来说，社会组织受到独立性的约束，往往发育程度普遍较差，在参与社会治理的过程中，较难提供完善的公共服务，只有不断发展为平台型和枢纽型的社会组织才有机会更为深入地参与到法治社会的建设中去。

四　社会组织参与郑州法治社会建设的对策建议

随着社会治理体系的多元化发展，社会主体的参与性和诉求量都在与日俱增。与此同时，政府的职能权限也在发生深刻的变革，从“无限干预”“包办一切”转向“有限管理”“社会服务”。法治社会建设单靠政府一方的力量越发显得捉襟见肘，“真空地带”的产生不可避免，更遑论达到良好的治理效果。当前，法治社会建设不仅需要政府与社会组织合力而为，更需要社会组织独自发挥其积极作用。就当前社会组织参与法治社会建设出现的问题而言，应注重强化社会组织的主体地位，以共建共治共享的理念为指导，不断提升法治社会的治理水平，全力打造和谐的法治社会环境。

（一）提高站位，厘清社会组织参与法治社会建设的积极作用

法治社会建设从根本上来说就是要提升全社会的治理法治化效能，其中要充分利用社会组织的优势职能，为法治社会建设赋能。一是要强化政治认同，以党建为引领，积极倡导社会组织建立党支部，把党的建设作为社会组织建设的“第一抓手”和“红色引擎”，以高质量党建带动社会组织参与法治社会建设“加速度”发展。二是要加强思想认同，一方面推动政府简政放权，转换职能，开拓“小政府、大社会”的法治建设新格局；另一方面，则要推动全社会普法教育的再升级，以良好的社会认知营造法治社会建设软环境。三是要共创价值认同，价值理念的构建是推进社会组织积极参与法治社会建设的意识保障，应通过法治思想的传输、社会主义核心价值观的引领，鼓励社会组织开展有助于法治社会建设的公益教育活动。

（二）立足实际，加强社会组织参与法治社会建设的内在动力

当前，社会组织参与法治社会建设的内在动力不足，其主要原因在于社会资源的调配不均，严重影响了社会组织的参与积极性。这就需要充分利用市场调节的功能，以宏观调控为主要抓手，优化社会资源的合理分配，为社会组织争取到更多的发展能量和物质基础。一是要提升社会组织的运行水平，从社会组织自身地位作出精准评估，提供能够参与法治社会建设的机遇和平台。科学运用社会组织的内部资源，强化自身实力，提升开展公共服务的水准。二是要不断加强对社会组织开展活动、发挥效能的支持与扶持。作为非营利性机构，社会组织的生存往往会遇到诸多难题，这严重影响其在市场机制下的发展。鉴于此，政府应当根据公共服务的本质特征，以监管的角色协调好市场、政府与社会组织之间的关系，通过政策、制度等方面的布局为社会组织的发展提供完备的支撑。

（三）多方协同，完善社会组织参与法治社会建设的制度保障

制度保障是推动社会组织参与法治社会建设的重要着力点，社会组织作为社会治理体系中的主体之一，理应获得更为完善的制度保障，以突破当前发展中的桎梏，提升法治社会建设的参与度。一是要推动社会组织保有一定的独立性，社会组织作为社会治理的主体和法治社会建设的重要组成部分，只有实现与党政体系的权责分离，才能确保其依法行使自身的职能而不被外界所干预。二是要完善政府对社会组织的有效监管，按照程序与规定，政府部门要严格履行监管职责，保证社会组织提供依法依规的公共服务，通过信息公开制度，向公众反馈社会组织的职能权限。同时，在社会组织申报评审中，也要建立第三方评估队伍，对其资历、业务水平等内容进行客观评判，确保社会组织参与法治社会建设的公开性与透明度。三是要建立定期评估体系，通过相关部门对社会组织的工作绩效评审，不断规范社会组织的服务，进而提升公众满意度，塑造良好的社会形象。

（四）加强赋权，优化社会组织参与法治社会建设的治理环境

在新的历史时期，公众对民主、法治、公平、正义等方面的要求日益增长，社会参与意识越来越强。打造共建共治共享的社会治理格局，既是治理理念及社会整合方式的变革，又是顺应现实变化的结果。社会组织作为社会治理体系的主体，正是社会治理新格局下治理社会化的重要体现。在此过程中，社会组织不仅需要增强参与法治社会建设的意愿，更需要提高自身业务能力，通过与政府间的合作，寓管理于服务之中，有效保障公共服务的供给，实现法治社会建设的高质量发展。一是要划清责任属地，明确社会组织不是政府机构的延伸，也不是政府的对立物，它能够弥补政府公共服务的不足。做好政府的领导与监管工作，实现社会组织在法治社会建设中的作用发挥。二是要做好简政放权工作，创造宽松的制度及环境，防止行政挤压、减少不必要的干预，让市场利用自身的调节功能实现资源的优化配置。三是要软化社会组织的管理。社会组织不是行政体系的产物，而是在社会核心价值倡导下应运而生的。因此，促进社会组织发展，就要以软性管理为主，保障其在核心价值上的一致性，营造和谐的社会氛围，让民间解决方式充分发挥效能，弥补行政命令在社会建设中的不足。

参考文献

王名编著《非营利组织管理概论》，中国人民大学出版社，2002。

《高举中国特色社会主义伟大旗帜　为全面建设社会主义现代化国家而团结奋斗——在中国共产党第二十次全国代表大会上的报告》，中国政府网，2022 年 10 月 25 日，https：//www. gov. cn/xinwen/2022-10/25/content_ 5721685. htm。

B.13
信阳“三零”创建的实践成效及对策建议

李宏伟*

摘　要： 2021年9月在河南省平安建设工作会议上，楼阳生代表省委提出开展“三零”创建工作要求，此项工作以“零上访零事故零案件”为目标、为抓手、为检验标准，推进全省范围内村（社区）、企事业单位创建。信阳市在“三零”创建中推动“王”字形社会治理架构协调运行、优化“H”形基层社会治理数字化平台功能，通过弘扬新时代“枫桥经验”推进基层社会治理，实现了以“三零”创建助推基层社会治理工作上台阶、提质效。

关键词： 社会治理　数字化　矛盾纠纷　多元化

推进“三零”创建工作是深入贯彻习近平总书记关于平安中国建设的重要论述、努力实现本质安全的重大举措，是创造性践行新时代“枫桥经验”、提升基层治理能力的治本之策。信阳市以基层社会治理及市域平安建设为主要工作抓手，通过建立创建工作机制、激发创建主体活力、加强创建工作保障等方式，不断推进“三零”创建工作走向深入，深化基层矛盾纠纷化解，切实提升了基层社会治理能力，为法治社会建设打下坚实基础。

---

* 李宏伟，河南省社会科学院法学研究所研究员，研究方向为破产法、公司法、区域法治建设。

一　信阳市推进“三零”创建工作的典型做法

（一）推动构建“王”字形社会治理架构

信阳市结合创建工作特点和本地工作实际，打破从上到下一条线的传统工作模式，根据县、乡、村各级在创建工作中的职能划分，为各自设置相应工作目标，作为“参照线”，形成三级“横线”布局，同时设置“竖线”，为各级“横线”间的信息联络互通搭建连线，最终形成了由三级工作要求“横线”和一条信息通达“竖线”组成的“王”字形社会治理架构。

1. 坚持目标导向，压实县级创建“顶线”

通过创建工作一票否决、例会研判、事权下放等方式不断提高县级创建实施主体的工作能力。一是严格按照省定“三零”创建达标率，对低于达标率以及达标率下降或者发生重大事故、案事件的县区进行平安建设考核一票否决。二是坚持运用周例会制度，及时研判形势、交办重大矛盾和不稳定因素，落实领导接访、包案工作机制，帮助乡村解决创建中的疑难问题。三是围绕《信阳市党建统领基层治理工作方案》精神，减县增乡，事权下放，让乡村干部可及时解决群众身边事。

2. 抓住关键环节，做强乡镇创建“中线”

一是建立乡镇领导班子成员创建包村工作机制，明确任务、压实责任，同奖同罚、块抓条保。二是落实好周例会制度，对村（社区）难以解决的创建难题，及时进行责任交办，需要县级帮助解决的及时上报。三是整合综治中心、派出所、司法所、信访办、法庭等基层治理力量，推动乡级综治中心实体化，实现问题收集、研判、管理、交办、督办、培训、上报等工作职能的集中。

3. 激发主体活力，做实村（社区）创建“底线”

一是简明界定矛盾排查主要内容，使村干部知道干什么、怎么干，依托数字治理体系，对矛盾纠纷类、安全生产类、重大不安全类等矛盾问题开展排查上报。二是实行村干部包片到户、矛盾纠纷一周一排查工作机制，做到首问负责、及时解决。复杂问题提交村（社区）周例会集中研判，及时交办、全力解决、跟踪问效。三是建立与创建密切关联的事权、补贴结构，严格奖惩，激发村级干部创建动力，把矛盾纠纷解决在本地，确保小事不出村、大事不出乡。

4. 治理机构运转，做畅联动指挥“竖线”

强化三级创建主体之间的上下级联动贯通，提升信息传递交换效率。通过构建“横向联动、纵向贯通、数字支撑”的联动指挥体系，推动县区社会治理中心、乡镇（街道）社会治理室、村（社区）网格工作站常态化运行，确保上下贯通、执行有力。创建工作进程中，信阳市积极与国内头部科技研发公司合作，设计打造社会治理平台，推出“信服通”手机 App，实现社会治理及“三零”创建有关信息的及时上报、受理和解决。

（二）强化措施、细化责任，以公安警力下沉根本性降低案件发生率

1. 强化党建引领，提升基层治理能力

一是坚持以党建引领基层治理为原则，推进社区警务与基层党建相融合，创新“警官+村干部”模式，最大限度地发挥社区警务在基层社会治理中的积极作用，推动解决基本民生问题，一时不能解决的，协调相关部门或上报当地党委、政府解决，进一步融洽党群关系、警民关系，夯实公安工作基层基础。二是结合信阳本地实际，以基层需求为导向，以补短板、强弱项为主要目的，在市公安局直属部门支援帮扶派出所的基础上，充分发挥县分局各警种业务优势，有针对性制定完善本单位工作方案，力求做到“优势互补、能力叠加”，实现“1+1>2”的协同效应，切实提升派出所主防能力。三是坚持“警力有限、民力无穷”的理念，按照公安部、河南省公安厅关于“打造专群结合的社区警务团队”的具体要求，积极联系群众、团结群众、发动群众，以“转作风、强基础、化矛盾、保民安”为工作目标，大力推动探索多种形式的警务团队建设，着力实现“民警得提高、群众得实惠、治安得稳定”的

良好效果，进一步提升派出所基层治理能力。截至 2023 年 8 月，信阳市共组建 1690 个社区警务团队，共有警务团队成员 8486 人。[①]

2. 持续加大矛盾纠纷排查化解力度，控稳矛盾纠纷源头保证少发案

一是全面走访摸排。充分发挥“一村（格）一警”机制优势，结合信阳市正在开展的争当优秀社区民警、优秀社区辅警“双争”活动，积极发动社区民辅警、网格员、调解员、治安员、社会工作者、平安志愿者等力量深入辖区，集中开展矛盾纠纷排查化解。围绕婚恋、邻里、房产、征地等重点领域“纵向到底、横向到边”梳理排查，对线索信息进行整理研判，确保各类矛盾纠纷应排尽排。二是积极联动共治。加强公安机关与乡镇（街道）综治、司法等部门的沟通，对排查发现的矛盾纠纷，与有关部门、组织等联动调处，充分发挥“警法联调、警调对接”等机制优势，按照“一事一策”方式落实调处化解措施，切实将矛盾纠纷化解在萌芽状态，严防“民转刑”“刑转命”案事件发生。三是建立长效机制。在当地党委、政府和综治中心的统一领导下，建立与党建引领基层治理专班和综治中心对接机制，严格落实矛盾纠纷排查调处协调会议制度，加强信息互通，实现信息上下流转，全面掌握各类不稳定因素，及时推送辖区派出所跟踪排查，做好精准预测和预防跟踪。2021 年以来，信阳市公安机关共出动警力 10 万人次，走访群众 30 万人次，共排查各类矛盾纠纷 81239 起，化解 80952 起，化解率达 99. 65%。[②]

3. 牢固树立“部分案件可防可控”的工作理念，强化治安要素管控，最大限度降低可防性案件发生率

一是建立健全重点部位定点执勤、特警屯警街面移动备勤、人员密集场所高峰勤务巡逻机制，加强政务中心区、商业繁华区、公交车站、学校、医院等人员密集场所的巡逻防控，提高见警率，增强震慑力。严格落实校园周边“高峰勤务”和“护学岗”工作机制，推动学校配齐配强保安员，配备

---

① 数据来源：根据信阳市公安局“三零”创建阶段性工作报告整理。

② 数据来源：根据信阳市公安局“三零”创建阶段性工作工作报告整理。

“一键报警”和视频监控系统，指导学校建立健全安全管理制度。加强智慧安防小区建设，充分运用视频监控、人脸及车辆识别等科技手段，及时预警高危人员、异常情况，迅速盘查核录、依法稳妥处置，以空前高压态势减少、挤压犯罪分子作案机会、空间。二是积极推广实名认证、流向登记、异常预警等信息化管理手段，落实企业、单位安全管理主体责任，强化对枪支弹药、管制器具、民爆物品、烟花爆竹、散装汽油、易制爆危险化学品、易制毒重点物品等源头管控和流向管控，严格购买、销售、仓储、运输渠道和使用环节治安管理。严管寄递物流业，严格落实“三个 100%”制度。三是全面加强对重点人员的动态管控，逐人建立台账，确保工作到位，严防发生造成严重后果的重特大刑事案件。对存在激化升级苗头、可能引发个人极端暴力案事件的矛盾纠纷，坚持“一事一方案、一人一专班”，配合当地党政机关及时研究采取有针对性的化解稳控措施。四是积极落实电信诈骗受害人见面劝阻工作。针对电信诈骗手段隐蔽、受害人认知受限等情况，信阳市公安局党委作出“社区民警既要做好反诈宣传，又要在接到预警指令后第一时间见面劝阻，捂紧百姓钱袋子”的指示，将电诈劝阻工作纳入社区警务，使之快速见效。为此，信阳市公安局下发了《关于在社区警务工作中进一步加强反诈宣传　做好见面劝阻工作的通知》，对该项工作进行安排部署。工作开展以来，全市共对 2519 名受害人进行见面劝阻，为群众挽回损失 1337 万余元。①

4. 提升“严打”精度，挤压违法犯罪生存空间

一是多渠道融合大数据资源，通过对海量数据的分析研判，加强对新型犯罪规律特点的探索研究，提出有针对性的打击对策，为实战提供办案思路，精确指引、精准支撑。二是建立健全“公安+”联动共治机制，会同街道、综治、城管等部门，对辖区网吧、酒吧、旅馆等治安复杂场所，开展集中清查整治行动，有效遏制违法犯罪行为。三是建强市县两级专业力量，严打“接触式”盗抢骗犯罪，严打电信网络诈骗犯罪，对跨区域、流窜、系

① 数据来源：根据信阳市公安局“三零”创建阶段性工作报告整理。

列案件开展深度打击，实现以专业化队伍打击职业化犯罪。四是针对群众反映强烈的偷盗牲畜、街面扒窃等侵财类案件，探索小案快侦快破机制，确保快受案、快侦办、快破案、快挽损；强化小案的串并侦办机制，达到“破一案，带一串”的裂变效应，提升群众安全感。五是以打防犯罪“砺刃”行动为抓手，建立案件集中攻坚、案情集中会商、战法集中研讨机制，对严重刑事犯罪、暴力犯罪快侦快破，对侵害妇女、儿童、老人等犯罪严惩严处，对“食药环森”等民生案件打深打透，有效挤压违法犯罪生存空间。2023 年上半年，信阳市公安机关共化解矛盾纠纷 6445 起，有效防范了“民转刑”“刑转命”案事件的发生，刑事案件同比下降 13.93%，新发命案同比下降 33.30%，传统盗抢骗等可防性案件同比下降 14.89%。[①]

（三）以“无访村”创建为引领，加强基层社会矛盾化解

一是落实“四有”（有苗头就立即解决、有情绪就及时疏导、有矛盾就积极化解、有缺失就认真弥补）工作要求，聚焦源头治理。信阳市聚焦矛盾纠纷化解源头治理，落实“四有”工作要求，前移矛盾排查化解防线，持续健全“网格化+党员联户”矛盾化解机制，特别是重点强化基层党员干部、社区网格员和村干部“前哨”作用，提前发现矛盾、解决纠纷，减少信访问题发生。结合全市“三服务”（服务企业、服务群众、服务基层）大比武活动，变群众上访为干部下访，县乡两级千名干部带着感情谈心、厘清问题谈事、求实问效谈法，把信访工作做到群众家门口。积极推广新县“一站式”综合调解平台建设经验，构建“市县有矛调中心、乡有调解平台、村有调解室、组有调解员”的矛盾调处化解机制，选聘一批调解员和评议员，实现“诉调对接”“访调对接”。二是完善信阳信访“四信”工作模式，推动信访问题“事心双解”。树牢“办信访就是办民生、办信访就是守民心”工作理念，持续打造以“夯实‘信念’基石、提升‘信任’指数、培育‘信理’风尚、引领‘信法’自觉”为主要内容的信访“四信”

① 数据来源：根据信阳市公安局“三零”创建阶段性工作报告整理。

工作模式，推动信访问题“事心双解”。把工作重心放在提升信访事项化解质效上，提高一次性化解率和群众满意率，打好专项治理收官战。三是学习“浦江经验”，持续加大疑难案件化解力度。信阳市委主要领导担任工作组组长，以市委、市政府“两办”名义印发化解方案，推动市级领导干部带头包县区、包案件，按照“1+1”（“市级领导+属地或部门主要负责人”）工作模式，上下联动，推进沉积旧案、难案矛盾纠纷实质性化解。

（四）探索以地方立法建立安全应急机制确保“零事故”

信阳市人大常委会依托设区市的地方立法权限，以地方立法的形式确定每月最后一周的星期一为“全市安全日”，全市机关、企业事业单位和其他社会组织要在“全市安全日”根据月度工作重点及安全风险形势研判，广泛开展不同主题的抢险救援、逃生疏散演练，提升应急处置安全能力，增强居民和单位职工安全意识，规范安全行为。全市建立月考评通报机制，突出行业指导，紧密结合“支部联支部”活动，促进“全市安全日”应急演练制度落地落实，人民群众广泛参与，营造浓厚的安全文化氛围。

通过市级统领，出台了《关于加强基层应急管理体系和能力建设的实施方案》，明确乡镇（街道）“1+4”和村（社区）“1+3”应急体系建设，把安全劝导、宣传教育、打非治违、风险排查、隐患报告等工作融入基层网格，打通灾害预警、安全提醒、紧急避险“最后一米”。市政府印发《2023年度信阳市基层应急管理能力提升实践活动工作方案》，根据方案对全市3484名基层安全员开展应急能力提升大轮训，通过理论和实践教学，进一步提升基层安全员风险防范、事故隐患排查和应急处突能力。①

（五）“数治”保障助力“三零”创建，提升基层社会治理水平

一是抓住党建引领基层社会治理“数字赋能”契机，以开发“三零”创建App“信服通”为切入点，全过程参与软件的设计和应用。依托党建

① 数据来源：根据信阳市应急管理局“三零”创建阶段性工作报告整理。

引领基层社会治理数字化平台“三零”创建板块，按照“一键上传，分级处置”机制，通过事件上传—研判—交办—处置—评价等环节，推动群众的线下问题在线上得到高效处置解决。二是完善信息化支撑，畅通信息渠道。探索优化“H”形基层社会治理数字化平台功能，开发县、乡、村三级数字化平台。将“12345”和“12340”民情服务热线平台进行融合，“12345”实现基层信访、安全案件及苗头性事件及时上传，“12340”主动下访，实现重要信息主动发现，畅通“三零”相关案件上传及发现渠道，及时沟通解决，防止矛盾久拖不决。

二 信阳市“三零”创建引领基层社会治理取得的主要成效

（一）基层矛盾纠纷源头性化解的工作方法不断创新

信阳市通过不断探索“听民声、察民情、解民忧”的创新工作理念，形成有效机制，持续深入开展“三零”创建工作。全市公安机关坚持“警力有限、民力无穷”理念，采取多种措施有效团结基层治理群众力量，实现了“民警得提高、群众得实惠、治安得稳定”的良好效果。光山县仙居乡张湾村深入探索“板凳商议会”干群协商议事机制、息县路口乡弯柳树村创新用好“树下茶会”，村干部与网格员利用群众茶余饭后时间，与其围坐在一起，把“群众来访”转变为“到群众中去”，在轻松氛围中掌握了基层情况。淮滨县党建引领“三零”创建“揭榜挂帅”模式，充分调动了党员参与基层社会治理积极性。罗山县、淮滨县以“无讼村”“无访村”创建工作为抓手，做好源头预防和前端调处，最大限度实现了“小事不出村、大事不出镇、矛盾不成讼”。

（二）深入基层开展矛盾纠纷化解的工作作风持续向实

通过“三零”创建工作的持续开展和不断深入，真正为群众解难题、化解矛盾纠纷促和谐、扎实做好安全防范的工作作风得到进一步落实。从市县（区）到乡（镇）村（社区），主要领导作为本地本部门维护和谐稳定的第一责任人，积极部署并参与“三零”创建工作。各地探索建立“信访超市”工作模式，让群众解决矛盾纠纷和困难问题只进一扇门、只跑一地，为群众提供专业化的“一站式”矛盾纠纷调解服务，推进矛盾纠纷实质性化解。市公安局领导班子敢于担当，根据“三零”创建工作需求调整业务考核指标体系，由专业警种实施犯罪打击，基层派出所民警“背包入村”，由“下社区”变为“在社区”，真正回归基层社会治理职能。截至 2023 年 8 月，信阳全市公安机关已有 167 名机关民警主动下沉社区担任社区民警，组建“社区警务团队”，服务基层群众。①

（三）联系群众工作能力更加过硬

通过建立健全综治中心工作人员培训考核机制，重点突出数据平台应用，采取“线上+线下”“授课+实操”等方式，分批分层推动综治、网格培训全覆盖，切实增强了基层综治工作人员实操能力。充分运用数字化赋能基层社会治理，在基层社会治理数字化平台的信息化支撑下，落实“一键上传，分级处置”机制，发现“三零”创建和社会治理问题线索的能力不断提升。截至 2023 年 8 月，全市共录入“三零”事件 26158 件，结案 25754 件，结案率 98.5%。②

（四）基层社会治理工作保障更加有力

全市公安机关对下沉基层的社区民警和社区辅警，打破警衔及职务晋升传统，对表现优秀、群众反响良好的社区民警，突破非领导职务无法晋升高级警长的传统，为基层民警保留上升通道。罗山县以打造“逢五研判、一站调处”“三零无讼”等创建品牌为载体，建立“积分换项目”机制，每年

① 数据来源：根据信阳市公安局“三零”创建阶段性工作报告整理。

② 数据来源：根据信阳市委政法委“三零”创建阶段性工作报告整理。

整合各部门资金用于奖励积分排名前50的村（社区）实施相应额度的工程项目。2023年以来，信阳市公安局克服经费紧张困难，投入720余万元，为派出所和警务室购置了21项5693件装备设施，统一发放给基层一线单位。[①] 对市公安局“双争”活动每季度评选出的优秀社区民警、辅警，每月给予工作经费奖励，进一步鼓舞了士气、激活了战斗力。

三　“三零”创建工作的不足及对策建议

（一）信阳市“三零”创建中仍然存在的一些问题和不足

一是某些上访群众信“访”不信法，不相信法定程序的传统观念还未转变。缺乏信访数据信息共享机制，越级上访、多头信访导致重复交办、工作重叠、化解效率低下，造成大量的人力物力财力浪费。二是基层社会治理中的资金保障还需要进一步加强，社区辅警、调解员、网格员及其他矛盾纠纷调解化解力量，因为没有公职人员身份缺乏社会保障和职业保障，一些创建工作相关人员仅靠本地筹措资金不定时发放补助，工作干劲不足，容易懈怠，也不便于实施考核。三是社区警务团队建设中存在形成合力难问题，公安民警虽然是社区警务团队的核心力量，但是因为没有对村（社区）工作人员等团队组成人员的考核抓手，无法有效形成工作合力。四是对“三零”创建牵头部门之外的单位考核不够，导致这些单位在发动宣传、建立矛盾化解机制等方面动力不足，矛盾纠纷或案件源头控制力度不够。五是多头考核导致的考核指挥棒作用指向不明。地方党委、政府对各创建牵头单位重点考核“三零”创建相关指标，与公安、信访、应急管理等系统考核指标相冲突。特别是公安系统的业务考核指标主要重点还集中在犯罪打击上，而“三零”创建考核指标更多体现在治安管控及预防方面，考核指标的相互冲突导致其无法发挥工作指挥棒作用。

① 数据来源：根据信阳市公安局“三零”创建阶段性工作报告整理。

（二）进一步提升创建工作能力水平的对策建议

一是坚持党建引领，以党建推进基层社会治理。充分发挥党委领导核心作用和基层党组织战斗堡垒作用、团结带领作用。地方党委确定“三零”创建工作方向，明确工作要求。基层党支部发动群众，团结一切党员和群众力量，发挥好“五老”、“七员”、新“乡贤”等群体在基层社会治理中的重要作用。二是完善工作机制，持续畅通矛盾纠纷解决渠道。发挥好基层网格员、人民调解员等群体作用，运用好基层社会治理数字化平台“三零”创建板块、手机 App，不断完善“一站式”纠纷解决机制、“三零”信息上报及发现机制等工作机制，实现信息传递通畅、纠纷解决顺畅，不断消化矛盾纠纷等社会不稳定因素存量，控制增量。三是抓牢创建真正主体，持续发动群众力量。“三零”创建目的是人民群众的安全感满意度提升，同时也是运用“枫桥经验”，以村（社区）自治为基础，充分发动群众，运用群众的无穷力量实现各项工作的突破提升。“三零”创建中的群众工作路线以及好的群众工作经验，也要坚持运用在其他工作中，全面提升党员干部做群众工作能力水平。四是优化考核指标体系，有效发挥指挥棒作用。省级层面统筹协调“三零”创建等基层社会治理考核指标设定，在各业务部门考核指标和党委、政府考核指标中找到平衡点，防止二者考核关键指标的冲突，真正形成创建工作合力。

B.14

偃师法院创建“枫桥式人民法庭”的实践与探索

高亚飞　杨昊乾*

摘　要：　2023 年是纪念毛泽东同志批示学习推广“枫桥经验”60 周年暨习近平总书记指示坚持发展“枫桥经验”20 周年，缑氏人民法庭坚持贯彻落实总书记指示精神，大力发扬“枫桥经验”，在创新基层人民法庭服务模式，推动“立审执一体化”建设，推动“一庭三室 N 站点”建设上提供创新思路，在锻造过硬人民法庭队伍、科技赋能建设“共享法庭”、设立“枫桥服务站”、打造“一站式”诉讼服务体系上开展新探索。

关键词：　枫桥式人民法庭　枫桥经验　立审执一体化　共享法庭

习近平总书记强调，坚持把非诉讼纠纷解决机制挺在前面，从源头上减少诉讼增量；① 要推动更多法治力量向引导和疏导端用力，完善预防性法律制度，坚持和发展新时代“枫桥经验”。② 习近平总书记的重要论述为抓实抓好诉源治理提供了强大思想武器和科学行动指南。

洛阳市偃师区人民法院缑氏人民法庭位于洛阳市偃师区缑氏镇，负责审理所辖缑氏、府店两个乡镇的民商事案件以及院党组交办的其他工作任务。

---

* 高亚飞，洛阳市偃师区人民法院党组成员、副院长；杨昊乾，洛阳市偃师区人民法院一级科员。

① 《坚持把非诉讼纠纷解决机制挺在前面》，“人民网”百家号，2020 年 1 月 9 日，https://baijiahao.baidu.com/s?id=1655215813802101234&wfr=spider&for=pc。

② 《以新时代“枫桥经验”推动刑事审判工作高质量发展》，《人民法院报》2022 年 7 月 9 日。

辖区共有53个行政村、177个自然村，总面积208平方公里，总人口13.4万人。缑氏人民法庭是偃师距离城区最远、辖区人口最大、案件量最多的法庭，但缑氏人民法庭仅配备一名员额法官，故案多人少矛盾异常突出，为了缓解案多人少的情况，减少诉讼案件量，减轻群众诉累，切实发扬新时代“枫桥经验”，缑氏人民法庭以习近平法治思想为指导，立足人民法庭处于服务群众、解决纠纷第一线特点，融合基层治理体系全资源全力量、贯穿矛盾纠纷发生全周期全过程，创新构建“一庭三室N站点”诉源治理新机制，将法庭建设与诉源治理、民生权益保障紧密融合，推动辖区矛盾纠纷和案件数量出现历史性“拐点”。2022年以来，缑氏人民法庭依托“一庭三室N站点”建设，指导村干部、网格员、民调员诉前化解各类矛盾纠纷120余件。2022年，法庭新收案件403件，较2021年减少100件，同比下降19.88%。之所以能取得以上成效，主要在于偃师法院缑氏人民法庭在大力发展“枫桥经验”方面开展了卓有成效的实践探索。

一 坚持党建引领，锻造过硬人民法庭队伍

缑氏人民法庭始终把加强政治理论学习摆在自身建设的首要位置，深入学习习近平总书记关于“枫桥经验”的系列重要指示精神，不断增强“四个意识”、坚定“四个自信”、做到“两个维护”，坚决拥护“两个确立”。在审判工作中贯彻落实习近平法治思想，坚持以人民为中心，深刻把握人民法庭处于服务群众、解决纠纷第一线与守护公平正义最后一道防线的辩证统一关系，有效发挥桥梁、窗口作用。

法庭庭长充分发挥党员先锋模范作用，每周五下午组织全庭干警召开周例会进行业务学习与政治学习。党的二十大召开以来，迅速开展二十大报告精神专题学习，在个人自学的基础上，先后组织集中学习研讨2次，全庭干警每人撰写学习笔记、心得体会24篇。法庭干警到辖区抗日十三无名烈士陵园、八路军豫西抗日独立支队司令部旧址等红色革命教育基地开展主题党建活动，传承红色基因，赓续精神血脉，汲取奋斗力量。

二　坚持能动司法，多措并举融入基层治理

坚持把法庭工作置于地方党委、政府工作大局中谋划和推进，主动服务党委、政府中心工作。认真开展“三清两建”“四官服务”活动，先后就美丽乡村建设、问题楼盘处置、府店镇南部山区治理等工作发挥自身专业优势，向党委、政府建言献策，推动依法依规解决问题。

在“三清两建”过程中，缑氏人民法庭办理一件土地租赁合同纠纷案件，为更好起到“审理一案，教育一片”的效果，缑氏人民法庭决定对该案件采取巡回审判的方式进行庭审，基本案情如下。2013 年 10 月 15 日，被告张某与原告柏谷坞村第 2 村民小组签订一份土地承包合同，承包 2 组机动地 20 亩用于生产经营活动，租期 15 年，承包金每亩每年 800 元。2014 年 2 月 4 日，被告向原告支付地租 20000 元，之后 7 年的地租，经原告常年催要，被告一直推托不付。原告诉至偃师法院，要求解除双方签订的土地承包合同，被告支付所欠地租 112000 元等。在巡回审判时，时任缑氏镇党委副书记、包村领导宫延卫带领镇党委、政府工作人员，缑氏派出所教导员张要克带领派出所工作人员，柏谷坞村四官服务队全体成员，柏谷坞村三委干部、村民小组组长、党员代表及群众代表等 60 余人现场旁听了庭审。庭审中，高亚飞法官认真倾听双方的辩论意见，准确地归纳双方争议焦点，经征求原、被告及第三人的意见，各方均同意调解，法庭随即进行现场调解。高法官用通俗的语言耐心细致地向双方讲解法律的相关规定，经过一个小时的释法明理后，最终，双方当事人达成了调解协议。双方在调解协议上签字后，高法官当场向旁听群众宣布了调解结果。听到这一长达 7 年的纠纷彻底解决后，村民们纷纷鼓掌庆祝，并对这次结果表示满意。柏谷坞村后续在“三清两建”过程中，共有该类案件 20 余件，均未进入诉讼程序，均在诉前就达成了调解，该案例也被缑氏镇人民政府采纳作为“三清两建”典型案例进行宣传，依靠该案例解决了一批租地纠纷。

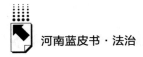

2021 年以来，缑氏人民法庭坚持精细化办案，有针对性建言献策。2023 年，缑氏人民法庭对 2022 年辖区缑氏镇、府店镇两个乡镇的案件形成了数据分析，就案件多发量和措施建议，结合无诉村、无访村建设，先后发送司法建议书 2 份，司法审判白皮书 2 份，促进基层治理精细化精准化。

三　推动共建共治，将民生问题解决于萌芽

（一）科技赋能建设“共享法庭”

为主动融入党委领导的基层矛盾化解大格局，缑氏人民法庭积极探索依托智慧法院平台，打造“综治+法庭+网络”的“共享法庭”。通过“一屏一线一终端”，实现“村—镇—法庭—法院”四级互联互通，具备网上立案、在线诉讼、在线调解、普法宣传、辅助送达执行、群众参与基层社会治理六大功能，实现辖区 53 个行政村司法服务网格全覆盖，让人民群众在家门口享受智能司法服务。有效促进实现“抓前端，治未病”。

“共享法庭”工作机制内容如下：一是对于矛盾双方属于同一行政村的，由该村民调员首先在村内进行调解；二是对于矛盾双方不属同一行政村的，由府店镇综治中心召集相关村的民调员组织当事人到“共享法庭”进行调解；三是若通过调解仍无法化解矛盾，有起诉、信访隐患，或者需要法庭提供法律咨询的，由镇综治中心将该类矛盾纠纷进行汇总，与法庭进行对接，通过视频会议的形式进行线上“云调解”或者在“共享法庭”进行线下调解；四是对于矛盾纠纷争议较大，无法调解或者当事人不同意调解的，通过“共享法庭”引导当事人进行网上立案，通过诉讼程序解决；五是对于已经进入诉讼程序的案件，当事人因种种原因无法到法院（法庭）参加庭审的，可以通过“共享法庭”网络平台在线开庭；六是建立工作台账，对通过“共享法庭”化解的矛盾纠纷，形成书面材料，制作卷宗整理归档；七是“共享法庭”各成员单位定期召开碰头会，研究布置工作，分析总结问题，不断提升“共享法庭”工作质量。

1. “共享法庭”典型案例之一：疫情防控不害怕，云端普法不停歇

在2022年，面对常态化疫情防控形势，缑氏人民法庭全力打造升级版“共享法庭”，通过现代化信息技术手段，与村镇、学校、企业互联互通，实现网上立案、在线诉讼、在线调解、群众参与基层社会治理等功能，线上线下双向互动，让数据多跑路，让群众少跑腿，提供一站式、全方位、零距离的司法服务。2022年5月7日，高亚飞庭长坐在“共享法庭”办公室，依托“共享法庭”网络平台，为府店镇西管茅村小学全校师生上了一堂别开生面的法治课。在屏幕的一端是在法庭的高亚飞庭长以及杨昊乾助理，在屏幕的另一端是一个个学生，学生们通过远程视频的方式现场旁听了由高亚飞负责的一件民事案件的庭审。庭后结合庭审情况，高亚飞向同学们介绍了人民法院以及基层人民法庭的基本职能，相隔屏幕，法庭工作人员与学生进行了互动，双方交流了问题。实现了让数据多跑路、让普法不停歇的创新模式。

2. “共享法庭”典型案例之二：“共享法庭”联网格，云端普法进乡村

每年的12月4日是我国的国家宪法日。2022年疫情期间，为弘扬宪法精神，普及宪法知识，使人民群众成为宪法的忠实崇尚者、自觉遵守者、坚定捍卫者，在第9个国家宪法日来临之际，缑氏人民法庭利用“共享法庭”网络平台，通过“一屏一线一终端”，联合辖区缑氏、府店两个乡镇的综治中心，组织两个乡镇全部53个行政村的网格员，开展了一次线上国家宪法日普法宣传活动。法庭庭长高亚飞结合宪法的主要内容、设立国家宪法日的重要意义、习近平总书记关于宪法的重要论述以及党的二十大报告，为辖区网格员上了一堂形式新颖、深入浅出的“云端法治课”。法官助理杨昊乾通过“法庭+村镇”微信工作群，将宪法相关学习资料发送到辖区两个乡镇53个行政村的347名村干部、548名村民小组组长的手机上，通过农村骨干力量，最大限度地辐射辖区13.4万名老百姓。国无法不治，民无法不立。国家宪法日活动的开展，让辖区百姓进一步感受宪法、了解宪法，增强法律意识，提高法律素养，加强维护自身合法权益的能力，在全社会形成良好的法治氛围。

（二）庭所联动实质化解纠纷

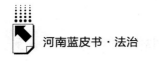

缑氏人民法庭利用“一庭三室 N 站点”与辖区缑氏、府店、佛光三家派出所深度互联互助，在三家派出所建立“法庭驻派出所调解室”，通过“共享法庭”平台，将派出所和法庭无法单独化解的矛盾进行汇总，整合两方甚至多方力量对该类矛盾进行集中化解。

1. 庭所联动化解积怨

“六防六促”专项行动开展以来，动员多方参与，强化矛盾联调，以多元化解促和谐、保民安。2023 年 8 月 31 日，在缑氏人民法庭、缑氏派出所等多方的共同努力下，成功化解一件长达十几年的由宅基地问题引起的邻里纠纷，最终使双方尽释前嫌、握手言和。

下面分析一下基本案情。洛阳市偃师区缑氏镇官庄村李某甲与李某乙两家系邻居关系，因宅基地问题发生矛盾纠纷，双方纠缠数年未能解决。后两家矛盾升级为治安案件，双方均报警至缑氏派出所。缑氏派出所接警后，依法依规对治安案件进行了处理。同时，考虑到两家矛盾的根源在于宅基地问题，如果宅基地问题不解决，双方可能还会发生新的纠纷，甚至发生恶性事件，有“民转刑”的风险隐患，又鉴于宅基地问题属于民事范畴，由司法机关出面协调解决更为专业，缑氏人民派出所所长杨继辉当即启动“庭所互派互驻联动机制”，联系了缑氏人民法庭庭长高亚飞，沟通了案情，邀请法庭提前介入，共同化解该起事件。经过前期了解情况、沟通研判，8 月 31 日上午，在缑氏人民法庭驻缑氏派出所调解室，缑氏派出所牵头，缑氏人民法庭主持，又联合缑氏镇司法所、土地所、官庄村委会，组织双方当事人进行调解。经过释法说理、背靠背调解，双方于当天下午两点终于达成一致意见。法庭现场起草了协议书，各方签字确认，并当场履行。一件纠缠数年的矛盾纠纷彻底化解，双方握手言和。

2. “焦麦头天”高效调解，庭所联动为民解忧

“高庭长，李庄村发生一件由租种土地引发的矛盾纠纷。李某准备收麦，收割机都进地了，同一村民小组的吴某拦住不让收，要求把之前所欠的犁地

钱、化肥钱4300余元偿还后才能收麦，但李某认为双方存在其他纠纷，不应给吴某那么多钱。双方都报了警，公安出警没有解决，需要法庭协助调解。现在收割机还在地里等着，天气预报晚上有雷阵雨，明后两天还有雨。本来今年因为‘烂场雨’，小麦已经出现发芽、发霉现象，如果今天这事再说不住，不能尽快收割，这几十亩小麦可就彻底完了。”2023年6月11日中午12点半，洛阳市公安局偃师分局缑氏派出所教导员李高攀给洛阳市偃师区人民法院缑氏人民法庭庭长高亚飞打来电话。“这两天天气好，正是麦收的关键时期，这是老百姓目前的头等大事，可不敢耽误。咱们立即启动庭所联动调解机制，组织双方进行调解。我现在就从家里出发，你们先吃饭，吃完饭在所里等着我。”周日中午，正在家吃午饭的高亚飞作出回复。情况紧急，高亚飞快速吃完午饭后，顾不得休息，立即从家里驱车赶到缑氏派出所。下午两点，在缑氏人民法庭驻缑氏派出所调解室，高亚飞、李高攀组织双方进行调解，听取双方意见后，高亚飞发现双方矛盾始于上年秋收，争议数额虽然不多，但纠纷时间较长，双方在一条街上住，这次发生冲突主要是为了置气，都不想“低人一头”。因此，高亚飞把调解重心放在“攻心”上，并邀请缑氏镇人大代表以及与双方都熟悉的乡贤一起参与调解。经过释法说理、背靠背做工作，双方于下午四点达成协议，李某支付吴某各项费用共计3500元，并当场履行完毕。调解协议签订后，高亚飞、李高攀又跟着双方赶到麦地，现场保障收割机进行了作业。下午五点半，小麦全部收割完毕。吴某收回了欠款，李某顺利收麦，焦麦头天的这一矛盾纠纷得以圆满、高效的化解。

（三）设立“枫桥服务站”，架起服务群众“连心桥”

为切实服务群众，将法庭的服务触角延伸至基层社会治理的方方面面，打通服务群众的“最后一公里”，实现司法服务零距离、全覆盖，切实发扬新时代“枫桥经验”，全面助力乡村振兴，缑氏人民法庭在辖区53个行政村设立“枫桥服务站”，实现司法服务网格全覆盖。“枫桥服务站”设在各行政村的村委会，由各村网格员（民调员）进行日常管理。遇到矛盾纠纷需要法庭配合解决时，由网格员组织矛盾双方在服务站内通过“共享法庭”

网络平台进行视频调解、释法说理。同时，服务站也是法庭开展巡回审判的办案点，让人民群众在家门口就能享受一站式、智能化、便捷化的司法服务。设立"枫桥服务站"是缑氏人民法庭大力发扬新时代"枫桥经验"，深度参与基层社会治理体系，在打造"一庭三室"（在非法庭驻地的府店镇设立"共享法庭"，在法庭驻地的缑氏镇设立综治中心驻法庭调解室、派出所驻法庭警务室、法庭驻派出所调解室）的基础上，积极探索"综治+法庭+网络"这一矛盾纠纷多元预防化解新模式的又一创新举措。通过"枫桥服务站"，实现法庭与辖区各行政村之间的线上线下双向互动、互联互通，互相借力、形成合力，共同做好矛盾纠纷的诉前化解工作。紧紧依靠农村党支部、村委会，紧紧依靠老百姓，把矛盾排查在诉前，把纠纷解决在诉前，努力实现"小事不出村、大事不出镇、矛盾不上交"。

到村委见法官，讲法说理化矛盾。自从建立了"枫桥服务站"后，网格员们化解不了的矛盾都会在网格员工作微信群中进行上报。2022 年 6 月 17 日，又是一个普普通通的周五，法官助理杨昊乾将一周收集的矛盾纠纷进行汇总，要集中通过"共享法庭"平台进行化解。府店镇府南村的村委会里，村民李某和村民吴某因为邻里纠纷已经不知是第几次到村委会进行调解了，但这次与以往不同。"听说今天法官来村里给咱调解嘞，我倒要好好让法官评评谁有理，法官啥时候到，让我去迎接迎接。"村民李某对网格员说到。网格员笑着回复："不是真人来，是要通过视频形式进行调解。"自从建立了"枫桥服务站"，每周五这样的场景都会重复发生在缑氏人民法庭辖区各个村子里。从 2022 年 5 月下旬至 2022 年 8 月初，缑氏人民法庭配合辖区 53 个行政村的网格员共同化解矛盾纠纷 60 余件，一大批矛盾纠纷被化解在基层，消灭在萌芽状态。2022 年 7 月，缑氏人民法庭新收案件 26.0 件，较 1~6 月份月均收案 50.5 件，减少 24.5 件，降幅达到 48.5%。

四　打造"一站式"诉讼服务体系，切实减轻群众诉累

缑氏人民法庭积极探索"立审执一体化"新模式。"立审执一体化"，

是指案件从立案、审判到执行，全流程在法庭内由不同的专业团队完成，由法庭为人民群众提供“一站式”“全流程”的诉讼服务。立案环节，引导当事人运用诉前保全、诉前调解等机制，积极化解纠纷于案前；审判环节，综合考虑案件执行，积极从有利于案件执行角度出发依法裁判，提升案件调解率和当庭履行率；执行环节，在“立审执一体化”运行模式下，法庭对案件一管到底，打破部门“各管一段”心态。一是坚持“一体”与“分离”相结合。法庭对受理的案件，对外自审自执；对内审执适当分离，即审判和执行法官相分离，确保司法公正。二是坚持审判执行一体化理念。在“自审自执”模式下，将可执行性作为案件评查重点内容，促使审判法官将执行理念贯穿审判全过程，注重调解和裁判内容的可执行性，拟制调解方案要切合实际，制作判决主文要明确具体。三是坚持自动履行与强制执行相结合。强化对自动履行率考核，倒逼审判法官督促当事人当场支付、及时履行，争取做到案结事了。

总之，缑氏人民法庭坚持发展新时代“枫桥经验”，秉持共建共治共享理念，主动融入党委领导下的社会治理大格局，将重心前移，将力量下沉，着力推动“一庭三室N站点”服务体系的深度运用，加强对民调员、网格员、村干部法律知识培训，创新“云上解纷”新模式，将人民法庭乡土优势、法治优势与乡村振兴战略有机统一起来，进一步推动诉调对接、矛盾纠纷源头化解、参与基层社会治理等各项工作落地落实，顺应时代发展变化和人民群众的期待要求，畅通人民群众走进法庭“最先一公里”，打通司法服务人民群众“最后一公里”，不断提升人民群众的法治获得感，打造新时代司法为民服务新品牌。

B.15

基层治理视角下居民小区公共设施建设的法律问题分析

常晖　侯杨*

摘　要：　本报告从居民小区的实际问题出发，通过三重关系分析在诉讼中因公共设施建设而产生的法律问题，针对业主委员会法律性质不明确、居民小区多重主体的利益矛盾以及物业配合度低等现实问题，进一步明确业主委员会的法律性质、低楼层业主对高楼层业主加装电梯具有的容忍义务、物业在增设公共设施后的权利义务等，并在基层治理视角下对居民小区公共设施建设提出以下意见建议：适当引用法律原则；基层治理中政府应找准定位，做好指引服务工作；业主委员会需依法行使职权；明确对低楼层业主补偿的具体方式方法；倡导共享充电新模式。

关键词：　居民小区　公共设施建设　法律问题

衣食住行关系到民生根本，其中“家”作为“住”的载体，成为安身立命之所。随着我国城镇化的发展，居民小区不断壮大，与之相关的公共设施建设和运营，直接影响到老百姓的日常生活，其运营状况关系到老百姓的权益。居民小区是基层治理的基本单元，同时也是基层治理的重要对象，实现居民小区和谐发展是基层治理的重要工作。居民小区公共设施建设，需要业主委员会、物业、业主等多重主体的参与，逐渐形成了业主与业主委员

* 常晖，河南省三门峡市中级人民法院党组副书记、常务副院长；侯杨，河南省三门峡市中级人民法院法官助理。

会、业主与业主、业主与物业之间的多重关系，其关系的融洽有助于推动我国基层治理法治化、民主化的发展。本报告以居民小区为载体，以实际发生的纠纷为切入点，分析业主与业主委员会、业主与业主、业主与物业之间的三重关系在诉讼中因公共设施建设而产生的法律问题，针对居民小区多重主体的利益多元以及物业配合度低等现实问题，提出一些意见建议，以期对完善民生司法保障制度有所裨益。

一　居民小区三重关系之间的纠纷折射司法实践中的法律问题

构建基层治理中的和谐关系，对维护社区的稳定具有重要作用。通过对比分析司法实践中的多个案件，在居民小区公共设施建设中，与业主发生纠纷，主要涉及以下三重关系。

（一）业主与业主委员会之间的纠纷

在业主与业主委员会之间的纠纷中，业主对业主委员会的资格进行质疑的较多。如小区的业主委员会根据小区业主需求，将小区未经规划批准的“西南门”打开，供小区车辆通行，部分业主采取阻挠措施，产生纠纷。法院审理后认为，双方诉争的小区“西南门”未获规划批准，业主委员会以业主通行权受侵害要求排除妨害的理由不成立，但小区业主委员会的设立经过了街道办事处的批准同意，并按规定完成了业委会备案工作，业主委员会主体资格符合法律规定。[①] 在刘某等六位业主与小区业主委员会排除妨害纠纷中，[②] 业主亦对业主委员会的主体资格进行质疑。

（二）业主与业主之间涉及加装电梯的纠纷

在业主与业主之间涉及加装电梯的纠纷中，大部分是低楼层与高楼层业

① 参见山东省高级人民法院（2020）鲁民终 183 号民事判决书。

② 参见江西省新余市中级人民法院（2023）赣 05 民终 439 号民事判决书。

主之间因利益冲突而产生的纠纷，人民法院的主要裁判观点趋于一致，判决基本上是低楼层业主不能阻止、妨害其他业主加装电梯。主要理由有以下三点。一是加装电梯方案已经本单元业主签字确认同意，并经行政机关审批许可合法有效，且涉案单元专有部分面积占比2/3以上及人数占比2/3以上的业主全部同意。① 二是加装电梯的表决规则符合法律规定。一楼住户应当给予其他业主安装电梯的便利并接受一定的限制，但承认了电梯安装或许会给低楼层住户的采光、通风造成一定影响。② 三是居民小区增设电梯惠及民生，应当得到支持。肯定了加装电梯确实可能对低楼层业主的通行、采光等造成不利影响。③ 其他人民法院包含四川省成都市中级人民法院亦作出了相似判决。④

（三）业主与物业之间涉及加装充电桩的纠纷

在业主与物业之间涉及加装充电桩的纠纷中，司法实践的裁判观点分歧最大，业主申请物业出具同意安装充电桩的登记证明，有的人民法院对业主予以支持，有的人民法院则不予支持。人民法院支持的理由有以下两点。一是业主基于对专有部分享有的权利，难免有利用共有部分的现实需求，这种需求是业主专有权行使的合理延伸，只要不以营利为目的进行使用，不违反法律、法规、管理规约或者侵害小区其他业主的共同利益，即可认定为合理使用，物业应予以配合。⑤ 二是若无相关部门书面意见证实业主加装充电桩可能会导致小区用电不稳、增加用电安全隐患，物业应出具同意安装证明。⑥ 不支持的理由有以下三点。一是安装电动汽车充电桩需要符合相应的技术标准和条件要求，若未采取防范措施便同意安装充电桩也会带来较大的安

① 参见河南省许昌市魏都区人民法院（2021）豫1002民初3683号民事判决书。
② 参见上海市第一中级人民法院（2022）沪01民终8972号民事判决书。
③ 参见广东省广州市越秀区人民法院（2019）粤0104民初966号民事判决书。
④ 参见四川省成都市中级人民法院（2021）川01民终13543号民事判决书。
⑤ 参见广东省江门市新会区人民法院（2022）粤0705民初1196号民事判决书。
⑥ 参见山东省烟台市中级人民法院（2022）鲁06民终7088号民事判决书。

全隐患，会危及小区全体业主的人身及财产安全。① 二是在有关部门未制定老小区改建电动汽车充电桩具体措施的情况下，因其他业主不同意物业协调将业主的充电桩安装在其他的位置，故对业主不予支持。② 三是在车位上安装充电桩属于对该小区内公共资源的占用及对基础设施的改造，理应由全体业主共同决定方可为之。在未获得全体业主或业主大会一致同意的情形下，物业拒绝履行协助安装充电桩的义务，属正当履行物业服务管理职责的应有之义，不是恶意阻拦或逃避责任的行为。③

以上是居民小区的三重关系在涉及小区公共设施建设中所产生纠纷的实际案例，从中衍生出若干问题。第一，业主委员会为何在民事诉讼过程中会常被质疑主体资格，如业主委员会不具备民事主体资格，④ 没有经过政府有关部门备案。⑤ 第二，加装公共设施会对一些业主产生不利影响，业主能否以建筑物区分所有权中的专有权阻挠公共设施的安装。第三，物业能否以加装充电桩可能会导致小区用电安全隐患为由拒绝出具同意安装证明。

二　司法实践中三重关系发生纠纷的原因探究

结合司法实践中的案例，我们发现三重关系发生纠纷的主要原因是法律规定不明确、权责不统一等，以下展开具体分析。

（一）法律层面：业主委员会法律性质、备案属性不明确

1. 业主委员会的主体地位法律授权不明晰

在居民小区公共设施的建设或者改造过程中，涉及多元化主体的各种法律关系纠纷，附着多种动态利益。业主委员会是居民小区自治的重要参与

① 参见广东省韶关市南雄市人民法院（2022）粤 0282 民初 755 号民事判决书。
② 参见河南省信阳市罗山县人民法院（2021）豫 1521 民初 1186 号民事判决书。
③ 参见湖南省湘潭市岳塘区人民法院（2021）湘 0304 民初 2517 号民事判决书。
④ 参见黑龙江省鸡西市中级人民法院（2023）黑 03 民终 515 号民事判决书。
⑤ 参见江西省新余市中级人民法院（2023）赣 05 民终 439 号民事判决书。

者,《民法典》第277条赋予了业主设立业主大会,选举成立业主委员会的权利。然而目前法律并未明确规定业主委员会的法律地位。业主委员会系特定范围建筑物业主自治组织,属于公民自治性质,在居民小区生活中,因小区公共区域相关纠纷时有发生,如共有部分的质量问题或者因共有部分管理而产生的纠纷,需要业主委员会为了维护共有部分的权属利益,而作为法律主体参与到民事诉讼当中,由于其身份界定不明,容易被质疑不具有民事诉讼主体的资格。这就导致在涉及民事诉讼时,业委会的法律地位尴尬,不利于其代表业主争取应有的利益和捍卫业主权利,这就限制了业主自治制度在我国的发展。①

2. 业主委员会备案是否具有行政确认属性不明确

业主委员会成立后的备案制度是具有中国特色的制度,司法审判实践中,对于业主委员会成立后备案的法律属性存在两种不同的认识。如新郑市某小区业主委员会诉新郑市某乡政府备案纠纷案中,② 法院认为备案的意义在于向备案机关报告法定事由,使备案机关知晓并存档备查,便于查考及监督,不同于行政确认或者行政许可,应当认定是以公示为目的的监督指导性备案。但在闽清县某小区业主委员会诉闽清县住房和城乡建设局备案纠纷案中,③ 法院认为备案机关对业主委员会成立后的备案属于对已选举成立的业主委员会的行政确认行为,并非行政许可行为。那么业主委员会成立后的备案是否属于行政确认,业主委员会成立后未备案,是否会对其在民事诉讼中主体资格有影响,有待进一步明确。

3. 涉及公共设施的表决规则不明确

涉及公共设施的表决规则,具体的法律规定有原《物权法》第76条第6款和现《民法典》第278条。原《物权法》规定改建、重建建筑物及其公共设施的事项应当经专有部分占建筑物总面积2/3以上的业主且占总人数2/3以上的业主同意。现《民法典》将上述表决事项规定为应当由专有部分

① 李永然:《物业管理法律问题研究》,博士学位论文,中国政法大学,2005,第55页。

② 参见河南省郑州市中级人民法院(2020)豫01行终308号行政判决书。

③ 参见福建省福州市中级人民法院(2020)闽01行终738号行政判决书。

面积占比2/3以上的业主且人数占比2/3以上的业主参与表决，还应当经参与表决专有部分面积占比3/4以上的业主且参与表决人数占比3/4以上的业主同意。司法实践中主要存在以下两个问题。其一，按照原《物权法》的规定，假设一个单元12户中有8户同意即可达到面积和人数2/3同意的最低门槛，但是如果该12户均参加表决，按照现《民法典》规定则需要9户同意，是否提高了表决门槛；加装电梯的公共设施改建行为，是否变得更为严格，是否增加了小区加装电梯的困难。其二，业主与法官之间对“建筑物总面积”和“总人数”还存在争议，如应以该小区单元楼的范围，还是以整个建筑物内全部范围为准。在刘某某诉佛山市自然资源局、佛山市人民政府案中，[①] 当事人认为应以整个“建筑物总面积”及“总人数”作为分母来计算，法院则认为加装电梯的表决规则应是针对小区单元楼建筑物附属设施的改建、重建，相应的“建筑物总面积”和“总人数”应为小区单元楼。

（二）实践层面：居民小区多元化主体利益冲突及权责不统一

1. 业主的建筑物区分所有权内部结构多元化

《民法典》第2编物权的第6章专门对业主的建筑物区分所有权作出了规定，业主的建筑物区分所有权是指小区业主因为房屋的建筑物生活在一起，每一户业主对自己的专有部分享有所有权，对专有部分以外的共有部分享有共有和共同管理的权利，包括公共设施以及附属建筑物。为了提高居民小区住宅的使用功能和业主的生活幸福感，公共设施建设是必不可少的。然而，这也不可避免地需要占用小区内部的道路、绿地或其他公共场所，对一些业主产生不利影响，涉及通行、采光、噪声等。因此，在公共设施建设时，不同业主之间的利益冲突是不可避免的，这也反映了业主建筑物区分所有权内部结构的多元化和对立性。在加装电梯等公共设施时，低楼层的业主认为自己的某些权利受到了限制，提出阻止加装电梯或其他要求。

① 参见广东省佛山市中级人民法院（2019）粤06行终244号行政判决书。

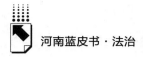

2. 增设公共设施后权责标准不明确

在实践中，许多物业因担心业主加装充电桩可能会导致小区用电不稳而拒绝出具相关证明。然而，根据《关于加快居民区电动汽车充电基础设施建设的通知》第6条规定，物业应该提供图纸资料，并且协助现场勘察和施工，积极配合业主安装充电桩。同时鼓励物业、业主大会利用公共停车位建设相对集中的公共充电基础设施。物业提供图纸资料进行协助，是否能够安装充电桩、是否需要接入电力系统、是否具备稳定的电压和足够的电力支持，这些需由供电企业到现场进行用电及施工可行性勘察。物业仅出具该同意安装证明的情况下，不会给物业造成较大的负担。小区物业之所以不同意出具安装充电桩证明，问题在于小区增设充电桩等公共设施后，业主、物业以及相关运营单位责、权、利变得不太清晰。物业需要定期对电动汽车充电桩设备进行日常安全检查和巡查，这增加了物业的工作量，导致很多物业在面对业主提出的建设充电桩公共设施要求时，往往采取多一事不如少一事态度，只有明确各方责、权、利关系，才能保证业主、物业的合法权益，促进小区和谐发展。

三　建筑物区分所有权及公共设施建设中的法律问题分析

（一）业主的建筑物区分所有权法律分析

小区业主基于购买商品房的行为而对该房产形成了建筑物区分所有权的专有权属部分，而对于小区所附属的设施（含门面房、电梯、墙体外立面等物质条件）因其作为小区业主形成了建筑物区分所有权中共有权属部分。《民法典》第2编物权的第6章专门对业主的建筑物区分所有权作出了具体规定，业主对其专有部分享有所有权，对专有部分以外的共有部分享有共有和共同管理的权利，就业主的建筑物区分所有权的概念而言，其本身就蕴含着业主的专有权和共有权两种权利。

1. 专有权

《民法典》第 272 条明确了建筑物区分所有权人的专有权，该权利是基于业主对建筑物专有部分的权利而产生的具有排他性的一种权利。建筑物的专有部分是构成区分所有建筑物的基础，在构造上能够明确区分，具有排他性且可独立使用的建筑物部分。所以，建筑物区分所有权人对其建筑物专有部分享有占有、使用、收益和处分的权利，如房屋的所有权。

2. 共有权

在建筑物区分所有权中，除了专有权，还存在共有权，《民法典》第 273 条对此作出了具体规定。共有权是指建筑物区分所有权人依据法律规定、小区管理规约或业主大会决议，对建筑区划内住房或经营性用房专有部分以外的共用部分，所共同享有的财产权利，共用部分实质为专有部分以外之建筑物其他部分。[①] 专有权与共有权具有紧密的关联性，业主取得了专有部分的所有权，就取得了共有部分的所有权，但是共有部分从属于专有部分，不得与专有部分分开单独处分，如建筑物的墙体、地上车位等。

3. 专有部分权利义务

在公共设施建设中，业主专有部分的权利义务会出现失衡。居民小区在进行公共设施建设时，需要考虑到专有部分的权利，以免侵害其他业主的权利。共有部分在构造和使用上应该具有非独立性，它是专有部分的配套部分和辅助设施，具有公共性和非排他使用性，全体业主均可合理利用。例如，加装电梯是作为居民小区公共设施建设的一部分，由于现实中许多居民小区在建设居民住宅楼时，没有考虑电梯的安装和预留电梯井的空间，这就需要在楼体外建造电梯，占用小区部分公共面积，在特殊情况下可能需要占用部分业主的专有部分，产生改变原有住宅结构，或是导致采光不足、噪声扰人等问题，这都直接侵害了业主的专有部分权利，业主实际出资购买房屋，享有建筑物专有部分权利，但此时却无法排他性使用。由于不同利益主体之间的矛盾，居民小区公共设施建设的进展不顺畅。

---

① 谢在全:《民法物权论》上册，中国政法大学出版社，1999，第 209 页。

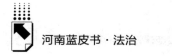

（二）公共设施建设中的法律问题分析

1. 公共设施的概念

《民法典》第274条、第275条规定了公共设施的含义，指的是小区业主所共同拥有的建筑物内道路、绿地、公用设施和物业服务用房以及占用业主共有的道路修建的公共车位、其他公共场所等。它还应包含《最高人民法院关于审理建筑物区分所有权纠纷案件具体应用法律若干问题的解释》第3条规定的内容：其一，建筑物基本结构部分，如承重墙、房顶等；其二，公共通行部分，如楼梯通道、大堂等；其三，结构部分，如消防、公共照明等附属设施设备，避难层等。由于现实生活中设施设备物品的多样性，无法一一列举，该条司法解释第2款采取了概括性、兜底性的规定，即小区公共设施还应包含有其他的既不属于业主专有部分，也不属于市政公用部分的场所及设施等。

就居民小区公共设施建设而言，中共中央、国务院在2016年印发的《关于进一步加强城市规划建设管理工作的若干意见》中提出，加快老旧住宅小区配套基础设施建设。2019年的政府工作报告对老旧小区公共设施改造进行了关注，提出了更为具体的要求。《城市居住区规划设计标准》（GB 50180-2018）则提出了居民小区应配建有一整套较完善的、能满足该区居民物质与文化生活所需的公共服务设施的要求。所以居民小区应建设与之配套的公共设施，以满足小区居民的日常生活需求。

2. 涉及加装电梯的公共设施的表决规则

为解决司法实践中因业主表决权而产生的分歧，最高人民法院于2023年1月9日对《关于明确老旧小区加装电梯表决权的建议》作出的答复认为，业主共同决定事项获得同意需要的业主人数和专有部分面积与业主的表决权密切相关。如果业主参与表决比例较低，业主共同决定事项获得同意需要的业主人数和专有部分面积就相对较少，反之在业主参与度较高、参与表决比例较高的情况下，业主共同决定事项获得同意需要的业主人数和专有部分面积则较多。对于加装电梯这一事项，如果小区单元楼

12户业主专有部分面积均相同，在只有8户业主参与表决时，则只需该8户业主的3/4的业主即6户业主同意就达到法定最低条件；但如果12户业主均参与表决，则需要3/4的业主即9户业主同意才能达到法定最低条件。表面上看，在所有业主均参与表决情况下，《民法典》上述规定的表决门槛相比原《物权法》有一定程度提高，但考虑到实际情况下业主参与表决比例普遍较低，《民法典》对于业主共同决定事项的表决门槛总体上适当降低了。

本报告认为，在民事诉讼中，因“建筑物总面积”和“总人数”发生争议时，表决规则应该是针对小区单元楼建筑物附属设施的改建、重建，而不是整个小区的建筑物，所涉及的表决规则不应涉及整个小区的“建筑物总面积”和“总人数”，而是应将“建筑物总面积”和“总人数”限定在小区单元楼范围内，这样更有利于保障小区居民的合法权益。

（三）业主委员会主体资格的法律问题分析

1. 业主委员会的法律性质

关于业主委员会的法律性质，学术界存在比较普遍的三种观点。第一种观点认为，业主委员会具有“法人”人格，和其他“法人”一样享有权利、履行义务。[①] 第二种观点认为，业主委员会属于社会团体“法人”，完全独立于业主，享有拟制人格，能够独立行使民事权利，承担民事责任。[②] 第三种观点认为，业主委员会应是“非法人组织”，属于《民事诉讼法》中的“其他组织”。[③]

本报告同意第三种观点，业主委员会的性质属于《民法典》中的“非法人组织”，亦属于《民事诉讼法》中的“其他组织”，二者之所以表述不同是由于处于不同法律中，理由如下。第一，业主委员会是一个合法成立并

① 陈华彬：《业主大会法律制度探微》，《法学》2011年第3期。

② 唐娟主编《城市社区业主委员会发展研究》，重庆出版社，2005，第108页。

③ 陈鑫：《业主自治——以建筑物区分所有权为基础》，北京大学出版社，2007，第159~160页。

向政府相关部门登记备案，形成与物业相互配合，共同管理物业服务的组织，符合“其他组织”的依法成立、有一定组织机构的要件。第二，《物业管理条例》第15条规定了业主委员会的履行职责的范围，故业主委员会有自己特定活动目的和活动经营范围。第三，对比“法人”和“其他组织”，我国对“法人”要求有独立的财产，而对“其他组织”的规定是占有一定的财产并独立支配。从这里就可以看出立法的态度，“其他组织”只要有自己可供独立支配的财产即可，不要求享有所有权。虽然业主委员会不享有财产所有权，但是根据《物业管理条例》第54条赋予的业主委员会对专项维修资金、共有部分及共有设施的经营收益具有处分权，针对公用部分所产生的收益，可以由业主委员会来保管，这就使得业主委员会有了自己固定的财产来源，又满足了“其他组织”中有一定财产的支配权且对外以“非法人组织”名义从事活动的要件。综上，从业主委员会的成立、职责以及与“法人”的对比分析来看，业主委员会应属我国《民法典》《民事诉讼法》中的“非法人组织”或者是“其他组织”。

2. 业主委员会的备案不具有行政确认的性质

虽然《物业管理条例》第16条第1款①以及《河南省物业管理条例》第29条第1款②均规定了，业主委员会应当自选举产生之日起30日内，向物业所在地街道办事处、乡镇人民政府备案。但是根据国务院法制办对《关于〈物业管理条例〉第十六条的请示》的答复，这里的“备案”是一种告知，不具有行政许可性质。所以，按照法律规定业主委员会应当向有关部门进行备案，但是业主委员会的备案仅是一个告知存档备查的自治行为，不需要行政机关审批颁发许可，更不需要行政确认行政登记。业主委员会自成立之时就有权代表小区的业主处理一些民事纠纷和管理小区公共事务，备案对业主委员会的法律地位、权利义务不会产生影响。河南省高级人民法院

---

① 《物业管理条例》第16条第1款规定：“业主委员会应当自选举产生之日起30日内，向物业所在地的区、县人民政府房地产行政主管部门和街道办事处、乡镇人民政府备案。”

② 《河南省物业管理条例》第29条第1款规定：“业主委员会应当自选举产生之日起三十日内，向物业所在地街道办事处、乡镇人民政府备案……”

在业主段某某等诉焦作市某业主委员会物业合同纠纷案中也作了类似的论述，认为业主委员会取得合法主体资格并不以备案为前提，是否备案并不影响业委会的职能。[①]

3. 业主委员会具有民事诉讼主体地位

《最高人民法院关于金湖新村业主委员会是否具备民事诉讼主体资格请示一案的复函》中对业主委员会的诉讼资格作出了规定，如果建设单位没有向业主委员会移交住宅规划图等资料或者未提供配套公用设施、公用设施专项费等，业主委员会可以自己的名义提起诉讼。在北京市高级人民法院、上海市高级人民法院民事审判第一庭等一些地方司法文件中，业主委员会在满足一定情形[②]或者履行一定手续[③]后，具有民事诉讼主体资格，可以自己的名义作为原、被告参与到民事诉讼中来。业主委员会属于“非法人组织”，根据《民法典》第 102 条第 1 款“非法人组织是不具有法人资格，但是能够依法以自己的名义从事民事活动的组织”的规定，业主委员会作为“非法人组织”，虽然不具有法人资格，但是其本身可以从事民事活动并享有相应民事权利。业主委员会在成立后即可作为民事案件的适格原、被告。

（四）明确物业在增设公共设施后的权利义务

居民小区在增设公共设施后，物业不是该公共设施的所有权人，当然不能直接承担责任，但依据《民法典》第 942 条第 1 款[④]的规定，物业对小区公共部分具有维修、维护等义务，因此，物业需要承担维护公共区域安全的

---

① 参见河南省高级人民法院（2018）豫民申 7397 号民事裁定书。

② 参见《北京市高级人民法院关于审理物业管理纠纷案件的意见（试行）》第 7 条第 1 款。

③ 参见《上海市高级人民法院民事审判第一庭关于审理物业管理纠纷案件有关问题的解答》第一答中所称“业主委员会作为业主选任的维护业主利益的组织，对于涉及业主公共利益的事项，在履行一定手续后，业主委员会可以直接以自己的名义提起和参加诉讼”。

④ 《民法典》第 942 条第 1 款规定：“物业服务人应当按照约定和物业的使用性质，妥善维修、养护、清洁、绿化和经营管理物业服务区域内的业主共有部分，维护物业服务区域内的基本秩序，采取合理措施保护业主的人身、财产安全。”

义务。一方面，区分小区公共设施维修、维护的关系。日常维护由物业依据合同承担，大中维修由专项维修资金承担。对此，资金维护支付存在差异。另一方面，区分小区公共设施的权属。属于市政行政主管部门管理的公共设施，如供水、排水、燃气、热力等在建设完成后，应当由市政设施管理机构负责管理和养护；其他属于小区业主共有的，由全体业主或者物业承担维修、维护责任。基于此，针对特定业主增加的服务（如安装电动汽车充电桩等），物业可以定向向接受服务人员收费。小区增设公共设施后，物业需要通过增加秩序巡查频次和配备消防设备的方式避免出现安全事故，这提升了经营成本。在业主加装充电桩时，物业亦可以通过与业主签订服务协议的方式，由其定期对充电桩开展电气安全、消防安全、防雷设施安全以及充电相关设备设施的检查和维护保养服务，收取充电桩所有权人相应的服务费用。

综上分析，本报告认为，第一，业主委员会属于“非法人组织”，自成立之时就享有民事主体资格，可以参与到民事诉讼中来。业主委员会的备案不具有行政许可或行政确认的性质，是否备案并不影响业主委员会的职能，不会对业主委员会的法律地位、权利义务产生影响。第二，在涉及改建、重建建筑物及其附属设施等业主共同决定事项时，应按照《民法典》第 278 条规定，通过合法表决程序，才能进行相关公共设施的建设。居民小区公共设施在建设时，或许会给部分业主带来一些不利的影响，但该影响应在合理的范围之内，超出必要合理范围的一方应承担一定的赔偿责任。所以，在加装电梯过程中，经过合法的表决规则后，低楼层业主应当给予高楼层业主一定的便利，不能以其权利受到影响来阻挠电梯的安装。第三，物业不能以加装充电桩可能导致小区用电安全隐患为由拒绝出具同意安装证明。业主有权利用共有部分，这是基于对专有部分享有的权利的延伸，是为了更好地利用专有部分，只要不以营利为目的进行使用，不违反法律、法规、管理规约或者侵害小区其他业主的共同利益，即可认定为合理使用，物业应予以配合，出具同意安装证明。

四　基层治理视角下完善居民小区公共设施建设的意见建议

基层治理不应是简简单单地进行管理，而是应以构建和谐融洽的人际关系为基础，正确处理以业主为核心的三重关系，这有利于人民的安居乐业、国家的长治久安。本报告从法治建设与发展目标切入，对司法实践中存在的问题提出完善意见建议。

（一）适当引用法律原则

在民事审判中，法律规定是我们的指南，虽然法院不能直接将法律原则作为裁判规则，但在法律没有具体规定的情况下，为了实现个案正义，法院可以适用法律的基本原则和基本精神进行裁判。《民法典》第9条确立绿色原则为我国民事法律基本原则，这一原则拓宽了法律的调整范围，要求人与自然和谐相处，有效利用资源。在物权编也确认了物尽其用原则，这一原则贯穿于物权的各项制度和规则之中，其中用益物权制度的确立也是为了更好发挥资源的经济效用。由于新能源电动汽车利用电能进行驱动，既能减少燃油使用以缓解我国的能源紧缺问题，又能发挥一定的续航出行功能，实现资源的有效利用，达到尾气低排放或者零排放，从而改善环境质量，对于推动我国汽车产业技术进步和优化升级具有重要作用。所以，居民在购买新能源电动汽车后，小区充电桩建设必不可少，这符合绿色原则的理念，有利于协调居民生产生活与环境的关系，利于高效合理利用小区资源。

在加装电梯过程中，应坚持与邻为善，提倡换位思考，依照相邻关系的处理原则，把加装电梯的惠民工程做好做实，提升业主幸福感，共建和睦的相邻关系。《民法典》第288条规定了，不动产的权利人应当按照有利生产、方便生活、团结互助、公平合理的原则，正确处理相邻关系。在加装电梯的过程中，高楼层业主与低楼层业主之间因房屋的毗邻关系而形成了相邻关系，相邻权人在行使不动产权利过程中，应该相互给予方便或接受限制，以维护彼此的权利义务关系。电梯安装或许会给低楼层业主的采光、通风等造成一定影响，但依照相邻关系的处理原则，低楼层业主应当给予其他业主安装电梯的便利并接受一定的限制。

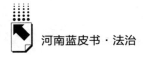

（二）基层治理中政府应找准定位，做好指引服务工作

全国政协委员段青英在2022年全国“两会”，提出了“政府主导、电网主动、多方协作”的居民区充电桩建设新模式，强调了要明确各个政府部门的责任。2023年9月1日施行的《无障碍环境建设法》也明确了县级以上人民政府及其有关部门应发挥社区基层组织作用，推动加装电梯或者其他无障碍设施建设。居民小区公共设施建设，除了需要业主自身的积极参与外，还需要发挥作为公权力机关的政府的作用，政府应当做好统筹、服务和监督的工作，摆正自己的定位，为业主委员会提供正确的指导和帮助，确保其在业主自治的正常轨道上运作，为业主创造一个和谐、安全的居住环境。

（三）业主委员会需依法行使职权

业主自治虽然是小区业主进行自我管理的一种方式，但是并不意味着业主委员会可以完全不受约束，相反业主委员会在政府对其的指导和帮助下，在法律的框架内行使职权，以更好地实现业主自治，否则，如前文业主与业主委员会纠纷的案例中，业主委员会运行未经规划批准的公共设施，业主则采取阻挠措施，造成双方不必要的矛盾。业主委员会作为基层治理的参与者，有责任遵守法律和规章制度，只有在自觉遵守法律和规章制度的前提下，才能营造良好的社会环境，促进社会和谐与繁荣发展。

（四）明确对低楼层业主补偿的具体方式方法

为了维护各权利主体的合法利益，不能一味牺牲一部分人权利。当确实侵犯低楼层业主的相邻权时，应当给予适当补偿。作为房屋所有权人应当弘扬中华民族的传统美德，与邻为善、守望相助，加强沟通协商，依法配合居民小区加装电梯或者其他公共设施建设。但是，我们应当认识到，加装电梯对直接落地的一楼业主没有任何使用价值还可能导致对一楼业主的噪声污染、采光遮挡、通风不畅等不利影响，甚至会造成一楼业主的房屋贬值。如果我们一味要求一楼业主的忍让，将不利于构建和谐的人际关系和邻里关系。因此，在加装电梯的过程中，应当尽量优化设计，最大程度上减轻对一楼业主的不利影响，同时，我们也可通过协商的方式对一楼业主给付适当的合理补偿，以到达共赢的目的。如广州市通过横向比较本市的经济发展水平与人均年可支配收入，对于低楼层业主的补偿多为每户10000~20000元。① 厦门市则是通过业主自筹资金对第一层、第二层业主给予补偿，第一层补偿金不超过增设电梯总费用除以本梯总户数的数值，第二层减半。② 河南省亦可以借鉴上述两种补偿方法，以弥补低楼层业主的损失，减少纠纷。

（五）提倡共享充电新模式

倡导新型共享充电模式。物业应发挥自身优势，主动参与到居民小区充电服务的规划建设当中。《关于进一步提升电动汽车充电基础设施服务保障能力的实施意见》提到，创新居住社区充电服务商业模式，鼓励充电运营企业或居住社区管理单位接受业主委托，开展居民小区充电设施“统建统营”，统一提供充电设施建设、运营与维护等有偿服务，提高充电设施安全管理水平和绿电消费比例。物业通过对新建居住社区的提前介入，提供公共充电桩和个人充电桩的建设规划，为居民小区提供增设充电桩方案，形成供电公司、物业、业主共同安全管理，消除充电桩的安全隐患，形成“临近车位共享”“多车一桩”等充电桩共享模式，提升充电桩绿色消费比例。同时，在充电桩使用过程中，若发生火灾等则会对居民小区业主的人身和财产造成毁灭性的打击，业主或者物业可能面临着无力赔偿相应损失的情形，保险公司可以考虑推出相应的财产险，由业主购买，以保证在发生相应的保险

① 曹淑霞、任馨霏：《老旧小区加装电梯改造相关法律问题研究——以某市区为例》，《法制博览》2021年第25期。

② 参见《厦门市城市既有住宅增设电梯指导意见》（2018修订版）第8条。

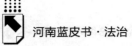

事故时，能够赔偿其他业主的损失，形成统一规划、适度超前、协调发展、智能高效的充电基础设施体系及赔偿保障体系。

结语

河南省《法治河南建设规划（2021—2025 年）》要求我们在工作中秉持问题导向、目标导向，聚焦人民群众反映强烈的突出问题，不断提高法治河南建设的时代性、针对性和实效性。居民小区公共设施建设与老百姓生活息息相关，许多问题亟待解决，想要大力推进该工作实施，还需对政府在居民小区自治中的职能定位、不同业主的利益平衡以及物业的超前布局等问题进行深入研究，虽然居民小区公共设施建设任重道远，非一日之功，但我们也可以看到，各级政府部门不断完善指导意见，进行探索，一定能够取得更好的成效，相信在不久的将来，更多的老百姓可以享受到居民小区公共设施建设带来的便利。

综合篇

B.16 河南加快建设法治社会的思维共识及其应用

王运慧*

摘　要：　习近平法治思想为加快建设法治社会提供了强有力的思想指引和精准的法治思维。这些思维包括良法思维、善治思维、系统思维、辩证思维、包容性思维以及文化思维。河南在这些法治思维引领下开展了一系列法治社会建设实践，如开展民生立法、推进公共法律服务网络建设、加强“诚信河南”品牌建设、开展一系列法治文化带建设等，为建设更高水平法治河南奠定基础。

关键词：　习近平法治思想　法治社会　法治思维

* 王运慧，河南省社会科学院法学研究所副研究员，研究方向为民商法学、区域法治建设。

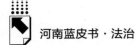

党的二十大报告明确提出，加快建设法治社会，法治社会是构筑法治国家的基础。党的十八大以来，法治社会建设进入快速发展期，习近平总书记围绕法治社会建设形成一系列重要论述，为加快建设法治社会提供了强有力的思想指引和精准的法治思维。而法治思维和法治方式互为表里、互相交织。没有法治思维难以形成法治共识，没有法治共识，就不可能形成人们普遍接受的法治方式。在习近平法治思想引领下，法治社会建设的思维理念更加清晰，如良法思维、善治思维、系统思维、辩证思维、包容性思维以及文化思维，这些法治思维不仅反映出法治社会建设的本质要求和价值取向，而且指导我们在法治社会建设中恰当运用法治方式，法治思维和法治方式的有机结合共同引导和促进法治社会实践循序渐进、水到渠成。

一　良法思维及其实践探索

习近平总书记指出，法律是治国之重器，良法是善治之前提；立法、执法、司法活动都要体现社会主义道德要求，使社会主义法治成为良法善治。[①] 因此，良法思维是建设法治社会的首要思维。我们要建设的法治社会，其最终目标是全体社会成员的法治自觉。所谓法治自觉，是人们从内心深处自然而然对法律的尊崇和服从，而人们尊崇和服从的法律必然是“本身制定良好的法律”，即良法。从狭义而言，良法的标准主要是具有道德性或正义性。[②] 法的道德性主要是看它所追求的目标是否符合正义以及它的运行过程是否符合社会公认的道德观念评价。譬如，我国《民法典》作为社会生活的百科全书，为法治社会建设提供了新的指引。《民法典》全文浸润了社会主义核心价值观的一系列要求，通过具体法律条文弘扬“助人为乐、见义勇为、诚实守信、敬业奉献、孝老爱亲”的传统美德，字里行间都体

① 《坚定不移走中国特色社会主义法治道路　建设良法善治的法治中国——学习贯彻习近平新时代全面依法治国重要思想》，人民网，2017 年 11 月 16 日，http：//theory. people. com. cn/GB/n1/2017/1116/c40531-29649558. html。

② 何勤华主编《法治社会》，社会科学文献出版社，2016，第 15 页。

现了良法思维。

党的二十大报告指出，推进科学立法、民主立法、依法立法，以良法促进发展、保障善治。可见，从法的制定程序来看，良法应是科学立法、民主立法和依法立法的有效结合。科学立法要求遵循立法发展的历史规律，从我国国情出发，积极回应现实需求，加强重点领域立法，充分发挥立法在引领、推动和保障改革方面的重要作用，在保持自我特色的基础上积极与世界法治发展过程相融合。[①] 民主立法是中国特色社会主义民主在立法领域的集中体现。它的核心在于为了人民、依靠人民，因此，民主立法必须保障人民群众以多种途径参与立法活动。譬如，我国《民法典》从草案的起草到修改完善，立法机关广泛听取各方意见，及时完善相关规则，多次召开学术研讨会；在《民法典》各编草案完成后，立法机关还面向全社会征求意见，最大限度听取民意、汇聚民智，成为新时代我国坚持民主立法的典型示范。[②] 依法立法要求依据宪法立法，依权限、按程序立法，遵循法制统一的原则，从国家和人民的整体利益、根本利益和长远利益出发进行立法。

按照习近平法治思想的立法指引，近年来，河南在社会领域开展的一系列法治建设无一不是践行了良法思维。针对社会领域立法，河南牢牢把握问题意识和问题导向，及时回应群众诉求，注意增强立法的科学性和实效性。中国式现代化最重要的体现之一是人民身心健康带来的生活幸福指数的提高，因此，河南立法在健康促进方面开展了一系列卓有成效的探索。如《河南省中医药条例》由河南省第十三届人民代表大会常务委员会第三十二次会议于 2022 年 5 月 26 日审议通过，自 2022 年 10 月 1 日起施行。该条例由《河南省实施中华人民共和国中医药法办法》更名而来，在其基础上拓展了立法内容并吸纳了多方诉求和最新成果，全面规划了河南省中医药的发展路径，让中医药传承创新发展、中医药保障人民群众健康有章可循，开启了河南中医药事业依法治理和有序发展新阶段。2023 年 3 月 29 日河南省第

① 谭波、赵智：《习近平法治思想中立法理论的立场指向与思路》，《河南财经政法大学学报》2022 年第 3 期。

② 王运慧：《民法典彰显民族精神护航民族复兴》，《公民与法》（综合版）2021 年第 8 期。

十四届人民代表大会常务委员会第二次会议又通过了《河南省基本医疗卫生与健康促进条例》，该条例将河南省在健康促进工作方面的成功经验以立法形式予以固定，规定了开展居民营养状况监测、提升公众健康营养水平、完善覆盖城乡的全民健身公共服务体系等内容，有利于通过普及健康科学知识和技能，引导群众形成文明健康、绿色环保的生活方式。

二　善治思维及其实践探索

2019 年，习近平总书记提出“社会治理现代化”命题，要求坚持和发展“枫桥经验”，打造共建共治共享的社会治理格局，构建富有活力和效率的新型基层社会治理体系。[①] 社会治理现代化是善治思维在法治社会建设中的集中体现。从党的十八届三中全会、四中全会到党的十九大，“依法治国”的理念不断深化和升华，党中央作出了法治中国建设的战略部署并提出了“法治国家、法治政府、法治社会”三位一体建设的具体路径。[②] 作为法治中国建设过程中的基本要素，法治社会建设是与法治国家和法治政府并行且相对独立实现社会治理法治化的过程，是在法治框架下社会场域的自治型治理，是与善治最接近的一种治理模式。善治的本质特征在于“它是政府与公民对公共生活的合作管理，是政治国家与公民社会的一种新颖关系，是两者的最佳状态”；[③] 善治是一种自治性很高的治理，它的目标在于培养公民的主体意识进而建构社会的主体性，释放社会的自治空间，由此增强社会的自治能力；善治的一个重要构成元素和基本要求就是法治，没有完善的法律，没有对法律的敬畏和尊重，没有建立在法律基础上的社会秩序，善治就不可能实现。[④] 因此，法治社会建设是最理想的善治，现实中应当以善治思维作为重要引领来指导法治社会建设的细节和过程，重视社会成员在法治

① 习近平：《论坚持全面依法治国》，中央文献出版社，2020，第 246~247 页。

② 张翠梅、方宜：《三位一体：“法治中国”建设的战略转向》，《南海法学》2021 年第 4 期。

③ 俞可平主编《治理与善治》，社会科学文献出版社，2000，第 8~9 页。

④ 何勤华主编《法治社会》，社会科学文献出版社，2016，第 15 页。

实践中的主体地位和力量发挥，坚持以法律为主开展社会治理，不断追求社会主体的法治自律，真正实现社会治理的民主化、自治化和法治化。

法治社会有赖于建设过程中各种社会组织和个体的参与和协作，因此它追求的善治是一种典型的共治，共治思维在法治社会建设中将贯穿始终。共治思维强调社会治理领域渗透的交互性，公共权力不再具有排他性与专属性，取而代之的是包容性和中立性。行政机关的职能更倾向于发挥引导作用和宏观方向的策略把握。2022 年，《河南省法治社会建设指标体系（试行）》出台，河南全社会在习近平法治思想引领下，以此为指引和标准，配合“八五”普法规划，不断将法治社会建设推向新的阶段。根据法治社会建设具有的基础性、全民性和日常性特点，在善治及共治思维引导下，有关部门进一步把建设法治社会的措施分化和细化，融入到全民关注并参与的疫情防控、公益保护、网络治理等活动中去，发挥人民群众的积极性、创造性和凝聚力，着力培养法治习惯、形成善治思维和共治合力，让法治社会建设不断取得新成效。

三　系统思维及其实践探索

习近平总书记强调指出：“全面深化改革是一项复杂的系统工程，需要加强顶层设计和整体谋划，加强各项改革关联性、系统性、可行性研究。我们要在基本确定主要改革举措的基础上，深入研究各领域改革关联性和各项改革举措耦合性，深入论证改革举措可行性，把握好全面深化改革的重大关系，使各项改革举措在政策取向上相互配合、在实施过程中相互促进、在实际成效上相得益彰。”[①] 系统思维是具有基础性的思想和工作方法。坚持系统思维是习近平法治思想中贯穿始终的方法论特征。运用系统思维分析事物的本质和内在联系，能从整体上把握事物发展规律，提高分析和解决问题的科学性。法治社会建设本身就是一个系统工程，涉及社会领域的方方面面，

① 《习近平：坚持系统观念》，人民网，2022 年 11 月 24 日，http：//politics. people. com. cn/n1/2022/1124/c1001-32573627. html。

对法治社会建设而言，坚持系统思维必须要“加强前瞻性思考、全局性谋划、战略性布局、整体性推进”。①

前瞻性思考要求在法治社会建设过程中，要有发展意识、未来眼光，要分析科技、经济、社会发展的规律和趋势，把握社会治理体系的现代化方向。未来社会必将是智能化社会、风险社会和共享社会，科学技术和信息技术的“双刃剑”决定了必须用法治去规制互联网、大数据、人工智能的开发运用，用法治手段有效预防风险和控制风险。全局性谋划、战略性布局要求法治社会建设必须紧扣统筹推进“五位一体”总体布局和协调推进“四个全面”战略布局，细心谋划各项工作。习近平总书记多次深刻阐述全面依法治国在中国特色社会主义事业发展战略全局中的重要地位，而法治社会建设在全面依法治国中具有基础性和长远性，因此，建设法治社会，要明确它在中国特色社会主义事业发展战略全局中的地位和特点，从把握新发展阶段、贯彻新发展理念、构建新发展格局的实际出发，层层推进，稳扎稳打，为实现社会治理现代化、全面建设社会主义现代化国家提供坚实基础和有力保障。整体性推进要求法治社会建设与经济、政治、文化、社会、生态建设以及党的建设一体推进，相辅相成，并贯穿于立法、执法、司法、守法各个环节，最终变成社会成员的价值追求和行为导向，让法治观念、法治精神、法治信仰成为一种习惯内化于心、外化于行。同时，要充分协调各类社会主体和有效整合各种社会力量，发挥政府、社会组织、企业、律师等主体作用，使之从整体上服务于法治社会建设。

2023 年，面对疫情过后经济复苏和社会发展中遇到的一系列问题，河南在党的二十大精神指引下，秉承系统思维，从顶层规划到基层治理，从普法宣传教育加强到公共法律服务体系不断完善，社会各界积极参与，法治和德治协同发力，推动法治河南建设在社会领域全面铺开。以公共法律服务网络建设为例，2023 年，全省县级公共法律服务中心、乡镇公共法律服务站达标率实现 100%；12348 热线接听率、满意率、留言回访率超过 95%。在

① 张文显：《习近平法治思想的系统观念》，《中国法律评论》2021 年第 3 期。

法律援助方面，实现试点地区审查起诉阶段刑事辩护法律帮助全覆盖；消除法律援助机构建设空白点；畅通农民工、军人军属等特殊群体法律援助绿色通道，实现法律援助应援尽援。[①]

四　辩证思维及其实践探索

辩证思维是比较重要的一种哲学思维方式，体现在习近平法治思想的各个方面。尤其在对待法治和德治关系方面，习近平总书记科学运用辩证思维，强调："必须坚持一手抓法治、一手抓德治，大力弘扬社会主义核心价值观，弘扬中华传统美德，培育社会公德、职业道德、家庭美德、个人品德，既重视发挥法律的规范作用，又重视发挥道德的教化作用，以法治体现道德理念、强化法律对道德建设的促进作用，以道德滋养法治精神、强化道德对法治文化的支撑作用，实现法律和道德相辅相成、法治和德治相得益彰。"[②] 2020 年 12 月 7 日，中共中央印发了《法治社会建设实施纲要（2020-2025 年）》，其中强调：坚持依法治国和以德治国相结合，把法律规范和道德规范结合起来，以道德滋养法治精神；倡导助人为乐、见义勇为、诚实守信、敬业奉献、孝老爱亲等美德善行，完善激励机制，褒奖善行义举，形成好人好报、德者有得的正向效应。可见，在顶层设计上，我国的法治社会建设充分吸收了习近平法治思想的辩证思维，为中华优秀传统道德融入法治社会建设提供了价值引领和方法路径。

近年来，河南大力培育和践行社会主义核心价值观，传承中华传统美德，弘扬时代新风，普及信用知识，打造"诚信河南"品牌。开展"诚信让河南更出彩""诚信建设万里行""6·14 信用记录日""诚信兴商宣传月"，以及"诚信河南人""最美河南人""河南好人榜"等系列宣传活动，弘扬诚信文化。以法律和道德的有机结合，实现法治与德治相得益彰，共同推动法治社会建设向纵深发展，也为全省法治化营商环境的持续优化奠定基础。

---

① 《省司法厅加快推进现代公共法律服务体系建设》，河南省人民政府网站，2023 年 3 月 9 日，https://www.henan.gov.cn/2023/03-09/2703898.html。

② 《中共中央关于全面推进依法治国若干重大问题的决定》，《人民日报》2014 年 10 月 29 日。

五　包容性思维及其实践探索

海纳百川，有容乃大，和衷共济，天下大同。中国传统文化的包容性无处不在，这为中国特色的法治文明奠定了包容性的文化底蕴。法治社会的包容性来源于它“自治、宽容、开放”的特质，[①] 这些特质在加快推进法治社会建设中形成一种优势资源，意味着可以团结更多的力量，借鉴更多的成果，遵循多元化的规则体系。因此，建设法治社会，需要遵循包容性思维。法治社会的治理主体非常广泛，包括政府、社会组织、企业、律师、个人等，其在参与社会治理的过程中不只是依照国家法律法规办事，还需尊重社会广泛认同的公序良俗、乡规民约、企事业社团法人和行业组织的自治章程等。在矛盾纠纷解决途径方面，政府执法和司法诉讼途径应退而为次，应大力推进有中国特色的调解工作，弘扬契约精神和完善信用征信等，充分发挥社会自治性法律机制的功能作用，最大限度释放社会治理潜能。[②]

“枫桥经验”是中国基层社会治理和政法战线的一面旗帜，代表了以人民为中心的共建共治共享的基层社会治理经验。自 2022 年以来，河南法院积极开展“枫桥式人民法庭”创建，将人民法院及人民法庭的工作触角延伸到了社会治理最基层、最末端、最细微之处，推动司法力量与人民调解力量相互融合，让更多的社会主体参与到基层矛盾纠纷解决当中，取得良好的社会效果。其中，洛阳市偃师区人民法院缑氏人民法庭探索并形成了“综治+法庭+网络”矛盾纠纷多元化解的“缑氏模式”，依托智慧法院平台和基层综治中心平台在辖区非法庭驻地的府店镇综治中心设立“共享法庭”，以“综治+法庭+网络”的形式，通过“一屏一线一终端”实现“村—镇—法庭—法院”四级互联互通，实现了网上立案、在线诉讼、在线调解、普法宣传、群众参与基层社会治理、辅助送达执行六大功能。这一守正创新之举

① 江必新、王红霞：《法治社会建设论纲》，《中国社会科学》2014 年第 1 期。

② 袁达松：《以包容性法治模式激活社会治理各主体活力》，《国家治理》2019 年第 4 期。

真正遵循了法治社会建设的包容性思维，其中既体现了法治社会建设的司法保障，又充分开拓了基层治理空间；既广泛动员了群众力量，又反过来实现法治反哺进而提升社会大众的守法水平。

六　文化思维及其实践探索

习近平总书记曾引用“求木之长者，必固其根本；欲流之远者，必浚其泉源”来强调传统文化对改革和发展的重要意义。法治社会的形成和发展同样建立在深厚文化积淀之上，说到底法治社会的根基就是法治文化。从文化思维角度看，人是文化的产物，法治文化内在地影响着人们的法律行为方式，使人们明白自己在法律的范围内应该做什么，不应该做什么，潜移默化推动社会形成一种有法律且被严格遵守的状态。法治社会发展中必须秉持文化思维，不断推动全社会增强法治观念，培养公民崇尚法律、遵守法律、运用法律、维护法律的意识。信仰是自律的动力，只有信仰法律才会时时刻刻用法律约束自己的言行，只有遇到问题纠纷首先想到运用法律保护自己的权益，才能养成运用法律的习惯和能力。只有具备了维护法治意识和用法能力，当法律受到践踏时，才能勇敢站出来维护公平和正义。

红色法治文化是法治文化的重要组成部分，2021 年是中国共产党建党一百周年，在这特殊的历史节点上，河南把对红色资源的立法保护提上重要日程。作为大别山革命老区的核心区域，信阳境内遗存革命历史类旧址达 709 处之多，革命文物数占河南省的 80%以上。为了保护这些不可再生的红色文化资源，2021 年 7 月 30 日，《信阳市红色资源保护条例》经河南省十三届人大常委会第二十六次会议审查批准通过，并于 2021 年 10 月 1 日起施行。其中，该条例规定“红色资源保护实施名录管理”；还规定“推进红色资源与乡村振兴融合发展”“鼓励和支持社会资本参与红色资源的保护和利用”等内容，以立法实践弘扬红色法治文化，为法治社会建设积淀深厚的文化底蕴。未来，河南将进一步深培厚重文化沃土，以守法普法创建为引领，发挥黄河法治文化带和南水北调法治文化带十字形辐射作用，建设

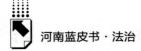

“河南法治宣传教育中心”，打造大运河法治文化带、淮河法治文化带，在中原大地建成东西南北纵横交错的法治文化新高地。①

总之，作为全面依法治国的根本遵循和行动指南，习近平法治思想是引领法治社会建设不断迈向新境界的思想武器。党的二十大报告提出“法治社会是构筑法治国家的基础。弘扬社会主义法治精神，传承中华优秀传统法律文化，引导全体人民做社会主义法治的忠实崇尚者、自觉遵守者、坚定捍卫者”。我们相信，在习近平法治思想指引下，坚持运用良法思维、善治思维、系统思维、辩证思维、包容性思维和文化思维，河南的法治社会建设实践将更加丰富有效，为建设更高水平法治河南奠定坚实的基础。

参考文献

何勤华主编《法治社会》，社会科学文献出版社，2016。

谭波、赵智：《习近平法治思想中立法理论的立场指向与思路》，《河南财经政法大学学报》2022 年第 3 期。

王运慧：《民法典彰显民族精神护航民族复兴》，《公民与法》（综合版）2021 年第 8 期。

习近平：《论坚持全面依法治国》，中央文献出版社，2020。

张翠梅、方宜：《三位一体：“法治中国”建设的战略转向》，《南海法学》2021 年第 4 期。

俞可平主编《治理与善治》，社会科学文献出版社，2000。

《省司法厅在中原大地打造法治文化新高地》，《河南法制报》2023 年 4 月 28 日。

江必新、王红霞：《法治社会建设论纲》，《中国社会科学》2014 年第 1 期。

袁达松：《以包容性法治模式激活社会治理各主体活力》，《国家治理》2019 年第 4 期。

《中共中央关于全面推进依法治国若干重大问题的决定》，《人民日报》2014 年 10 月 29 日。

① 《省司法厅在中原大地打造法治文化新高地》，《河南法制报》2023 年 4 月 28 日。

B.17
法治社会视域下短视频版权保护规则研究

曾心怡*

摘　要： 2022年中共中央政治局会议、国务院常务会议、中央经济工作会议先后提出，“要促进平台经济健康发展”“出台支持平台经济规范健康发展的具体措施”“支持平台企业在引领发展、创造就业、国际竞争中大显身手”，为数字经济发展打下了良好的政策基础。河南紧跟时代发展大势，利用直播、短视频深度融入各行各业、生产生活，撬动着经济社会质量变革、效率变革、动力变革，在数字生态里不断发酵着新市场、新业态、新角色，沉淀着新内容、新场景、新故事。但是目前短视频行业中尚存在规则不完善的地方，需要在传播使用过程中进一步进行规范，更好保护原创短视频的发展传播。

关键词： 法治社会　短视频　版权保护规则

从刘畊宏“健身操”到董宇辉“双语带货”，从各地文旅局长变装代言到火遍全网的淄博烧烤，从摇滚歌手崔健线上演唱会到冬奥会、世界杯掌上观赛，云健身、云购物、云旅游、云吃美食、云演艺、云观赛带给了人们更加多样的美好记忆；在短视频里“种草”“打卡”成为生活中的“养分”，每一个人都能在创作中为理想世界投票。新阶段，直播、短视频平台逐步向互联网基础应用过渡，通过深度赋能数实融合、就业创业、

* 曾心怡，河南省社会科学院法学研究所助理研究员，研究方向为知识产权。

文旅推广、助农普惠等，河南要进一步把握短视频发展的前沿趋势，服务于网络强国、数字中国建设，助力“构建河南新发展格局，推动河南高质量发展”。

一　新时代自媒体短视频行业分析

（一）现象级流量持续输出，时间黑洞效应明显

2022 年，中国短视频用户规模首次突破 10 亿人大关，用户活跃度与黏性持续提升，使用时长呈碾压之势，列网络使用时长排行榜的首位，在中国移动互联网应用中，短视频保持着流量高地和时间黑洞的强势地位。中国互联网络信息中心（CNNIC）《第 51 次中国互联网络发展状况统计报告》的数据显示，截至 2022 年 12 月，我国网民规模 10.67 亿人，同比增加 3.4%，其中短视频继续领跑大盘，用户规模 10.12 亿人，同比增长 8.3%，使用率高达 94.8%，同比提高 4.3 个百分点。2018 年以来，中国移动互联网步入存量时代，月活用户规模逼近饱和，而短视频月活用户规模保持稳步增长（见表 1）。在存量时代互联网巨头对用户黏性争夺加剧的背景下，用户短视频使用时长继续强劲增长，2022 年 12 月，月人均使用时长 67.1 小时，同比增长 22.8%（见图 1），用户日均使用短视频时间超过 2.2 小时。2019 年以来，短视频使用时长占大盘总时长的比例一路攀升，2021 年超过即时通信，成为全网时长占比 TOP1，在其他应用时长占比持续下降或基本不变大势下，短视频时长占比从 2019 年的 15.2%增长到 2022 年的 28.5%，相反即时通信则从 26.5%下降为 20.7%，短视频一枝独秀，以绝对优势继续强势挤占即时通信、综合资讯、在线视频、综合电商等的应用份额（见图 2）。其中，快手极速版 App、抖音 App 的月人均使用时长均不低于 41 小时。短视频成为 2022 年中国移动互联网中其他应用难以企及的一个流量高地和时间黑洞。

表 1　2016 年 12 月至 2022 年 12 月短视频月活用户与中国移动互联网月活用户情况对比

单位：亿人，%

时间	短视频月活用户		中国移动互联网月活用户	
	MAU	同比增长率	MAU	同比增长率
2016 年 12 月	2.04	27.3	10.20	17.8
2017 年 12 月	4.17	104.4	10.85	6.4
2018 年 12 月	7.12	70.7	11.31	4.2
2019 年 12 月	8.02	12.6	11.39	0.7
2020 年 12 月	8.50	6.0	11.58	1.7
2021 年 12 月	8.97	5.5	11.74	1.4
2022 年 12 月	9.56	6.6	12.03	2.5

注：MAU 即月活用户规模。
资料来源：根据中国移动互联网数据库提供的数据整理。

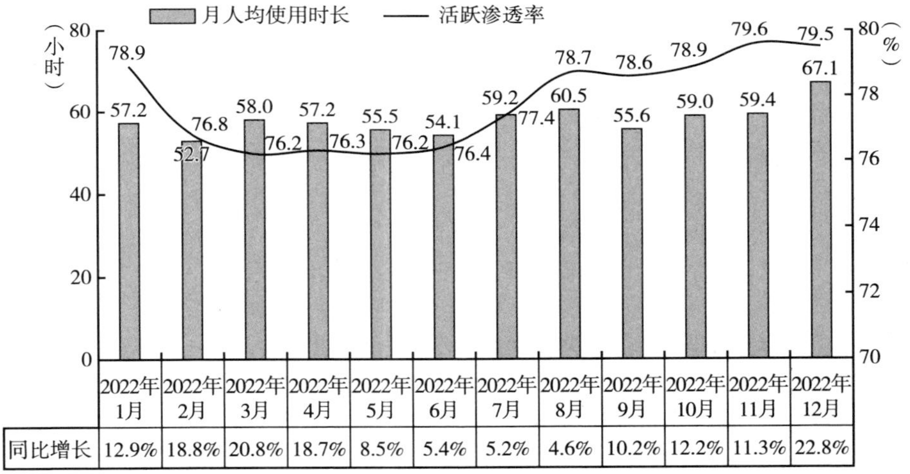

图 1　2022 年短视频月人均使用时长及活跃渗透率

资料来源：根据中国移动互联网数据库提供的数据整理。

河南近年来利用短视频持续发力，联合艺术大咖、旅行博主、本土网红等网络大 V 深挖传统文化与历史资源，将“一部河南史，半部中国史”与流量媒体相结合，持续输出了如《唐宫夜宴》和“奇妙游”等爆火 IP，将炎黄文化、姓氏文化的底蕴与新型网络用语、传播方式相结合，为展现

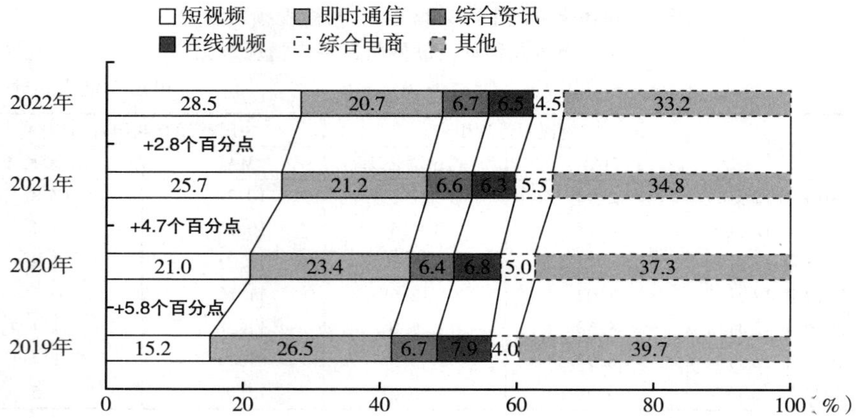

图2　2019~2022年中国移动互联网细分行业用户使用时长占比

资料来源：根据中国移动互联网数据库提供的数据整理。

"大美河南"作了系列性的铺排。短视频的持续爆火造成了传播裂变，多次刷新短视频刺激了相应的热议话题形成，进一步影响着人民空闲时间的出行导向。据不完全统计，单抖音平台上关于"洛阳汉服""应天门汉服"等打卡话题，总播放量就超8000万次，吸引了全国无数游客前来河南体验洛阳古城魅力，对河南引领新型城市文旅发展持续输出动力。

（二）电商搭载视频创意持续带动经济增长

2022年，短视频直播电商和广告市场规模继续扩大，相比前几年广告市场规模的快速增长，2022年直播电商成为拉动短视频商业规模增长的龙头。近年来中国直播电商井喷式发展，2018~2021年实现了从0到2万亿元的飞跃，在数字经济的大背景下，受到三年疫情特别是全国范围封控的催化，企业、平台、消费者共同需要促使中国零售业的变革，推动了直播电商的全民化。2022年，直播电商交易规模达到3.43万亿元，同比增长34.0%，在网上零售额中的占比由2021年的19.2%提高到25.0%。2019年，短视频直播电商异军突起，随着"抖快"强化电商平台基建、补齐产业链短板，电商生态趋于成熟，"抖快"成长为直播电商的头部力量。短视频电商GMV持续扩张，

2021 年“抖快”GMV 平均超过 7000 亿元规模。2022 年，在 3 个直播电商头部平台总 GMV 中，“抖快”占比 72.5%。其中，快手 2022 年 Q1～Q3GMV 达 5887.7 亿元，全年有望达到 9000 亿元的目标。抖音优势更加明显，根据之前媒体公开预测，2022 年总 GMV 接近 1.5 万亿元。

短视频广告营销是短视频崛起的商业引擎，从 2019 年到 2022 年，伴随用户规模和黏性的增长，短视频广告市场规模从 497.50 亿元增长到 1162.15 亿元，4 年间增长 1.3 倍，但相较于之前的高速增长，2021 年短视频广告市场规模增速开始放缓，2022 年增幅降到个位数，由 31.5%降到 6.9%（见表 2）。但是，与中国移动互联网其他媒介类型相比，短视频广告市场规模在大盘中的占比继续保持上升，2022 年在大盘中占比 17.1%，稳居第二，在泛资讯广告、社交广告、在线视频广告等各类广告占比均减少的情况下，短视频广告仅次于电商广告，保持增幅（见表 3）。QuestMobile 数据显示，2022 年 1～10 月，中国移动互联网广告收入占比 6 强中，抖音以 28.4%傲视群雄，快手占比 12.6%，位居第三。

表 2　2019～2022 年中国移动互联网典型媒介类型广告市场规模

单位：亿元

媒介类型	2019 年	2020 年	2021 年	2022 年
电商	1912.71	2496.63	3045.81	3293.71
短视频	497.50	826.77	1087.32	1162.15
在线视频	280.15	239.33	281.66	262.23
社交	555.46	712.55	864.62	896.07
泛资讯	1386.23	1011.71	1087.32	1005.68

注：除表中所列类型外，还有其他类未列举。
资料来源：根据 QuestMobile 提供的数据整理。

表 3　2019～2022 年中国移动互联网典型媒介类型广告市场规模占比

单位：%

媒介类型	2019 年	2020 年	2021 年	2022 年
电商	39.6	45.9	46.5	48.3
短视频	10.3	15.2	16.6	17.1
在线视频	5.8	4.4	4.3	3.8

续表

媒介类型	2019 年	2020 年	2021 年	2022 年
社交	11.5	13.1	13.2	13.1
泛资讯	28.7	18.6	16.6	14.8
其他	4.1	2.8	2.8	2.9

资料来源：根据 QuestMobile 提供的数据整理。

近年来，河南抢抓短视频经济风口，联合域内地市打造直播产业园，通过“短视频+直播”的方式，诞生了一大批全国知名的头部媒体品牌。例如，麦小登、大奔姐、周甜丽、崔校长、乔乔好物等。其中麦小登已经成为全国“三农”的头部达人，被誉为“河南版李子柒”；大奔姐是河南白酒品类超级达人，在919 购物狂欢夜当天销售额超 2500 万元；乔乔好物更是聚集了千万粉丝，一跃成为家居领域的头部达人。更有相当多的品牌闻风而动，打开了营销模式的新天地。据统计，白象食品抖音月销售额在 5000 万~7500 万元，信阳鸡公山酒业目前品牌月销售额在 1000 万~2500 万元，逸阳服饰也进入了服饰品类 100 强。①

（三）流量用户激增带来新变量

2020 年以来，头条系和快手系的用户规模、商业规模优势日益扩大，抖音 App、快手 App 双寡头占据行业头部，2021 年马太效应加剧，头部抖音优势明显。2022 年，短视频平台延续之前竞争格局，两强中抖音强势领跑，新兴的微信视频号用力追赶，未来有望成为“抖快”之外的第三个头部应用，短视频寡头格局确立，其他平台则难以跃升。2022 年，抖音系、快手系用户规模和黏性继续增长，头部地位稳固。QM 数据显示，截至 12 月，抖音旗下短视频 App 中，MAU 过亿元的去重用户规模 8.43 亿人，快手旗下 MAU 过亿元的短视频 App 去重用户规模 5.76 亿人。其中，抖音 App MAU 7.15 亿人，同比增长 6.4%，较上年增幅有所收窄；快手 App MAU 4.49 亿人，

① 《3 万亿直播电商产业，郑州该如何发力》，“燃科创”百家号，2023 年 5 月 10 日，https：//baijiahao.baidu.com/s？id=1765495230336376384&wfr=spider&for=pc&searchword=。

同比增长 9.2%；“抖快”极速版的 MAU 体量大体相当，仍保持两位数较高增长率，快手极速版在 2021 年被抖音极速版赶超后，2022 年 12 月以 2.46 亿人终于重回领先位置（见图 3）。用户黏性上，“抖快”双方也占据绝对优势，

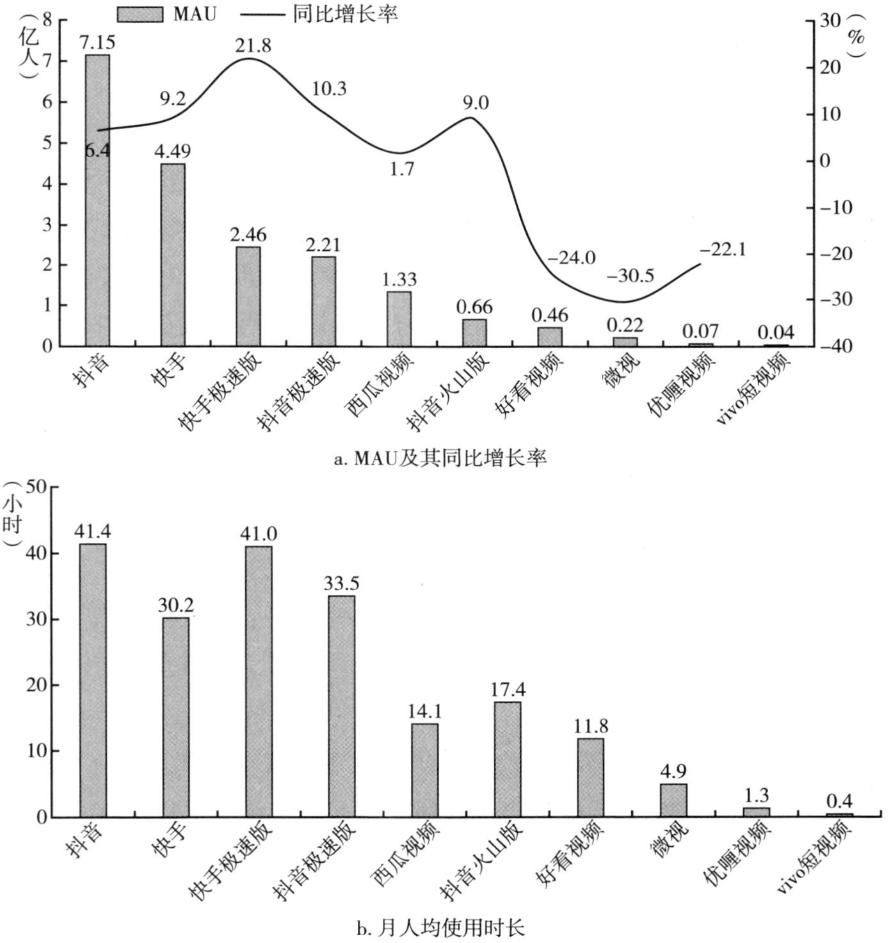

图 3　2022 年 12 月短视频行业 MAU TOP10 App 及其同比增长率和月人均使用时长

说明：vivo 短视频同比增长率暂缺。

资料来源：根据中国移动互联网数据库提供的数据整理。

抖音日均时长均超过 82 分钟，快手日均时长均超过 60 分钟。“抖快”牢固的用户基础奠定了其寡头地位。从商业化看，2022 年“抖快”电商 GMV 再创新高。抖音经过加码闭环电商建设，快速拓展本地生活服务，规模优势日益明显。从资本层面看，总览短视频行业，截至 2022 年 11 月底，全年仅完成 14 起投融资，总金额约为 10.16 亿元，这无疑传递了资本对于新兴平台的态度。“抖快”之外其他独立短视频 App 将很难有翻身的机会。

2022 年平台竞争格局的一大亮点是微信视频号的崛起。微信视频号自上线以来，在腾讯公司的重磅加持下，2022 年 6 月 MAU 达 8.13 亿人，用户规模甚至超过抖音，崔健、罗大佑等多人的演唱会直播频繁出圈儿，内容生态开始逐步繁荣。2022 年被称为微信视频号商业化元年，微信视频号商业进程全面启动。自直播带货兴起之后，微信视频号先后上线信息流广告、微信视频号小店、直播加热功能，初步构建了与头部平台几乎相同的商业模式。但是，微信视频号是微信生态中内嵌的一个非独立应用，故用户规模的数据价值有限，况且微信视频号用户黏性不足，日均使用时长只有大约 35 分钟，总之，微信视频号无论是用户黏性、内容生态还是商业规模与“抖快”的差距仍然较大。然而，微信视频号被马化腾视为“全场的希望”，正在利用与微信深度绑定的无人企及优势快速崛起，与“抖快”的正面较量蓄势待发，尽管目前提“三足鼎立”显然为时过早，但微信视频号无疑将是影响未来头部短视频格局的最大变量。

短视频热效应也进一步带动了河南传统传媒的蝶变，2023 年 1 月 9 日，“收视中国”发布 2022 年 CSM 全国省级台新闻融合传播指数，河南台连续两年居新闻融合短视频传播指数首位，新闻短视频发布总量和传播总量居省级台首位。2022 年河南台的 9 个账号传播量破 15 亿次，其中 2 个账号破百亿次。具体来看，@大象新闻以全年 164 亿次传播量迅速崛起，升至台内账号流量首位，较 2021 年增幅达 222.7%，其次是@河南民生频道，传播量达 134.8 亿次，两个账号贡献台内半数以上流量，并分列省级台新闻类账号传播量第二、第三位。@河南都市频道、@打鱼晒网、@河南都市报道、@大象直播间、@民生大参考、@小莉帮忙等共筑民生新闻账号矩阵，皆揽获超

15亿次传播量。此外，@唐宫夜宴在快手平台发布内容以新闻为主，传播量超15亿次。[①]

二 短视频版权保护难点

（一）确权机制不完善

一是短视频版权具有不确定性。对短视频进行保护的基础是其有清晰的著作权归属。然而由于短视频形成的门槛低，内容短小精悍，并非所有的短视频自形成之日起就自动享有作品之保护权。其必须满足独创性这个核心要求，这也是在司法实践中判断的一个难点。通常需要法官在具体案件中充分考量各种因素进行个案认定，因此这种不确定性给短视频保护带来了相应的风险。

二是二次创作短视频版权问题较为复杂。通过技术形成预告、影评、盘点、片段（CUT）、解说及混剪等多个类别，涉及二创作者、自媒体公众账号运营企业、网络平台、权利人等多方主体，依据的法律和条例主要有《著作权法》《信息网络传播权保护条例》，还涉及《互联网用户公众账号信息服务管理规定》、《网络安全法》以及《民法典》中的人格权等，版权问题体现在被搬运侵权、合理使用、短视频侵权三个方面，实践中问题更为复杂。例如，北京佳达公司诉河南飘度公司案，就是对其中虚假访问和搬运推送进行了认定。

（二）平台过滤审核机制参差不齐

一是避风港规则对平台的保护。由于网络信息“海量性”的特点，网络服务主体不能时时刻刻监管用户的所有行为，因此，世界各国对于网络主体采用避风港原则来进行一定的抗辩保护。因此在被侵权的创作人要求平台

① 《2022年短视频传播头部格局更迭　河南台稳居首位》，大象网，2023年1月11日，https：//www.hntv.tv/yc/article/1/1612680584464097281。

删除侵权作品时，往往存在审核判断的时间差。

二是全方位的过滤义务不切实际。随着互联网信息技术的发展，国际上一些大版权商开始主张使用技术对作品发布进行过滤，例如，索尼、迪士尼、NBC 等已经开始联合起来推动建立版权过滤标准和体系。但是技术标准无法全方位地进行作品间的比对，更会加重网络运营主体的强制性义务，这显然是不合理的。

三是强过滤行为与用户隐私保护间有冲突。对网络平台强加上过滤义务势必会导致平台对于访问行为进行强限制，一方面，版权过滤行为会影响公民正常获取网络信息进而进行自由言论表达的权利，另一方面，强制性的版权过滤也会导致本应该因合理使用自由获得的网络作品变得不具有正当性，造成权利人和使用人之间的利益失衡。

（三）自媒体创作人维权难度大

一是平台履行义务需要时间。虽然目前《著作权法》将短视频纳入试听作品保护范畴，并确定了相应的惩罚性赔偿制度。但是在短视频侵权被发现之初，往往需要在平台端进行投诉，希望平台履行通知删除义务。但是由于互联网传播的裂变性，短期流量激增会带来巨大的流量变现。在平台接到投诉到最终下架侵权视频中间往往需要较长一段时间，在此期间原作品流量减损、名气损失往往是较难解决的问题。例如，浙江卫视此前就将河南卫视与自媒体创作人联合打造的端午水下表演《祈》抹去水印直接挪用，自媒体创作人维权艰难，最后河南共青团下场喊话浙江卫视，痛批其侵权行为。

二是侵权主体认定存在技术壁垒。在短视频侵权传播过程中，侵权者通常使用的是非实名制账号，且通过批量化的“小号”进行快速传播诱导，更有甚者，一些运营账号非法使用他人身份信息，捏造莫须有的事实，进行非法传播。例如，河南网红导游“小黑诸鸣”因评价牛郎织女雕像被无业人员陈某非法获取个人信息，从此开始遭受诋毁威胁，造成 IP 账号宣发受阻和个人日常生活困扰。

三是侵权诉讼成本较高。在短视频的诉讼中，由于时间和经济成本差异，短视频本身能够带来的价值和救济后的价值并不对等。原创版权人通过诉讼途径进行权利维护的内生动力不足。在 2022 年 11 月 11 日中国社会科学院大学互联网法治研究中心等单位举办的“短视频版权保护司法前沿问题”线上研讨会上就有专家指出，相较于日常生活中较为多发的短视频侵权现象，实际上进入诉讼程序的案件并不多。①

三　短视频版权保护的对策建议

短视频的爆火带来了新的发展模式，但也对短视频平台运营和相关机构监管发出了挑战。针对挑战，河南必须尽快完善相关体制机制，敦促各方协力构建起长效监管体制，形成多方联动的保护体系。

（一）敦促互联网诚信档案建立

近年来短视频行业带来了新的发展风口，也催生出“虚假传播”“低俗戏谑”等乱象。对于平台用户而言，其年龄和职业跨度较大，对于视频内容的甄别判断能力也截然不同，必须加强互联网诚信体系建设，对于非法 IP 和侵权内容进行遏制。

一要加强失信档案记录。一方面要进一步加强网络用户尤其是商业 IP 实名制注册，使被侵权的创作人可以依据平台找到具体的侵权人，从而利用相关规定进行维权；另一方面对于多次失信 IP 账户的注册人可将其纳入失信黑户，禁止其在其他平台再次实施失信行为。

二要加强网络用户信用评级。短视频行业“快餐式”的盈利方式，使许多创作人为了“火”不择手段吸取流量和关注，从而不注重账号原创性

---

① 《短视频版权问题再引关注　数字经济健康发展亟须平衡之道》，“北青网”百家号，2022 年 11 月 17 日，https：//baijiahao. baidu. com/s？ id = 1749719618316337014&wfr = spider&for = pc&searchword = 。

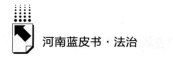

运营。因此可以通过建立网络用户信用评级制度，通过公众监督来提醒短视频创作者警惕侵权行为发生。

（二）完善短视频版权保护体系

近年来，针对短视频行业从内容到主体法治与监管进一步融合协同，在监管引导下，直播、短视频平台机构进一步强化了自律合规，但尚有几方面需要注意。

一要明确避风港原则下平台的注意义务。短视频行业的高盈利性要求平台在避风港原则下更加积极作为，短视频平台应在实施合理技术措施的范围内，对侵权用户实施一定的检测和制裁行为。例如，在用户协议中警示性注明相关侵权责任；对重复上传作品进行重复性核查，对侵权用户实施账号封管；等等。

二要对二次创作作品侵权再分类。互联网时代知识获取的时间更少，获取的范围更广。二次创作中涉及的种类繁多，采用的技术手法水平各不相同，因此可以在司法中探索“付费即授权”“知识共享协议授权”“先授权再试用”三级使用标准，为二次创作人提供可参照的标准。

三要明确合理使用与短视频侵权的关系。在衡平原创人利益和社会公众利益基础上，应尽快明确短视频中合理使用和侵权搬运之间的界限。除了商业使用不在合理使用范畴外，对于合理使用的正当性需求的范围需要进行限制，另外合理使用也不能影响原作品创作人的正常市场应用和应有价值。

（三）提升短视频版权保护水平

近年来，河南借助平台以“纽带”功用牵引着供需两端，为工业品、农产品的高效流动开辟了通路，为带动就业与新职业的发展开拓了空间。通过直播、短视频，河南传统文化赓续、国际传播创新得到了社会多元主体的共同参与；农货通过直播间的一串串订单走遍大江南北。必须进一步深化短视频版权保护工作开展，创新保护理念和方法。

一要建立常态化侵权处理机制。监管部门要进一步加大侵权处理力度，加强行政部门与运营平台间的协作，引导平台建立起维权处理机制，建立政企长效监督合作机制。

二要缩短侵权案件司法审判周期。要进一步明确科学技术适用在版权认定中的规则体系，缩短审判周期。通过定期向社会发布典型指导案例，来阻却侵权之歪风邪气。

三要制定行业保护标准和措施。行业组织是现代社会管理中的重要一环。相关行业组织应积极协调企业间制定版权使用和认证标准，推动建立短视频行业黑名单共享机制，推动行业自律形成。

（四）增强短视频版权保护意识

短视频侵权屡屡发生，从根本上讲是版权意识缺乏的恶果。当前，随着我国知识产权强国建设的发展，在强调知识产权制度建设的同时，必须将知识产权质量与知识产权意识提升同时把握，将尊重创新创造的意识向全社会投放，进一步加快创新资源要素的有序流动和优化配置。

一要以平台为媒介加强宣传教育。以短视频为主的网络传播平台应利用传播效应，在用户注册和使用时，积极推送版权保护的相关内容。有条目有计划地组织相关主体进行视频创作和视频认证，避免创作人完成创作后因疏漏而被他人捡漏侵权。培养创作人积极维护自身权益的意识和习惯。

二要压实监管单位的教育义务。行政部门应当主动联合短视频平台打击盗版侵权活动，主动发布教育管理清单任务，向短视频平台管理人员阐明版权侵权的相关责任和严重后果。短视频行业协会也应敦促企业形成尊重版权的企业文化，进一步提升版权运营工作效率。

三要加强版权保护的教育普及。各方主体应积极配合落实知识产权强国建设方案的相关内容，利用报刊、网络、电视等多种途径，以文字、图片、音像等丰富形式向全民普及知识产权教育，营造尊重创造的良好社会氛围，先授权后使用。

参考文献

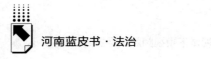

张立雯：《短视频著作权的侵权认定及法律保护分析》，《法制博览》2023 年第 26 期。

张中祥：《短视频平台侵权责任的认定问题分析》，《市场周刊》2023 年第 9 期。

韩子俏：《短视频平台版权纠纷侵权责任认定研究》，硕士学位论文，太原科技大学，2023。

廖庆雯：《我国短视频商用背景音乐著作权侵权问题研究》，硕士学位论文，江西财经大学，2023。

杨笛：《论短视频平台著作权侵权注意义务》，硕士学位论文，北京外国语大学，2023。

王悦：《场域理论视角下二次创作短视频侵权问题研究》，硕士学位论文，中国社会科学院大学，2023。

陈子秋：《利益平衡视角下的新闻短视频版权保护》，《传媒经济与管理研究》2022 年第 2 期。

B.18

法治社会背景下公益诉讼“社会化”研究

崔玮　柯攀*

摘　要： 党的二十大报告强调“完善社会治理体系。健全共建共治共享的社会治理制度，提升社会治理效能”，多主体协同共治成为社会治理现代化的重要标志，社会组织作为社会中的重要成员之一，可以为维护社会公共利益“社会化”提供积极助力。然而主体资格认定苛刻、参与诉讼意愿较低、诉讼功能受限严重以及参与诉讼成本过高等，是公益诉讼“社会化”遇到的主要难题。为了避免社会组织“边缘化”，应当适当放宽起诉资格限制条件、激发社会组织提起公益诉讼的活力并提升其诉讼能力，推动公益诉讼由“国家化”转为“社会化”。

关键词： 法治社会　社会治理　公益诉讼　社会组织

相对于以保护个人权益为目的的私益诉讼，公益诉讼是围绕保护公共利益而展开的。基于诉讼原理，诉讼主体向法院提起诉讼的目的是为与自己有关的利益寻求救济。如此，诉讼主体便与诉争利益具有直接、紧密的联系。而公共利益是指一定范围内不特定多数人的共同利益，它是包括国家利益、社会利益、民族利益、集体利益在内的公共物质利益和精神需要。公共利益不是简单的个人利益的集合，而是以公民总体的既得利益与期待利益的统一

* 崔玮，郑州大学法学院讲师、硕士生导师，法学博士，研究方向为检察公益诉讼；柯攀，郑州大学法学院硕士研究生，研究方向为检察公益诉讼。

为起点进行考量的群体利益。[①] 因此，每一个社会的组成单元都有维护公共利益的责任。而社会组织作为重要的社会组成，在维护公共利益的过程中作用巨大。在我国近年来持续推进的公益诉讼制度改革中，国家将完善公益诉讼程序作为保护公共利益的重要途径。在实践中，社会组织在公益诉讼中却呈现出逐渐“边缘化”的尴尬处境。但作为维护公共利益不可缺少的力量，社会组织在社会治理中的作用不可小觑。这种应然和实然之间的巨大分野，也彰显了法治社会背景下公益诉讼“社会化”研究的充足必要性。

一　公益诉讼“社会化”的历程与现状

党的十八大以来，以习近平同志为核心的党中央高度重视法治社会的建设。2012 年 12 月，习近平总书记在首都各界纪念现行宪法公布施行 30 周年大会上首次明确提出“法治国家、法治政府、法治社会一体建设”。[②] 此后，党的十八届三中全会、四中全会，党的十九大及十九届二中全会、四中全会，党的二十大均提出了这一任务目标。可以看出，法治社会已经成为全国的法律命题。2020 年 12 月，中共中央印发的《法治社会建设实施纲要（2020—2025 年）》指出要发挥人民团体和社会组织在法治社会建设中的作用，同时，习近平总书记在党的二十大报告中也提出要完善公益诉讼制度。这样的历史背景逐渐孕育了公益诉讼“社会化”的萌芽和发展基础。

（一）公益诉讼“社会化”的肇端

在正向促进方面，在党和国家强调依法治国、国家经济实力提升、公民的精神诉求提高、中国长期的普法教育大大提高了普通民众的法治意识的大背景下，公益诉讼的意识萌发获得良好的外界条件。在反向刺激方面，自 1992 年我

① 参见余少祥《什么是公共利益——西方法哲学中公共利益概念解析》，《江淮论坛》2010 年第 2 期。

② 《坚持依法治国、依法执政、依法行政共同推进，法治国家、法治政府、法治社会一体建设》，《人民日报》2021 年 3 月 16 日。

国明确经济体制改革的目标是建立社会主义市场经济体制以来，由于法律制度不完善等诸多原因，侵害公共利益、扰乱社会公共秩序的现象频发，然而我国法律要求原告只有在与具体诉讼请求有直接利害关系时，才能够提起诉讼，这就造成了公共利益受到损害而无人起诉的现象。在正反两方面因素的综合影响下，基于保护公共利益的迫切需要，我国开始了对公益诉讼制度的探索。

2005 年，北京市朝阳区自然之友环境研究所（以下简称“自然之友”）创始人、全国政协委员梁从诚在“两会”期间提交了关于尽快建立健全环保公益诉讼制度的提案，呼吁我国进行环境公益诉讼制度的立法，以期环保组织能够通过法律途径保护环境。同年年底，国务院出台《关于落实科学发展观加强环境保护的决定》，提出完善对污染受害者的法律援助机制，研究建立环境民事和行政公诉制度；发挥社会团体的作用，鼓励检举和揭发各种环境违法行为，推动环境公益诉讼。[①] 从此，公益诉讼上升为国家意志，开启了构建环境公益诉讼制度的顶层设计和尝试。

（二）公益诉讼“社会化”的探索

由于我国诉讼法起步较晚，在 2012 年《中华人民共和国民事诉讼法》（以下简称《民事诉讼法》）修改之前，我国并未设置与公益诉讼有关的制度。但我国并未停下对公益诉讼制度的探索。自 2007 年开始，贵阳、昆明等具有大量生态环境资源的城市逐渐开始设立环境保护审判庭，所在各省也先后出台了办理环境公益诉讼的规范性文件，规定社会组织能够提起公益诉讼。[②] 例如，贵阳清镇市在 2007 年建立了全国第一个环境审判法庭，为了迎合环境案件的特殊性，该法庭在案件的管辖、诉讼主体资格以及环境治理模式方面取得了重大突破，为全国开展环境案件审判作出了探索，与此同时，我国第一起进入审判程序并且环保组织的诉求得到法院支持的环境民事公益诉讼案件也是在此诞生。另外，云南省高院在 2009 年出台的《全省法

① 参见陈有西《中国公益诉讼：现状与趋势》，《中国审判》2006 年第 1 期。

② 参见吴长军《社会组织参与公益诉讼的法律保障机制研究》，《首都师范大学学报》（社会科学版）2014 年第 5 期。

院环境保护审判庭建设及环境保护案件审理工作座谈会议纪要》指出："人民检察院和在我国境内经依法设立登记的、以保护环境为目的的公益性社会团体可以作为环境公益诉讼的原告向人民法院提起环保公益诉讼。"在这样的背景下，环保组织遂开始对公益诉讼的实践探索，从 2009 年法院受理第一起案件到 2012 年《民事诉讼法》修改之前，全国已有 8 起由环保组织提起的环境公益诉讼案件。①

此外，有关社会组织的公益诉讼制度的构建在学术界也开始成为热点话题。有学者认为，公益诉讼是指有关国家机关、团体、社会组织或公民个人向法院提出的请求判令对侵害公共利益的违法者承担责任的诉讼活动，具有起诉主体的广泛性、诉讼对象的公益性、诉请范围的宽泛性等特点。② 也有学者通过勾画域外公益诉讼制度，并结合中国国情，建议我国公益诉讼的启动模式采用以国家、社会组织和公民为起诉主体的三元启动方式，同时采用罚金诉讼作为公益诉讼的激励模式，以弘扬社会正义。③ 在对提起公益诉讼的主体资格认定方面，多数学者将社会组织涵盖在内，社会组织作为致力于公共服务和公共组织的自治性组织，能够更大限度地保护相对弱势的公民个人。④ 以消费公益诉讼为例，学术界认为消费者协会是由一群关心消费者权益的人士组成的，其成立初衷就是维护消费者权益、为消费者提供投诉和纠纷解决渠道，由于涉及消费者权益的案件往往在社会中具有重大影响，因此在维护消费者合法权益的同时，也保护了公共利益。

（三）公益诉讼"社会化"的发展

2012 年 8 月，第十一届全国人大常委会第二十八次会议通过了《关于修改〈中华人民共和国民事诉讼法〉的决定》，此次修订正式将"公益诉讼"以法律的形式确立下来，"对污染环境、侵害众多消费者合法权益等损

① 参见阮丽娟《环境公益诉讼原告资格的司法实践分析》，《江西社会科学》2013 年第 12 期。
② 参见王应强《试论我国公益诉讼制度的构建》，《学习论坛》2004 年第 1 期。
③ 参见赵许明《公益诉讼模式比较与选择》，《比较法研究》2003 年第 2 期。
④ 参见陈晓春、肖雪《社会组织参与法治社会建设的路径探析》，《湖湘论坛》2019 年第 4 期。

害社会公共利益的行为，法律规定的机关和有关组织可以向人民法院提起诉讼”。这一规定标志着我国公益诉讼制度的发展迈入新征程，同时也从立法层面上赋予社会组织提起公益诉讼的资格，初步解决了公益诉讼主体资格认定模糊的问题，使得社会组织提起公益诉讼进入了“有法可依”的新阶段。

为了更好地推动公益诉讼的发展，我国分别在 2013 年、2014 年对《中华人民共和国消费者权益保护法》（以下简称《消费者权益保护法》）、《中华人民共和国环境保护法》（以下简称《环境保护法》）进行修改，进一步细化了社会组织提起消费公益诉讼和环境公益诉讼的规定。对于侵害众多消费者合法权益的行为，中国消费者协会以及在省、自治区、直辖市设立的消费者协会，可以向人民法院提起诉讼；依法在设区的市级以上人民政府登记且连续 5 年内没有犯罪记录的专门从事环境保护的社会组织可以提起公益诉讼。更为清晰的界定，大大激发了社会组织参与公益诉讼的活力，使得更多的社会组织承担起维护公共利益的职责。

随着我国现代化建设的推进，人口大量流动、迁徙和重组现象越发普遍，社会发展不平衡的问题日益突出，社会矛盾也不断增加，社会不安全因素剧增。[①] 此外，随着信息技术的飞速发展和持续创新，人肉搜索、网络暴力、电信诈骗等新问题在虚拟社会中层出不穷，这些现象始终威胁着社会和谐和公共利益。[②] 如果仅凭借社会组织微弱的力量发起公益诉讼，难以保证公共利益得到有效保护。在这样的现状下，2015 年 5 月，中央全面深化改革领导小组第十二次会议审议通过《检察机关提起公益诉讼试点方案》，同年 7 月，全国人大常委会作出决定，授权在北京等 13 个省区市开展为期两年的试点。经过两年试点后，十二届全国人大常委会决定再次修改《民事诉讼法》，明确规定检察机关能够提起公益诉讼。至此，检察机关正式登上公益诉讼的舞台，逐渐取代社会组织，成为公益诉讼的主要力量，我国的公益诉讼也呈现出“国家化”的发展趋势。

① 参见陈柏峰《中国法治社会的结构及其运行机制》，《中国社会科学》2019 年第 1 期。

② 参见陈晓春、肖雪《社会组织参与法治社会建设的路径探析》，《湖湘论坛》2019 年第 4 期。

（四）公益诉讼“社会化”的现状

1. 立法现状

随着检察公益诉讼如火如荼地展开，无论是公益诉讼的案件范围，还是公益诉讼授权单行立法数量，都有了明显的扩增。如今，检察公益诉讼的法定领域已经从“4+1”扩大到了“4+10”，即在生态环境和资源保护、食品药品安全、国有财产保护、国有土地使用权出让领域的基础上，拓展到英烈权益保护、个人信息保护、网络治理及安全生产等领域，并且在最高人民检察院的推动下，已基本形成“4+N”的格局。① 然而，社会组织可以提起公益诉讼的案件范围仍然有限，笔者以北大法宝法律法规数据库为主要检索渠道，以“公益诉讼”为关键词，并结合手动筛查，共检索出19部涉及公益诉讼的法律，详见表1。

表1 涉及公益诉讼的法律及原告认定

法律名称	条款序数	原告认定
《中华人民共和国黄河保护法》	第119条	国家规定的机关或者法律规定的组织
《中华人民共和国个人信息保护法》	第70条	人民检察院、法律规定的消费者组织、由国家网信部门确定的组织
《中华人民共和国长江保护法》	第93条	国家规定的机关或者法律规定的组织
《中华人民共和国民法典》	第1234条	国家规定的机关或者法律规定的组织
《中华人民共和国民事诉讼法》(2021年修正)	第58条	人民检察院、法律规定的机关和有关组织
《中华人民共和国固体废物污染环境防治法》(2020年修订)	第121条	有关机关和组织
《中华人民共和国环境保护法》(2014年修订)	第58条	符合条件的社会组织
《中华人民共和国消费者权益保护法》(2013年修正)	第47条	中国消费者协会、省级消费者办会

① 参见张嘉军《公益诉讼授权单行立法的“民事化”及其消解》，《国家检察官学院学报》2023年第3期。

续表

法律名称	条款序数	原告认定
《中华人民共和国野生动物保护法》(2022 年修订)	第 63 条	检察机关、有关组织
《中华人民共和国反电信网络诈骗法》	第 47 条	人民检察院
《中华人民共和国农产品质量安全法》(2022 年修订)	第 79 条	人民检察院
《中华人民共和国反垄断法》(2022 年修正)	第 60 条	设区的市级以上人民检察院
《中华人民共和国妇女权益保障法》(2022 年修订)	第 77 条	检察机关
《中华人民共和国军人地位和权益保障法》	第 62 条	人民检察院
《中华人民共和国安全生产法》(2021 年修正)	第 74 条	人民检察院
《中华人民共和国未成年人保护法》(2020 年修订)	第 106 条	人民检察院
《中华人民共和国英雄烈士保护法》	第 25 条	检察机关
《中华人民共和国行政诉讼法》(2017 年修正)	第 25 条	人民检察院
《中华人民共和国海洋环境保护法》(2017 年修正)	第 89 条	行使海洋环境监管权的部门

通过对表 1 进行分析，明确规定社会组织能够向人民法院提起公益诉讼的相关法律占比较高。然而在统计到的 19 部法律中，检察机关①占比更高。由此可以看出，公益诉讼的“主力军”已从社会组织转变为检察机关。

2. 司法现状

2012 年《民事诉讼法》增加有关公益诉讼的规定，未能大幅增加案件数量。② 背后的成因之一是起诉主体的界定过于抽象，公益诉讼的“方便之门”并未打开，司法实践中的“高门槛”问题依然存在。在 2012 年《民事诉讼法》颁布实施的三年内，环境公益诉讼案件数量不增反降，甚至在第一年里出现案件数量为零的情况。③ 消费者权益保护领域同样如此，在《消费者权益保护法》已经对诉讼主体作出明确规定的情况下，直至 2015 年，中国消费者协会才提起首例消费民事公益诉讼案件。后来《环境保护法》、

① 含表中“检察机关”“人民检察院”等。

② 参见陈晓春、彭燕辉《环保组织提起民事公益诉讼：现实困境及完善路径》，《湖湘论坛》2021 年第 3 期。

③ 参见庄庆鸿《环境公益诉讼为何仍“高门槛”》，《中国青年报》2013 年 10 月 31 日。

《最高人民法院关于审理环境民事公益诉讼案件适用法律若干问题的解释》（以下简称《环境民事公益诉讼解释》）的出台，开始帮助公益诉讼走出泥潭，各地提起环境公益诉讼案件的数量迅速增长。① 此后，自检察机关成为法定公益诉讼原告主体之后，公益诉讼案件层出不穷。但是，与此同时，社会组织提起公益诉讼案件的数量却急转直下。有关数据显示，2017 年下半年至 2021 年上半年，全国检察机关共提起公益诉讼 19692 件，其中民事公益诉讼 17356 件，行政公益诉讼 2336 件。② 但据不完全统计，在此期间，由环保组织提起的环境公益诉讼只有 300 余件，大约占比 1.5%，而 2017 年之前的环境民事公益诉讼中，大约有 82%的案件是由社会组织提起的。③ 同时，中国消费者协会和各省级消费者保护组织更是在这几年间仅提起 12 件消费公益诉讼。由此可以看出，社会组织提起的案件数量远不及于检察机关。

二　公益诉讼“社会化”的优势

尽管检察公益诉讼大力发展，检察机关逐渐取代社会组织，成为公益诉讼的主导力量，但不能因此忽视社会组织在公益诉讼中的价值而将其边缘化。实际上，社会组织参与到公益诉讼当中，不仅能够弥补检察机关、政府部门在诉讼中的不足，更加充分地维护社会公共利益，更有利于公益诉讼制度的良性及可持续发展。④

① 参见罗书臻《最高人民法院公布十起环境侵权典型案例　15 个省已受理环境公益诉讼案件 48 件》，中国法院网，2015 年 12 月 30 日，https：//www.chinacourt.org/article/detail/2015/12/id/1778086.shtml。

② 参见《最高检发布检察公益诉讼起诉典型案例　公益诉讼全面开展 4 年提起诉讼近 2 万件》，最高人民检察院网站，2021 年 9 月 15 日，https：//www.spp.gov.cn/xwfbh/wsfbt/202109/t20210915_529543.shtml#1。

③ 参见王琳琳《鼓励社会组织发起公益诉讼》，《中国环境报》2018 年 3 月 6 日。

④ 参见陈杭平、周晗隽《公益诉讼“国家化”的反思》，《北方法学》2019 年第 6 期。

（一）发挥权力监督作用

党的十九大报告指出要推动社会治理重心向基层下移，发挥社会组织作用，实现政府治理和社会调节、居民自治良性互动。社会组织作为按照一定的宗旨、制度建立起来的活动集体，担负着对社会治理进行监督的重要职责。公共利益与公共事务紧密相关，对于公共事务的管理大多由行政机关进行。事实上，在实践中存在不适当的行政行为造成公共利益受到损害的情况。那么，社会组织的监督作为社会监督的一种方式，赋予其提起公益诉讼的资格能够有效地对行政机关管理公共事务的行为进行监督。同时，行政机关的权力是代表人民实施的，人民对行政行为进行监督便是应有之义。[①] 但《中华人民共和国行政诉讼法》只规定了检察机关是提起行政公益诉讼的适格主体，这难以对公权力形成制衡。如果赋予社会组织提起行政公益诉讼的资格，既可以起到对行政机关的监督作用，又能够借助司法权对行政行为进行进一步的约束。这不但符合党的二十大关于加强新社会组织的建设的要求，也是完善社会治理体系的重要举措。

（二）畅通诉求反映渠道

根据“无利益则无诉权”的原则，仅凭对公共利益的关心或为了维护社会的整体利益而进行诉讼是不被允许的，公益诉讼的提起人通常需要证明他们与案件具有直接相关的利益。这一原则的出发点是确保司法资源的合理利用和诉讼程序的合法性。由于诉讼过程需要耗费大量的时间、人力和财力，如果允许任何人或组织无条件提起诉讼，可能会导致滥用司法资源、恶意起诉、增加诉讼负担等问题。然而，在公益诉讼领域，大多数国家采纳了“无利益则无诉权”的例外情况。[②] 首先，公共利益与每个人的生活息息相关。因此，为了促进公益诉讼，法律就会赋予特定的组织提起公益诉讼的权

① 参见陈义平《社会组织参与社会治理的主体性发展困境及其解构》，《学术界》2017 年第 2 期。

② 参见谢伟《德国环境团体诉讼制度的发展及其启示》，《法学评论》2013 年第 2 期。

利。这些组织代表受到影响的群体或无法自行提起诉讼的个人，以维护公共利益。其次，社会组织的民间性决定了社会组织相比于行政机关、检察机关更方便深入基层，与群众的联系更为密切，能够更充分地表达诉求。允许社会组织提起公益诉讼，使得社会组织成为国家机关与人民群众之间的桥梁，畅通更广泛主体的诉求反映渠道，有利于维护社会的稳定。社会组织往往拥有固定的成员，有些社会组织还会与律师事务所、学术机构等组织建立合作关系，共同制定诉讼策略、提供法律援助，增强公益诉讼的力量。另外，社会组织也可以以第三人的身份介入公益诉讼，以发表意见、提供证据或专业知识等方式支持公益诉讼的进行。[①] 最后，社会组织通过舆论宣传的方式，引起公众对特定问题的关注，推动公益诉讼的进行。社会组织利用媒体、社交网络等渠道，宣传公益诉讼的重要性和意义，提高公众对公益诉讼的认识度和支持度，从而为公益诉讼争取更多的关注和资源。

（三）分担主体责任

国家行政机关是公共利益的主要维护者，并且行政权力的主动性决定了行政机关要积极主动地维护公共利益。但由于行政机关人力不足、预算有限等诸多因素，对于公共利益的保护难免出现瑕疵。另外，检察机关在面对特定领域的公益诉讼时，存在知识储备不足等问题。为了充分有效地保护公共利益，为公益诉讼注入社会力量就显得尤为重要。特定的社会组织是专门针对某一类公共事务而设立的，如消费者协会、妇女联合会、环保组织等。相比于行政机关宽泛的管理范围，它们只针对各自领域的事务进行监督，能够更加有效、及时地发现侵害公共利益的行为。实际上，“政社分开”已经成为治理社会的重要方向，[②] 党的十八届三中全会上通过的《中共中央关于全面深化改革若干重大问题的决定》明确指出：“激发社会组织活力。正确处理政府和社会关系，加快实施政社分开，推进社会组织明确权责、依法自

① 相关内容详见江苏省常州市中级人民法院判决书（2016）苏04民初214号。

② 参见康宗基《十八大以来中国共产党引导社会组织发展的基本经验》，《大连海事大学学报》（社会科学版）2020年第5期。

治、发挥作用。适合由社会组织提供的公共服务和解决的事项，交由社会组织承担。”同时，习近平总书记在党的二十大报告中强调“加快建设法治社会”“推进多层次多领域依法治理，提升社会治理法治化水平”。由此可以看出，法治社会的建设需要社会组织的力量。只有提高社会组织提起公益诉讼的积极性，充分发挥社会组织在社会管理中的作用，才能够改变“社会事务，国家担责”的局面。

三　公益诉讼“社会化”的障碍

（一）社会组织主体资格认定苛刻

首先，我国现行法律对于提起公益诉讼的社会组织的定义不够明确。除了《消费者权益保护法》《环境保护法》《环境民事公益诉讼解释》明确规定哪些社会组织能够提起公益诉讼，其他法律对于社会组织的定义过于抽象，[①] 在司法实践中缺乏可操作性，这就导致大量的社会组织不明确自身是否具备起诉资格而怠于提起公益诉讼。即便一些社会组织积极地向法院提起公益诉讼，也会因为法院对于诉讼资格谨慎保守的态度而遭到驳回。例如，关于天津合众罕见病关爱帮扶中心诉深圳市早知道科技有限公司人格权纠纷一案，深圳中院认为法律没有明确具体哪些机关和组织可以提起公益诉讼，因此对于公益诉讼主体的认定不宜过宽。对可以提起公益诉讼的组织应作一定的条件限制，如由特别法对设立时间、设立宗旨、组织结构、经费情况等作一定限制，并要求经过特定机关的专门许可。该案中，原告并未取得特别法规定的其可作为公益诉讼提起者的授权，应当认为，其不属《民事诉讼法》（2017 年修正）第 55 条所指向的“法律规定

① 如《中华人民共和国长江保护法》第 93 条规定：“因污染长江流域环境、破坏长江流域生态造成他人损害的，侵权人应当承担侵权责任。违反国家规定造成长江流域生态环境损害的，国家规定的机关或者法律规定的组织有权请求侵权人承担修复责任、赔偿损失和有关费用。”

的机关和有关组织”。①

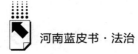

其次，社会组织的资格要求过于严苛。例如，仅有中国消费者协会或省一级的消费者协会才可以提起公益诉讼。但在生活中，消费者协会往往是通过消费者主动告知侵权行为而采取相应的措施。基于现行法律规定，消费者权益受到侵害后，无法向当地消协寻求帮助，反倒只能求助于更高级别的省消协或中国消费者协会，这无疑增加消费者的维权成本，也会导致其他消费者协会名存实亡。② 对于提起环境公益诉讼的社会组织要求更为严苛，不仅需要在设区的市级以上政府登记，还要求连续 5 年内从事环保工作且无违法记录。这样的规定使得社会组织提起环境公益诉讼门槛过高，符合要求的环保组织数量少之又少。由社会组织提起的公益诉讼案件的数量也自然屈指可数。从《中国环境资源审判（2020）》公布的数据来看，2020 年全国审结的环境民事公益诉讼案件共有 3557 起，其中仅有 103 起案件由社会组织作为原告向法院提起诉讼。另外，据《中国环保公益组织现状调研报告（2022）》统计的数据，我国登记在案的环保公益组织约有 6000 家，从数量上看似乎具备一定的规模，但真正符合起诉标准的环保公益组织不到 10%，再加上部分环保公益组织规模并不可观，司法实践中提起过一起以上公益诉讼案件的环保公益组织不足 40 家，且绝大部分案件的原告为自然之友、中华环保联合会、中国生物多样性保护与绿色发展基金会。③

（二）社会组织参与诉讼意愿较低

有学者指出，社会组织对公共事务活动的权利与诉求能够大力推动社会

① 广东省深圳市中级人民法院裁定书（2019）粤 03 民初 2230 号。

② 参见刘显鹏、胡夏清、杨瑜娴《消费民事公益诉讼原告资格探析》，《荆楚理工学院学报》2018 年第 3 期。

③ 参见李巧玲《环保组织缘何不愿走上法庭——法律机会结构理论视域下提升环保组织公益诉讼意愿研究》，《江汉大学学报》（社会科学版）2023 年第 4 期。

组织参与公益诉讼，发挥社会治理作用。[①] 然而，根据《中国环保公益组织现状调研报告（2022）》，收到的500份有效调查问卷中，选择“非常愿意”“愿意”参加公益诉讼的环保公益组织不到总数的一半。同时，实践中存在大量经过检察机关公告后，无任何社会组织回应的案件。例如“浙江省台州市人民检察院诉谢道水等海事海商纠纷公益诉讼案”[②] 和“浙江省台州市人民检察院诉徐叨能等海事海商纠纷公益诉讼案”[③]。另外，据笔者统计，截至2022年底，包括中国消费者协会在内的各级消费者协会共提起25起公益诉讼案件。而从中国裁判文书网以“民事公益诉讼”、“消费者”和“人民检察院”为关键词进行检索，共检索出4624篇文书，其中民事公益诉讼案件443起。由此可以看出，社会组织对提起公益诉讼缺乏积极性，并未充分发挥提起公益诉讼的职能。

造成社会组织参与公益诉讼的积极性不高的原因主要有以下两点。第一，缺少对社会组织的激励机制。根据前文所述，公益诉讼作为“无利益则无诉权”原则的例外，社会组织提起公益诉讼时与诉讼标的并无直接的利害关系，同时法律明确规定“提起诉讼的社会组织不得通过诉讼牟取经济利益”。[④] 不得牟取经济利益的规定过于笼统。社会组织提起公益诉讼必然需要成本支出。对于这些成本支出如何进行补偿，也成为实实在在摆在社会组织面前的难题。如果“赔钱打官司”，显然不符合理性经济人的思路，这将会削减社会组织参与公益诉讼的热忱。第二，缺乏独立性。根据组织研究领域中的资源依赖理论，生存是组织的首要目标。[⑤] 组织必须确保获得足够的资源来满足其运营需求，并应对外部环境的变化和不确定性。然而，当一个组织过度依赖外部资源时，其行为将受到严重影响。过度依赖可能使组

① 参见李杏果《社区社会组织参与社会治理共同体建设：内在逻辑与实现路径》，《河南社会科学》2023年第1期。

② 宁波海事法院判决书（2023）浙72民初19号。

③ 宁波海事法院判决书（2023）浙72民初82号。

④《环境保护法》第58条第3款规定：“提起诉讼的社会组织不得通过诉讼牟取经济利益。”

⑤ 参见张勇杰《策略选择与责任指向：环保组织影响企业环境责任建设的行动研究》，《公共管理学报》2022年第4期。

织变得脆弱，容易受到资源供应者的控制和操纵。无论是在消费公益诉讼还是在环境公益诉讼中，具有起诉资格的社会组织，往往具有官方或半官方的性质，组织运营的经费大多来自政府资助和社会捐助，极有可能面对政府各方面的压力，这会使社会组织忽略公共利益，违背社会组织成立的宗旨。

（三）社会组织诉讼功能受限严重

首先，检察机关的功能发挥客观限制了社会组织的诉权行使。《环境民事公益诉讼解释》第11条规定检察机关可以通过提供法律咨询等方式支持社会组织提起环境民事公益诉讼。同时，《最高人民法院最高人民检察院关于检察公益诉讼案件适用法律若干问题的解释》第13条规定，人民检察院拟提起公益诉讼的，应当依法公告，公告期为30天。只有在公告期届满后，仍无社会组织提起诉讼的，人民检察院才能提起公益诉讼。由上述规定可以看出，检察机关在公益诉讼中是保护公共利益的最后一道防线。但实践中，检察机关支持起诉的现象并不常见，多数是检察机关提起公益诉讼。

其次，社会组织有限的诉讼能力，也是其无法充分发挥诉讼功能的因素之一。从《中国环保公益组织现状调研报告（2022）》展示的专职人员在环保组织中的占有比例来看，53%的环保公益组织中仅有1~5名专职人员，10人以上规模的环保公益组织只有8%。在我国，社会组织的规模普遍偏小，组织成员的素质参差不齐，缺乏专业的法律人士。同时，社会组织在提起公益诉讼时被要求提交被告的行为已经损害公共利益或具有损害公共利益的风险的初步证据。这表明社会组织在提起诉讼之前就需要对相关证据进行调查收集，而涉及公共利益案件的特殊性、复杂性要求此类案件的调查取证更加专业，但我国社会组织普遍没有设立专业的取证机构或具备专业知识的专职人员，取证能力的欠缺使得社会组织在公益诉讼中举证十分困难。在“北京市朝阳区自然之友环境研究所与北京九欣物业管理有限公司（以下简称‘物业公司’）等固体废物污染责任纠纷案”中，[①] 原告自然之友为了证明被告物

① 北京市第四中级人民法院民事判决书（2015）四中民初字第233号。

业公司倾倒渣土等固体废物的行为对原有生态进行了破坏，总共向法院提交了16份涉及卫星影像、民意调查、专业资质证书等诸多种类证据，对证据的收集、调查、鉴定所耗费的时间也长达12年之久。由于证据鉴定难度之大，自然之友并不具备专业的鉴定技术，需要其申请专门鉴定机构对证据进行鉴定，如此艰难的举证过程，令大部分不具备雄厚经济实力的环保公益组织望而却步。

（四）社会组织参与诉讼成本过高

由于公益诉讼涉及公共利益，案件的影响力深远，审判耗时长，证据的获取难度大，社会组织提起公益诉讼的成本相当之高，再加上大部分社会组织是非营利性的，资金来源主要依靠政府购买服务和基金会资助，所以绝大多数社会组织不具备雄厚的资金基础，难以应对高风险性的公益诉讼。

首先，依据我国《诉讼费用交纳办法》《最高人民法院关于适用〈中华人民共和国民事诉讼法〉的解释》的相关规定，案件受理费由原告预交，否则案件将按照撤诉处理。[①] 尤其是涉及生态环境损害赔偿案件的收费标准往往与请求赔偿的金额挂钩，假若社会组织败诉，其要承担天价的败诉费用，这让普通的社会组织难以承受。例如，在“常州毒地”公益诉讼案中，[②] 作为原告方的自然之友和绿发会为了维护社会公共利益，向法院提交了环境公益诉讼的起诉书，一审法院以环境污染风险已得到有效控制为由，驳回原告诉讼请求。这样一来，自然之友和绿发会不仅没有胜诉，甚至需要承担高达189万元的案件受理费，这样高额的案件受理费又能让多少家环保公益组织有勇气提起公益诉讼？《中国环保公益组织现状调研报告（2022）》显示，2021年年收入在0~10万元（不含10万元）的环保公益

---

① 《诉讼费用交纳办法》第20条规定：“案件受理费由原告、有独立请求权的第三人、上诉人预交。被告提起反诉，依照本办法规定需要交纳案件受理费的，由被告预交。追索劳动报酬的案件可以不预交案件受理费。”《最高人民法院关于适用〈中华人民共和国民事诉讼法〉的解释》第213条规定：“原告应当预交而未预交案件受理费，人民法院应当通知其预交，通知后仍不预交或者申请减、缓、免未获批准而仍不预交的，裁定按撤诉处理。”

② 江苏省常州市中级人民法院判决书（2016）苏04民初214号。

组织最多，数量占到总数的44%；仅有1/10的环保公益组织的年收入达到100万元以上。由此可见，在开展基本活动时资金都不充裕的情况下，如果还要求社会组织负担高额的诉讼成本，这已经将绝大多数的社会组织拒之公益诉讼门外。

其次，依据“谁主张谁举证”的原则，社会组织应当对损害事实、因果关系等要素承担举证责任，即便在环境公益诉讼中规定了举证责任倒置，社会组织仍需对相关问题进行鉴定，用以支持诉讼请求。然而，大多数的环保公益组织并不具备鉴定资格，且没有专职律师或固定的诉讼团队，因此，高额的鉴定费用和律师费成为社会组织的又一负担。以“曲靖铬渣污染案”为例，其作为中国第一起由民间环保公益组织提起的环境民事公益诉讼案终于在2020年6月落下帷幕。虽然该案最后是以调解的方式结案，但这一案件的结束对于社会组织提起公益诉讼具有典型意义，9年的拉锯战也成为环保公益组织打响公益诉讼的“第一枪”。但案件中揭露出的天价数额的鉴定费用也让人畏惧，为了准确计算出请求赔偿的数目，原告方需要首先进行环境污染损害鉴定，然而一次全面的土壤鉴定费用就高达百万元，即便是资金实力相对雄厚的自然之友也无法动辄拿出上百万元的环境鉴定费用，只能每筹到一笔款项，就推动一小部分的土地鉴定。这是绝大多数中国环境公益诉讼案件至今都无法逾越的巨大阻碍。

最后，为了完善公益诉讼制度，相关司法解释在部分诉讼费用上作出了减免的规定，① 这一举措虽然在一定程度上缓解了社会组织的诉讼压力，有利于提高社会组织的积极性，但同时，法条中的“可以”“酌情”等字眼表

① 《最高人民法院关于审理环境民事公益诉讼案件适用法律若干问题的解释》第24条规定：“人民法院判决被告承担的生态环境修复费用、生态环境受到损害至修复完成期间服务功能丧失导致的损失、生态环境功能永久性损害造成的损失等款项，应当用于修复被损害的生态环境。其他环境民事公益诉讼中败诉原告所需承担的调查取证、专家咨询、检验、鉴定等必要费用，可以酌情从上述款项中支付。”第32条规定：“原告交纳诉讼费用确有困难，依法申请缓交的，人民法院应予准许。败诉或者部分败诉的原告申请减交或者免交诉讼费用的，人民法院应当依照《诉讼费用交纳办法》的规定，视原告的经济状况和案件的审理情况决定是否准许。”

明，国家关于费用减免的态度仍不清晰，是否减免法官享有充分的自由裁量权，社会组织仍具有担负巨额诉讼费用的不确定性。

四 公益诉讼“社会化”的实现

《法治社会建设实施纲要（2020—2025年）》强调“要推进社会治理法治化……推进多层次多领域依法治理，发挥人民团体和社会组织在法治社会建设中的作用”。作为联系政府与群众的纽带，社会组织在社会治理中有着举足轻重的作用，推进社会力量注入公益诉讼可以从以下方面展开。

（一）放宽起诉资格限制条件

1. 明确社会组织的定义

由于我国公益诉讼起步较晚，对于社会组织的定义并不明确，相关法律也不够完善，仅对消费公益诉讼和环境公益诉讼的社会组织作出了明确的规定，上文已经述及。然而，在公益诉讼受案范围已经形成“4+N”格局的背景下，如若依旧未明确哪些社会组织可以提起公益诉讼，社会组织便会因不知其是否具备起诉条件而怠于提起诉讼。因此，今后的相关法律应当细化社会组织提起公益诉讼的资格条件，有关司法解释也应对“有关组织”进行补充，这样能够使更多的社会组织通过提起公益诉讼，履行维护公共利益的职责。

2. 灵活设定社会组织的原告起诉资格

在公益诉讼授权单行立法越来越多，公益诉讼专门立法提上日程的背景下，适当放宽对社会组织资格的认定标准有利于我国公益诉讼的发展。通过查阅历年最高人民法院发布的《中国环境资源审判》和中消协发布的《中国消费者权益保护状况年度报告》，环境资源和消费者权益的公益诉讼案件数量逐年增加，但由社会组织提起的案件数量却寥寥无几，检察机关始终占据主导地位。在检察机关面对案多人少的难题下，立法应当逐步放宽对社会组织起诉资格的限定标准，从而缓解检察机关的压力。但公益诉讼毕竟涉及公共利益，对原告的诉讼能力仍具有一定的要求，如果对原告资格过度放松，容易滋生滥诉现象，浪费司法资源。另外，司法实践中也往往出现社会组织与侵害公共利益的企业或个人私下达成“个人和解协议”。以撤回起诉为条件，要求违法行为人向其支付金钱，这也是为何对社会组织起诉资格作出限制的主要原因。为此，我们可以灵活设定社会组织的原告资格，以社会组织的资历、宗旨、资金状况等方面分级赋予起诉资格，允许规模较小社会组织担任一些难度不大、对公共利益损害较小的案件的原告。对于疑难复杂、损害较大的案件交由资历雄厚的机构或检察机关起诉。这样具有层次的起诉资格不仅能够调动社会组织的积极性，还能够使得检察机关参与的案件成为典型案件，为其他公益诉讼案件提供指引，推动公益诉讼的良性发展。

（二）激发社会组织提起公益诉讼的活力

1. 构建公益诉讼奖励机制

公益诉讼与普通民事诉讼相比，大部分原告并非案件的直接受益人，再加上相关司法解释只规定社会组织可以请求被告承担停止侵害、排除妨碍、消除危险、修复生态环境、赔偿损失、赔礼道歉等民事责任，却并未将损害赔偿请求纳入诉讼请求范围内，这就导致社会组织在诉讼中既无法通过诉讼获得直接的财产利益，又要承担高额的诉讼费用。社会组织在这个过程中扮演着吃力不讨好的角色，势必会降低诉讼意愿，滋生社会组织内部的腐败。为了给予社会组织足够的动力，应当建立相应的奖励机制，以激励社会组织参与公益诉讼。如果社会组织在公益诉讼中胜诉，可以给予其一定的物质奖励作为日常公益活动的启动资金，这一奖励机制不仅可以调动社会组织维护公共利益、提起公益诉讼的积极性，还能够给社会组织提供经济利益上的帮助。此外，有些地市已经存在相关优惠制度，这些做法也值得成为社会组织提起公益诉讼的配套制度。例如，云南省玉溪市规定，起诉人因提起民事公益诉讼产生的差旅费、调查取证费、评估鉴定费等诉讼费用，可由相关环境资源保护行政职能部门先行垫支。[①]

2. 降低公益诉讼成本

如前所述，公益诉讼案件的起诉成本过高，成为社会组织不愿提起诉讼的重要原因之一。对此，为了让社会组织积极主动地参与到公益诉讼中，对相关诉讼费用进行减免或者允许社会组织缓交相关费用以免案件被按照撤诉处理是必要的措施。虽然，在环境保护和消费者权益保护领域，司法解释已经作出了有关规定，但最终是否减免仍由法官自行决定。鉴于我国公益诉讼案件范围之扩大，应当将减免费用的优惠适用到更多类型的公益诉讼案件中。另外，根据《人民法院审理人民检察院提起公益诉讼案件试点工作实施办法》，人民法院对于检察机关提起公益诉讼所需的诉讼费用作出了一律免除规定。但在公益诉讼中，社会组织与检察机关的诉讼目的相同，均是维护社会公共利益，然而人民法院区别对待的这一做法，或许也是降低社会组织积极性的一项因素。对此，为了鼓励社会组织提起公益诉讼，调动其积极性，充分发挥社会组织在社会治理中的作用，立法应当对社会组织在诉讼费用上的减免政策进行摸索。

3. 设立公益诉讼专项基金

为了社会组织能够积极参与社会治理，打造多主体协同共治的新局面，不仅需要为社会组织构建奖励机制、降低诉讼成本，设立公益诉讼专项基金也是必要举措之一。我国社会组织普遍具有规模小、资金少、影响力不足的特征，再加上高昂的第三方鉴定费用、律师费等其他费用，严重影响了社会组织提起公益诉讼的意愿。因此，应设立专项基金来为社会组织在整个公益诉讼中所需要支出的必要费用提供有力的资金保障。目前我国虽已设立部分基金会，但提供的资金只是单纯地用于一般性的公益活动，并不具备专门支持公益诉讼的用途。因此，为了有效缓解社会组织的诉讼负担，可以建立全国性的公益诉讼基金会制度。对于资金的来源、用途和管理等方面作出明确

---

① 参见王丽萍《突破环境公益诉讼启动的瓶颈：适格原告扩张与激励机制构建》，《法学论坛》2017 年第 3 期。

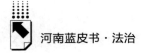

规定，公开资金使用明细，加强监督，提高资金使用效率，对社会组织提起公益诉讼起到保驾护航的作用。

（三）提升社会组织诉讼能力

1. 引导群众有序参与

社会组织的发展壮大是推进国家治理体系和治理能力现代化的必然要求，而社会组织的强大程度与公众的参与度挂钩，建立有序的公众参与机制是社会治理的必然途径，是推动公共利益保护的重要措施。我国立法并未赋予公民提起公益诉讼的资格，公民能够参与公益诉讼的渠道有限，难以通过诉讼程序维护社会公共利益。因此，倡导公民积极参与社会组织，支持公民向社会组织举报危害公共利益的行为，建立便捷的信息沟通渠道，方便公民提供公益诉讼案源，利用好社会组织这个平台维护公共利益。另外，基层组织是公民参与社会治理的主要组织，社会组织应主动联系基层组织，在诉讼阶段广泛听取公众意见，获取公众的支持，为维护公共利益集思广益。

2. 完善支持起诉制度

在公益诉讼趋向“国家化”、社会组织逐渐“边缘化”的背景下，必须合理界定检察院和社会组织各自在公益诉讼中的定位和功能，体现公益诉讼制度构建多元共治的价值追求。① 回归公益诉讼制度本质，明确检察机关职能定位，推动检察机关逐渐由原告向兼具原告和支持起诉人的角色转变，严防支持起诉功能的虚置化和支持起诉角色的替代化。②

3. 强化社会力量的支持

首先，将法律援助范围拓展到公益诉讼当中。法律援助制度是我国保障人权、保证公平正义的重要制度，但在涉及公益诉讼的相关法律中都未曾看到法律援助的字眼。如果把公益诉讼纳入法律援助体系中，将弥补社会组织在法律专业知识方面的不足，诉讼能力也会得到增强。其次，社会组织间加

---

① 参见涂富秀《消费民事公益诉讼中检察机关支持起诉的现实与未来——基于 29 起案件的实证分析》，《南大法学》2022 年第 4 期。

② 参见秦天宝《论环境民事公益诉讼中的支持起诉》，《行政法学研究》2020 年第 6 期。

强合作。在同一公益诉讼领域，社会组织应当进行合作，发挥各自优势，不仅能够形成资源互补，在维护公共利益方面亦能形成巨大合力，推动公益诉讼的可持续发展。最后，充分利用社会积极因素。鼓励支持社会组织向社会寻求帮助，积极支持科研院所、新闻媒体等主体为社会组织提起公益诉讼提供支持，强化社会组织的诉讼能力。

结　语

公益诉讼“社会化”是针对社会组织在公益诉讼中的作用逐渐被重视的现象而提出的概念。这一概念与“推进社会治理法治化，推进多层次多领域依法治理，发挥社会组织在法治社会建设中的作用”的要求相呼应。但实践中，公益诉讼“社会化”仍面临诸多层面的难题。其中，主体资格认定的苛刻标准、社会组织的起诉意愿不足、诉讼能力的局限性以及高昂的诉讼费用等因素制约了公益诉讼“社会化”的进程，这些问题使得公益组织在维权过程中面临着重重困难，阻碍了公共利益的全面保护。然而在公益诉讼专门立法的背景下，公益诉讼“社会化”存在积极趋势和潜在机遇。随着社会对公益诉讼重要性的认识不断提高，人们逐渐认识到社会组织在其中的重要性。为了进一步促进公益诉讼的“社会化”，建议相关法律放宽主体资格认定的限制条件，并提供更多的法律援助和财务支持，以减轻公益组织的经济负担。此外，应加强社会组织的培训和能力建设，提高其诉讼能力和专业水平。同时，还需要加强社会各界的合作与协同，形成多方参与的公益诉讼社会化网络，共同推动公共利益的实现。但改革现有的制度和观念仍需要时间，只有通过多方合作和持续努力，才能摸索出更全面、更合理的公益诉讼制度，才能实现社会公共利益的保护和社会治理的现代化。

参考文献

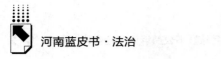

涂富秀：《消费民事公益诉讼中检察机关支持起诉的现实与未来——基于 29 起案件的实证分析》，《南大法学》2022 年第 4 期。

秦天宝：《论环境民事公益诉讼中的支持起诉》，《行政法学研究》2020 年第 6 期。

王丽萍：《突破环境公益诉讼启动的瓶颈：适格原告扩张与激励机制构建》，《法学论坛》2017 年第 3 期。

张勇杰：《策略选择与责任指向：环保组织影响企业环境责任建设的行动研究》，《公共管理学报》2022 年第 4 期。

B.19

法治社会视域下推进医患和谐的路径探讨

赵新河*

摘　要：　依法构建和谐医患关系是法治社会建设的应有之义，对此，应从三方面着手：一是加强立法配套，依法规制医患权利义务，推动诚信建设的法治化；二是以科学的法治理念引导医疗风险分担，以法律规则量化分配医疗风险，以医疗新技术准入制度控制医疗风险，强化医疗风险法治治理；三是改进医患纠纷协商处理机制，完善医患纠纷第三方调解制度，打造权威高效的医疗审判体制，完善医患纠纷多元化处理机制。

关键词：　医患和谐　医患诚信　医疗风险　医患纠纷　法治进路

建设和谐有序、守法诚信、公平正义的社会主义法治社会，是《法治社会建设实施纲要（2020—2025年）》确定的重要目标。随着现代医疗技术的发展与人们健康需求的多样化，医疗服务的对象愈加广泛，医患关系可谓关涉千家万户，因此，依法构建和谐医患关系是法治社会建设的应有之义。推动诚信建设的法治化，强化医疗风险法治治理，完善医患纠纷多元化处理机制，是构建和谐医患关系的基本法治进路。

一　推动诚信建设的法治化，促进医患和谐

医生与病人的关系是医疗过程中最本质的东西，只有树立医患诚信关系，

* 赵新河，河南省社会科学院法学研究所研究员，研究方向为刑法学、卫生法学。

才能构建和谐医患关系。在中国传统文化中，行医被奉为济世救人的神圣职业，“不为良相，则为良医”映现了社会对医生职业的高度认同，“医乃仁术”精辟概括了医患关系的本质，医生为患者健康利益考虑，患者把自己的生命健康托付给医生，为形成良好医患关系奠定了根基。20世纪以来，科学技术的发展推动了现代医学的迅猛进步，丰富了诊治疾病的手段，同时，医疗活动的技术属性与人文属性产生分离，医疗伦理与良知出现迷失。对医疗专业人员来说，捍卫和增进病人的健康是医疗人员服务的专业目的，为病人最大利益服务是医生的专业标准。[①] 然而，过度市场化的医改导向引发的医疗方经济利益与患者方健康利益的矛盾，医患对医疗专业技术知识的认知偏差，医患双方对病历等医疗信息掌控的不对称等因素，导致医患关系出现利益博弈化趋势，出现了过度检查与医疗、药品回扣、“红包”泛滥、看病贵、看病难等现象，导致医患关系趋于紧张，甚至发生不少医患冲突事件。真正对医患关系内核起腐蚀作用的是医患双方在处理相互关系时传统优秀观念的破坏，即医患之间诚信的流失。[②] 医患双方之间不重建诚信关系，医患关系紧张就难以根本改变。

（一）加强立法配套，促进医患诚信

社会诚信不仅仅是道德范畴的事情，更是一个严肃的法律问题。法治社会在中国建设的路径之一是，在大力实施利益观与诚信观教育的同时，强力推动诚信建设的法治化。[③] 通过协调利益关系、恢复与重整社会秩序，使法治本身成为社会运行的基本机制与秩序形态，才能建设守法诚信的社会主义法治社会。《民法典》第7条明确规定，遵循诚信原则是从事民事活动的基本原则之一。推动医患诚信建设法治化，不仅要实现医患诚信制度体系化，将不诚信医患行为纳入法律规制的范围，而且要确保诚信制度得到严格落实，形成足够的法治威慑力量。《民法典》第7编第6章“医疗损害责任”

---

① 许专伟：《医患关系的本质：医生的专业视角及其伦理意蕴》，《医学与哲学》2005年第5期。
② 彭红、李永国：《中国医患关系的历史嬗变与伦理思考》，《中州学刊》2007年第6期。
③ 王清平：《法治社会在中国建设的意义、难点和路径》，《学术界》2017年第8期。

之第1222条规定，患者在诊疗活动中受到损害，医疗方隐匿或者拒绝提供与纠纷有关的病历资料，遗失、伪造、篡改或者违法销毁病历资料的，推定医疗机构有过错。此外，《民法典》第1224条还规定，患者或者其近亲属不配合医疗机构的符合诊疗规范的诊疗的，即使在诊疗活动中患者受到损害，医疗机构也不承担赔偿责任。这些规定显然是促进医患彼此诚信相待的法治举措，但是，目前这一立法尚难以得到严格执行，比如，对《民法典》第1222条规定的医疗过错推定，审判机关往往因医疗司法能力欠缺，对病历资料的完整性、真实性无法认定，不敢、不能以“遗失、伪造、篡改或者违法销毁病历资料”来推定医疗过错，而现行司法鉴定则根本没有“病历完整性、真实性鉴定评估”的鉴定事项，致使医疗过错推定制度相当程度上形同虚设。立法如果只是作为文本意义上的制度而存在，而不能在实践中被激活与运用，其法治效能就大打折扣，甚至毫无意义。因此，以法治化推动医患关系诚信化，尚需完善相关配套机制立法，使原则性抽象性的立法条文演变为具有可行性、可操作性的鲜活的法治实践。

（二）依法规制医患权利义务，实现医患诚信

在医疗服务过程中，医疗方的主要权利是医疗处置权，患者方的主要权利是知情同意权，医疗处置权可在《医师法》等法律法规中找到法律渊源，而《民法典》第1219条明确规定了患者方的知情同意权。医疗服务过程是医患双方就医疗服务合同的内容不断沟通的过程，也是以医疗方行使医疗处置权、患者方行使知情同意权的样态展开，因而依法规制医患权利义务是实现医患诚信法治化的基本抓手。

医疗处置权是指医务人员对病情作出诊断并实施医疗措施的权利。病情的动态变化、诊治的及时性、医疗的专业性决定必须赋予医师一定的医疗裁量。医生对患者的注意义务内在地要求医生应尊重患者的知情同意权。[①] 只有尊重病人的知情同意权，医疗处置权才有合法基础，同时，只有保护医疗

---

① 赵西巨：《医事法研究》，法律出版社，2008，第65页。

处置权，患者的知情同意权才有实质意义。在诊疗过程中，该两种权利容易产生抵触，应通过对医患双方权利义务的合理配置和恰当履行对其进行调适。医患之间的权利义务是对应关系，只有医患双方各自本着诚信原则依法忠实履行义务，才能实现各自的权利。医疗方的主要义务是提供符合医学常规的诊疗服务，并承担妥当保管病历资料、维护患者隐私等诚信义务；患者方的主要义务是如实提供病史、遵守医嘱、配合诊疗。医疗处置权的行使是否得当，是医疗损害法律责任的主要研判进路。为实现医患诚信，加强对医学知识、医疗信息方面处于弱势的患者的权益保护，执法司法的重点应置于对医疗处置权的规范性研判，并着力提升医疗侵权纠纷的裁判权威性。

二　强化医疗风险法治治理，促进医患和谐

（一）以科学的法治理念引导医疗风险分担

风险是一种客观存在的损失发生具有不确定性的状态，其特点是客观性、损失性和不确定性。[①] 医疗风险是指在医疗过程中发生医疗目的之外的结果的可能与危险。医患纠纷的产生与医疗风险密切关联，因为医患争议的核心往往是医疗损害结果究竟是医疗风险引起还是医疗方的过错所致，可见，不加强医疗风险的法治治理，医患和谐就难以实现。中国法治的目标既是制度的，也是意识的，中国法治精神的形成过程实际上是观念上的革命。[②] 构建和谐医患关系需要解决的基础性问题之一是，在全面认识医疗风险的基础上，以科学的法治理念引导医患双方树立公平承担医疗风险的法治意识。

医疗风险的形成原因可以从以下五个方面来诠释。一是医学理论的有限性与临床需求的无限性的矛盾。临床医疗实践以医学理论为指导，目前医学

① 孙祁祥：《保险学》，北京大学出版社，1996，第3~4页。

② 钱弘道：《法治精神形成六论》，《法治现代化研究》2017年第1期。

基本理论虽然取得了巨大进步，但现代医学理论仍然存在局限性，医学领域的疑难与未知问题仍然不少。虽然医学理论有限，但临床医疗需求无限，临床诊疗只能在基础理论并不十分明确的情况下试探性地解决实践中遇到的全部问题，即以有限的医学理论应对无限的临床需求，这就存在发生医疗目的之外结果的风险。二是医疗处置的及时性与诊疗信息的有限性的矛盾。医疗处置必须在一定时间内作出并实施，但与时间紧迫性形成矛盾态势的客观情况是，许多疾病在早期并没有具备特征性的可据以确诊的临床症状与体征，医务人员只能在诊疗信息有限的情况下作出假说性诊断和尝试性治疗，并随病情变化进行调整与修正，难免产生误诊误治的风险。三是疾病的规律性与个体的复杂性的矛盾。疾病当然有一定的特征和规律，但疾病的临床表现又往往呈现出个体差异性、复杂性、多变性，仅仅依靠理性思维尚不能完全适应实际需要，往往需要经验与理论互补，在这一点上临床医学与其他实验科学有所不同，而临床经验的不确定性一定程度上增加了医疗风险。四是医疗手段的侵袭性与医疗的安全性的矛盾。现代医学技术手段并不完美，手术创伤、辅助检查、药物副作用对人体都有损伤的可能。五是医疗需求的普遍性与医疗技术水平的不平衡性的矛盾。“找最好的医生，求最好的疗效”是普遍的求治愿望，但由于医疗资源尤其是优质医疗资源有限，各地、各级医疗机构、医务人员的技术水准存在不平衡性和差异性，医疗服务的可及性与绝对公平难以实现，而具体医疗行为不可能都由顶级医院和精英型专家型医师实施诊治，就近救治是常态，由此也会增加医疗风险。总之，临床诊疗的“理论发展难以满足实践要求、规范性与探索性并存”的特征决定着医疗风险的客观存在。

以法学理论引导医疗风险分担要解决的关键问题是发生医疗风险结果时医疗过错责任的界定。首先，要区别引发医疗风险结果的客观原因与主观原因。如果是客观原因所致，就不存在医疗过错责任，如果是主观原因所致，就可能要依法追究责任方的过错责任。其一，医学理论的有限性与临床需求的无限性的矛盾属发生医疗风险的客观原因，根据《民法典》第 1224 条规定，限于当时的医疗水平难以诊疗，以及医务人员在抢救生命垂危的患者等紧急情况下已经尽到合理诊疗义务的，医疗机构不承担赔偿责任。其二，医疗处置的及时性与诊疗信息的有限性的矛盾、疾病的规律性与个体的复杂性的矛盾、医疗手段的侵袭性与医疗的安全性的矛盾固然会给临床诊治增加难度，形成医疗风险，但不能一概认为不存在医疗过错，而应根据医疗方是否妥当履行医疗注意义务加以研判。其三，医疗需求的普遍性与医疗技术水平的不平衡性的矛盾会形成患者医疗期望值的落差而增加医患纠纷，但该矛盾也属于客观因素，原则上可排除医疗过错责任。有论者指出，医疗水准的应用应当考虑地域差异，考虑专业差异，尤其是紧急医疗条件下，医疗水准应予以减让。[①] 根据《最高人民法院关于审理医疗损害责任纠纷案件适用法律若干问题的解释》（以下简称《医疗损害适用法律解释》）第16条的规定，对医疗机构及其医务人员的过错，可以考虑当地的医疗水平、医疗机构与医务人员资质等因素。质言之，对于医疗过错的判断要注意医疗过失判断标准的层次性，该层次性包括医疗机构等级、医务人员技术职称等级。

由主观因素引起的医疗风险可分为医疗方原因与患者方原因，前者指医疗方存在违规诊疗行为，包括责任因素、技术运用失误、多个医疗环节协作缺陷、基于牟利等不当动机的医疗冒险，后者指患者的医疗依从性存在缺陷，如不遵医嘱、医疗信息提供偏差等。也有论者把医疗风险划分为责任风险、技术风险、设施风险、医疗意外。[②] 本报告认为，从对医疗风险的多视角分析来讲，这种划分有积极意义，但并不能直接解决过错与责任问题，责任风险应属主观过错责任范畴，医疗意外属排除主观过错的意外事件，而对技术风险、设施风险所致损害则应以过错判断规则确定其中有无过错责任。

其次，在医患双方和全社会建立医疗风险合理分担的法治理念。有一定危险性的高速交通运输、科学实验、医疗活动、体育竞技等行业是有益社会或现代社会生活不可或缺的内容与标志，如果以传统的“违反预见义务就有过失”的理论加以禁止，无异于禁锢文明的进步、遏制社会发展需求。

① 谢雄伟、张敏：《医疗水准与医疗事故罪中的注意义务研究——以日本相关判解为例》，《武汉理工大学学报》（社会科学版）2005年第6期。

② 张洁、张峰：《医疗风险形成的原因与防范》，《医院管理》2006年第16期。

对医务人员而言，如果以违反不良结果“预见”义务而以过失加以责难将造成医生无所适从，医师即使预见发生不良结果的可能，仍需基于其职责实施诊疗活动。（被）容许的危险理论认为，对于伴随一定危险性的行为，根据该行为对社会生活的有益性及必要性，法律应该容许其在一定限度之内产生一定的不良结果，对此结果不应以过失论处。该理论的功用是限制业务过失的范围，制止过于苛刻的过失追究，与此伴生的新过失论认为，对于过失的心理状态应从违法性层次评价其无价值性，必须考虑行为在客观上是否违背了注意义务，且注意义务的标准应由传统的“预见可能性”转变为“回避可能性”，即使有预见可能性，但只要行为人以一定的措施回避结果的发生，即已尽到注意义务而不成立过失。上述理论对伴随一定危险性但有益社会的行为之过失研判作出了理论指引，对医疗过失的界定与医疗风险的分担分配有重要指导意义，对医患纠纷的化解具有更大适用空间。现代医学发展给人类的生命健康和生活质量带来巨大利益，但医学是在实践探索中发展的学科，甚至是经历一次次失败与挫折才得以进步，所以，医疗风险需要全社会的理解，并依法对该风险的承担进行公平分配，医患纠纷的解决，必须结合医疗卫生事业发展的社会公共利益与医患现实利益抵触的价值取向的适当性来展开。医患纠纷之所以长期成为社会难点问题，难以实现医患和谐，除了法律裁决体制尚存缺陷的原因外，合理分担医疗风险的法治理念尚未深入人心是潜在原因。

（二）以法律规则量化分配医疗风险

风险社会中最为稀缺的价值需求就是对于确定性的追求，法律作为一种确定性的价值在风险社会的运作中充当着最佳的调控模式。[①] 法律制度与规则作为刚性约束，可为社会提供稳定的法治预期，是构建和谐社会关系、建设法治社会的基础。社会成员的规则意识水平可谓法治社会建设的衡量

① 杨春福：《风险社会的法理解读》，《法制与社会发展》2011 年第 6 期。

器。[①] 关于医疗风险的分担，不仅要在医患之间乃至全社会树立公平分担的法治理念，更要明确医疗风险的分担规则，以法律规则落实医疗风险的量化分配。该规则是指医疗过错责任比例认定规则，其不仅决定民事赔偿的数额，甚至与医疗方法律责任的性质相关，因此对强化医疗风险法治治理和促进医患和谐具有特别重要的意义。

20 多年来，我国先后制定的多个行政法规、行政规章、行业规则、司法解释等规范性文件对医疗方的责任比例或责任程度作出了多种不同的规定。2002 年 2 月国务院公布的《医疗事故处理条例》规定，判定医疗过失行为在医疗事故损害后果中的责任程度并不考量患者原有疾病状况，偏离了医疗损害因果关系是复合型的双因一果或多因一果的基本特点。2002 年 7 月卫生部发布的《医疗事故鉴定暂行办法》仅从客观方面界定责任程度，完全忽略主观过错因素对医疗过失责任程度的影响。2017 年 12 月 14 日实施的《医疗损害适用法律解释》以诊疗行为与损害后果之间的原因力指代医疗方的责任程度，局限于从客观方面界定责任程度。2018 年 10 月 1 日实施的《医疗纠纷预防和处理条例》又以“责任程度”取代“原因力”，但仍没有明确责任程度的法律含义。2021 年 2 月 25 日中华医学会印发的《医疗损害鉴定规则》从医疗过错行为与其他因素对医疗损害后果的作用力之比对的角度界定过错医疗行为的原因力，仍然是单纯从客观方面界定医疗方的责任程度。目前，《医疗事故鉴定暂行办法》《医疗损害适用法律解释》《医疗纠纷预防和处理条例》《医疗损害鉴定规则》在不同的领域各自充任“规则”的作用，但其表述各不相同，法律含义不清，迄今尚未形成统一的法律规则，造成执法司法上的严重偏差，许多司法鉴定机构甚至“自制”医疗责任程度研判规则来应对鉴定需求，导致医疗风险的量化分配十分混乱，形成医患争议的焦点与难点，难以促成医患和谐。在“良法之治”的法治形态下，不仅法律规范及制度体系应当完备，而且法律规则应明确、统一，足以定分止争。医疗行为的原因力

① 王清平：《法治社会在中国建设的意义、难点和路径》，《学术界》2017 年第 8 期。

不同于医疗方的责任程度，主观过错本身存在大小强弱的差别，因果关系的范围与主观过错的范围并非总是一致，医疗责任比例应是对主观过错与客观因果关系进行一体化考量的结论，因此，应秉持主客观相统一原则，并以“避免医疗损害的可能性”及“救治机会丧失”原理为核心，制定统一的医疗责任比例的判定规则。

（三）以医疗新技术准入制度控制医疗风险

医疗技术创新是卫生事业进步的动力，但医疗新技术有可能在逐利动机掩饰下被滥用，形成新的医疗风险，造成患者损害，损及人类健康福祉，并引发新的医患矛盾。医学伦理是开展医学科学研究和医疗新技术开发应遵循的基本价值理念与行为规范，法治是促进科技事业良性发展的基本保障。提高科技伦理治理法治化水平，有助于为科技活动划定边界，同时也有利于推动负责任的创新。[①] 中办、国办印发的《关于加强科技伦理治理的意见》指出，坚持依法依规开展科技伦理治理工作，加快推进科技伦理治理法律制度建设。法律对社会治理的重要作用就在于要为民众提供公共行动与集体判断的统一标准，帮助人们消除社会生活中的不确定性，增强人们参与社会生活的预见性。[②] 为架构和谐的医患关系，应加强生命科学与医学领域的科技伦理立法研究，制定医疗新技术开发与临床应用的伦理审查规则与法律制度框架，加强对医疗新技术被过度运用的副作用与风险的伦理研判与法律规制，防控医疗新技术的风险，坚守医疗新技术不侵害人类健康福祉和个体生命权利的医疗伦理底线，推动医疗科技向善，实现医疗新技术创新发展与风险防范的协同推进。

三　完善医患纠纷多元化处理机制，促进医患和谐

《法治社会建设实施纲要（2020—2025 年）》指出，依法有效化解社

① 魏伟：《提高科技伦理治理法治化水平》，《人民日报》2022 年 5 月 12 日。

② 杨知文：《风险社会治理中的法治及其制度建设》，《法学》2021 年第 4 期。

会矛盾纠纷，完善社会矛盾纠纷多元预防调处化解综合机制。多元化纠纷解决机制是指由各种性质、功能、程序和形式不同的纠纷解决机制共同构成的整体系统，其各有独立运行领域，共同满足对纠纷解决机制的多元化社会需求。医患纠纷的复杂程度、双方的关系基础与对抗程度、对处理结果公平性的评判标准不尽相同，因此对纠纷处理途径有不同需求，或倾向于意思自治，或希望解决程序高效迅捷，或追求强制性、权威性的裁决。为公平解决医患纠纷，实现医患和谐，完善多元化的医患纠纷处理机制势在必行。

（一）改进医患纠纷协商处理机制

医患协商是在没有第三方参与的情况下，当事双方就争执问题进行自主协商，自愿以书面形式达成和解协议的纠纷解决方式，其优势是历时较短、处理灵活、充分体现意思自治，但医患协商中存在的主要弊端是：医患双方医疗知识不对等、医疗信息不对称制约和解的公正，缺乏程序和规则约束，存在模糊事实、规避法律责任的可能。理想的法治社会应该是社会大众有强烈的平等意识、规则意识、义务意识。[①] 基于历史原因，我国公民的这些意识的水准与法治社会建设的要求还有差距，其明显表现是权利意识高涨、法治意识淡薄，例如，希望医生重视对自己的诊治，但一旦不如意就挥拳伤医和主张天价赔偿。对医患协商应从以下几方面予以改进。其一，确保双方当事人意思表示真实。规定医疗方对患者方承担客观说明医疗事实的义务，平衡医患双方信息资源和谈判能力。其二，适度限制医患协商的范围。在医疗损害结果方面，禁止对造成患者严重人身损害而涉嫌犯罪的纠纷以医患协商方式解决；在法律责任性质上，医患协议限于民事赔偿责任，不能涉及行政处罚与刑事责任。

（二）完善医患纠纷第三方调解制度

医患纠纷第三方调解是《医疗纠纷预防和处理条例》着力推进的医疗纠纷化解机制，并意图通过便利启动、人民调解主动介入、不收取费用、限

① 王清平：《法治社会在中国建设的意义、难点和路径》，《学术界》2017年第8期。

期完成等措施将其打造为化解医疗纠纷的主渠道，并分流审判压力。要保持和发挥医疗纠纷调解相较于协商、诉讼机制的优势，必须着力解决便民与公正的兼顾问题。调解不是和稀泥，不是各打五十大板，也不是“以情动人”的表演场，要切实发挥人民调解快速解决医患纠纷的作用，对效率、便民要素外的公正因素必须重视，只有居中的调解人能够给出中肯的调解理由与公平的调解方案，才能说服当事人接受调解意见，才能快速解决纠纷。调解人员需同时具备医学、法学甚至是心理学知识才能更好地开展调解工作，要加强医调队伍建设，培养复合知识结构型人才，提升整体人才素质水平。[①] 医法知识复合型人才可解决调解对鉴定的依赖问题。《医疗纠纷预防和处理条例》在推行调解的同时又设置了助力调解的对外委托鉴定机制，显示出立法对调解者专业能力信心的不足。委托鉴定必然消减调解的效率优势。充分保持和发挥调解的效率优势是维持医疗纠纷调解机制生命力的基本前提，而维持调解的效率优势必须以调解的权威与公正为支撑。分别设立由医学专家和法律专家、执业律师组成的调解员库，推行随机选取两类专业调解员共同调解，可一并解决调解的便民与公正问题。应当指出，医疗纠纷调解并没有规范的病历质证程序，如果医患双方对作为鉴定材料的病历存在完整性、真实性争议，调解就难以为继。这一制度缺陷尚待立法弥补。

（三）打造权威高效的医疗审判体制

以恢复或重建社会秩序为使命的司法活动更应当有意识地以裁判的终局性为圭臬，防止矛盾的肆意扩散和无从解决。[②] 如果司法终局性不能实现，司法程序不能成为多元化纠纷处理机制的后盾与保障，多元化处理机制反而会加剧社会矛盾，对法治社会建设产生负面影响。目前，医疗纠纷的民事审判权威不足、效率低下，化解纠纷的社会效果欠佳，其主要原因是，医疗纠纷有专业性、复杂性，要求既具有医学理论知识和经验，又精通法律的人士

---

① 王薇、王洪婧、王树华：《医疗纠纷人民调解领域问题及其严重性研究》，《中国卫生事业管理》2021 年第 7 期。

② 杨知文：《风险社会治理中的法治及其制度建设》，《法学》2021 年第 4 期。

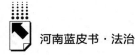

来审理，但绝大部分审判人员不具备该司法认知能力。研究医疗侵权责任，最大的问题就是法律人研究缺乏医学专业知识和经验，而医务人员研究则缺乏法律专业知识与经验。① 医学与法学的脱节这一问题同样存在于医疗纠纷的民事审判中。在推行司法责任制的背景下，审判者为了最大限度地接近司法公正的目标，“最安全”审理措施就是委托医疗过错司法鉴定，使得借助司法鉴定定案几乎成为惯例，审判权一定程度上“旁落”于司法鉴定人，丧失了审判的独立性、权威性，并导致审判效率低下。要维护医患纠纷审判的权威性、终局性，就应当由“医法结合”的审判组织来审理医疗纠纷，充实审判组织自身对医疗问题的司法能力，尽量减少对法院系统外医疗知识的援用。建立“医法结合”的审判组织有两种方式：一是由具有法学、医学双学历的复合型人才担任审判人员，但这类人才毕竟相当稀缺，难以满足实践需求；二是推行医疗专家陪审制，由临床医学专家担任陪审员，与审判员共同组成合议庭进行审理，这一方式制度成本较低，具有便捷性、可行性，应大力推行。

参考文献

张洁、张峰：《医疗风险形成的原因与防范》，《医院管理》2006年第16期。

魏伟：《提高科技伦理治理法治化水平》，《人民日报》2022年5月12日。

杨知文：《风险社会治理中的法治及其制度建设》，《法学》2021年第4期。

杨春福：《风险社会的法理解读》，《法制与社会发展》2011年第6期。

王清平：《法治社会在中国建设的意义、难点和路径》，《学术界》2017年第8期。

王薇、王洪婧、王树华：《医疗纠纷人民调解领域问题及其严重性研究》，《中国卫生事业管理》2021年第7期。

杨知文：《风险社会治理中的法治及其制度建设》，《法学》2021年第4期。

杨立新：《医疗侵权法律与适用》，法律出版社，2008。

① 杨立新：《医疗侵权法律与适用》，法律出版社，2008。

B.20
未成年嫌疑人“六位一体”观护机制研究

张俊涛*

摘　要：　未成年人观护是从美国引进的一种处理刑事案件的法律制度，有利于确保刑事诉讼程序的顺利进行、保护未成年人的身心健康、最大限度践行未成年人特殊保护机制。实证研究台湾及河南洛阳、北京、上海、广东等观护制度的目的、理论基础，然后，从六个方面即爱心民营企业、学校、国有企业、社区、心理矫正中心、未成年人检察工作室等全方位构建涉罪未成年人观护机制。“六位一体”观护机制在办理性侵未成年人刑事案件方面能最大限度地保障嫌疑人和受害人的权利，方便未成年人的学习、生活和健康成长。

关键词：　性侵案件　未成年人　观护机制

我国涉罪未成年人观护这项制度，肇始于20世纪80年代的社会帮教制度。在当时，社会帮教是检察机关将未成年犯罪嫌疑人交由专门帮教组织进行考察、矫治，保证诉讼顺利进行，为案件处理提供参考，并在事后继续跟踪帮教，预防其再次犯罪。“观护制度”是指检察机关对犯罪或涉罪的未成年人采取的观护、帮教等非监禁的处遇措施，是一种广义的观护，包括附条件不起诉、缓刑、社区矫正、学校矫正、企业矫正、审前调查、保护约束、教育感化、心理辅导等保护处分的执行。“六位一体”观护制度适用于办理所有的涉罪未成年人案件，尤其对于性侵未成年人案件办理及预防未成年犯罪具有较好作用。

---

* 张俊涛，河南省社会科学院助理研究员，法学博士，研究方向为刑法学、刑事诉讼法学。

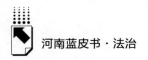

一　性侵未成年人刑事案件观护机制研究的必要性

观护、帮教工作是未成年检察工作的重要环节，检察机关只有建立科学、完善、有序的观护、帮教体系，才能真正达到“教育、感化、挽救”性侵案件未成年人之目的。

（一）确保刑事诉讼程序顺利进行，保护未成年人身心健康

针对不捕、不诉、附条件不起诉的性侵未成年人制定有针对性的观护帮教方案，使得涉性侵罪未成年人获得良好的教育和充分的关注，在取保候审、监视居住、附条件不起诉考察期间不会发生脱逃或者再次犯罪的情况，有助于未成年犯罪嫌疑人的教育改变，使其能够重新回到社会；有助于维护家庭和谐和社会安定；同时也符合诉讼经济、程序分流的目的。对涉性侵罪未成年人采用观护、帮教，可以避免其由羁押限制人身自由导致的“交叉感染”，可以根据个人情况开展有针对性的心理疏导、教育训诫、学习培训等观护方式，帮助涉性侵罪未成年人矫正不良行为、转变观念、重塑人格。

（二）最大限度践行未成年人特殊保护机制

在办理案件过程中，有部分涉性侵罪未成年人存在可捕可不捕的情况，以及可诉可不诉的情况。但因其非城区常住人口而不好监管，侦查机关对其提出批捕或起诉的意见，检察机关要能不捕就不捕、能不诉就不诉。建立涉性侵罪未成年人观护制度，可以为司法平等提供支撑和保障，最大限度实现对涉性侵罪未成年人特殊保护。

二　我国部分地区观护制度

我国对涉罪的未成年实行“教育、感化、挽救”的立法和政策规定。

《未成年人保护法》第五章规定了司法保护，主要是概括性规定，涉及行政法、民法、刑法的适用。刑法规定了对未成年嫌疑人从轻、减轻或免除处罚，要求设置专门机构、人员办理未成年人案件。《预防未成年人犯罪法》主要涉及家庭、学校怎么预防未成年人犯罪，必要时，可以由政府对未成年人收容教养。2011 年《刑法修正案（八）》规定了“禁止令”和社区矫正两项措施，表明了我国观护制度进入了法律确认阶段。2012 年《社区矫正实施办法》是目前社区矫正的规范性文件。2012 年修订的《刑事诉讼法》规定了未成年人刑事案件诉讼特别程序，规定了附条件不起诉制度，要求人民检察院对附条件不起诉未成年人进行监督，① 当然包括涉性侵罪未成年人，这标志着我国未成年人观护制度迈出了重要的一步。

（一）司法实证样本

1. 上海未成年人观护制度

我国目前尚未明确建立未成年人观护制度，但各地在司法实践中积极开展探索和试验。② 如上海，上海是国内观护制度的最早探索者，2002 年开始在徐汇区、普陀区、闸北区进行最早的社区矫正。上海是最早将成年服刑人员和未成年服刑人员进行分开矫正的地方，将未成年人的社区矫正分为四个阶段：第一阶段是前期准备、第二阶段是初期矫正、第三阶段是分级矫正、第四阶段是期满宣告。

观护的内容分为四项：一是考察教育，由社工对违法、检察机关起诉前的未成年人进行考察，由社工制作考察教育的报告，公安机关可以对违法的未成年人暂时不予处理，检察机关可以依此对其作不起诉处理；二是社会服务令，目前存在一定程度的法律争议；三是释前准假参加社会实践，对余刑 3 个月以下的未成年人，在社会实践基地进行劳动、学习有关的生存技能，进行矫正；四是设立未成年人观护站，2009 年上海市虹口区成立未成年人

① 丁乐：《两岸未成年观护制度的比较与借鉴》，《暨南学报》（哲学社会科学版）2017 年第 5 期。

② 李美霖：《试析我国未成年人“复合型”观护机构的建立——以“国家亲权”理论为视角》，《预防青少年犯罪研究》2016 年第 1 期。

观护站，为取保候审的涉罪未成年人，尤其是为外省涉罪的未成年人提供一个过渡的场所，使未成年人在侦查、检察和审判环节免予羁押，这是一个很好的办法。其他省份的司法机关也可以借鉴上海的做法。

2. 北京未成年人观护制度

北京针对未成年人观护制度建立了“阳光中途之家”，其是指帮助犯罪人员和刑满释放人员或者假释人员重新返回社会的过渡性住宿式的机构，是从监狱向社会过渡的桥梁，其工作内容就是对社区矫正人员进行技能培训、心理咨询、就业指导，避免刚出狱的人员因生活没有着落、没有生存技能而再次犯罪等。北京观护制度的特点如下：一是浓厚的行政色彩，优点是执行力度大、强制性强，缺点是资源投入大、专业性不强；二是半封闭式的军事化管理，优点是严肃性强，缺点是矫正效果有限；三是现有矫正地措施，法律依据不足。①

3. 广东未成年人观护制度

广东未成年人观护工作由法院、检察院具体负责，法院、检察院设立专门机构或指定专人办理涉性侵罪未成年人案件。主要措施：一是检察机关采取附条件不起诉，建立诉前社会调查制度；二是开展判决后矫正建议工作，有承办法官制作矫正建议书，主要阐述未成年犯罪人的犯罪动机、原因、家庭状况、背景、成长经历、人格特征、人身危险性等个人情况；三是与医院、心理咨询机构等建立合作联系，完善未成年人心理干预机制；四是实行司法社工项目。该项目采用政府购买的方式，借鉴香港的社工经验，由专业社工运用助人自助的理念，为涉案未成年人提供危机介入、心理辅导、社区帮扶、就业培训。广东观护制度存在的问题：一是未成年人观护制度具有浓厚的行政色彩；二是对未成年人适用非监禁刑，存在同案不同判的现象。

4. 河南省洛阳市涧西区未成年人观护制度

河南省洛阳市涧西区未成年人观护制度具体由洛阳市涧西区人民检察院

---

① 丁乐：《两岸未成年观护制度的比较与借鉴》，《暨南学报》（哲学社会科学版）2017 年第 5 期。

探索实施和发展、完善。洛阳市涧西区人民检察院从1999年开始实行未成年人刑事案件的集中管辖。统计数据显示，1999年以来，共办理案件3000余件6400余人，占全市未检案件的70%。2014年以来，批捕、起诉性侵未成年刑事案件嫌疑人300多人。在办理性侵未成年人刑事案件时，以“民营企业、学校、国有企业、社区、心理矫正中心、未成年人检察工作室（含牡丹心语工作室）”六位为一体，以性侵未成年人心理救助、帮扶、教育、社会支持、自保与犯罪预防为主要内容，以全方位、多渠道救助未成年人，帮助未成年人摆脱困境、走出阴霾，保障其合法权益的落实，修复社会关系，推动恢复性司法的建设，预防犯罪，维护社会和谐稳定，实现政治效果、法律效果和社会效果的统一。① 2022年以来，涧西区人民检察院建立专业化、职业化的未检团队，运用司法社工进行帮教。近年来，对涉罪未成年人进行帮教，开展心理疏导158人，组织帮教206人。33名附条件不起诉未成年人顺利通过考验期，15名罪错未成年人、11名相对不起诉人经过帮教未重新犯罪，6名考入高等院校。洛阳市涧西区人民检察院的未成年人观护工作先后受到中央政法委、最高人民检察院等表彰。2023年8月15日，洛阳市涧西区人民检察院“豫见未来·牡丹心语”河南省检察机关未成年人综合保护中心正式成立，综合保护工作全面开展。

5. 台湾未成年人观护制度

（1）少年法庭对青少年事件的处理阶段

我国台湾地区的未成年人犯罪只能适用未成年人法规，即少年事件处理法规，绝对不能按照成年人法规来处罚，并受少年法庭管辖。观护制度贯穿于“少年事件”处理的过程中。少年法庭对少年事件的处理分为以下几个阶段。

第一是受理阶段。少年法庭受理少年事件之后，观护人就少年犯罪原因、犯罪事实以及该少年的个人情况、家庭、社会环境等，尽可能收集较多的资料，提供给法官作为处置的参考，观护人审前调查的时间为25天。

---

① 《全省检察机关首批未成年人综合保护中心挂牌》，《河南日报》2023年8月31日。

第二是审理阶段。少年法庭认为少年事件不应当进入刑事司法程序，但应当处以保护处分时，裁定审理，并调查少年应受保护处分的原因、事实的相关证据，并决定具体的保护处分方式。

第三是执行阶段。少年法庭可以判处以下处分：训诫；交付保护管束；交付安置与适当的福利或者教养机构辅导；令入感化教育处所施以感化教育，有毒瘾等，给以禁戒之处分。观护是执行的一部分，观护人受案后，会组织定期通知、家庭探视、个案调查、教化辅导，最后作报告总结。[①] 观护的内容：一是收集个案尽可能多的资料；二是贯彻落实保护的处遇政策；三是提供少年反省自新的机会，好好反省；四是辅导、矫正少年的不良行为。

（2）台湾未成年人观护制度的发展

我国台湾地区观护制度在发展过程中，受儿童运动、犯罪处遇思潮、社会工作专业化、社会福利立法化等影响，向专业化、科学化方面迈进，[②] 具体表现为以下三个方面。

一是制定专门的未成年人法规，即少年事件处理法规。二是建立专门的审判机构，即少年法庭。三是设立观护机构及公设观护人。台湾地区在少年法院设立观护人室，它属于法院的内设机构，受法院院长的管理、监督。观护人属于司法人员，分为少年调查官和少年保护官，其选任符合经验资格、人品资格和学历资格。为保护管护工作的专业性，地方法院还聘用了心理测试员、心理辅导员[③]及辅助观护人员（相当于观护人的助手）。

（二）未成年人观护制度

1. 观护制度的重要理念

一是未成年人保护理念。未成年人保护理念是一系列针对未成年人生命、自由、发展和权利等多项内容的归纳和凝练，是从根本上实现未成年人利益的最大化。二是国家亲权理念。国家亲权理念源于父母亲权，就是当父

① 丁乐：《两岸未成年观护制度的比较与借鉴》，《暨南学报》（哲学社会科学版）2017 年第 5 期。

② 丁乐：《两岸未成年观护制度的比较与借鉴》，《暨南学报》（哲学社会科学版）2017 年第 5 期。

③ 蒋云飞：《台湾地区少年观护制度及其镜鉴》，《青少年犯罪问题》2017 年第 5 期。

母失职时，或者没有能力监护时，国家有权接过父母的监护权以保护未成年人。三是恢复性司法理念。即在被害人和加害人之间建立一种对话关系，通过给被害人补偿，从深层化解矛盾，修复受损的社会关系的一种替代性司法。四是社会参与理念。社会参与是指由国家司法权以外的力量介入诉讼，使司法活动体现社会关于秩序、自由、公正等价值，避免权力专断，其本质是司法权属于人民。① 五是以人民为中心理念。人民是历史的创造者，是决定党和国家前途命运的根本力量。检察机关必须坚持以人民为中心，实现好、维护好、发展好最广大人民的根本利益，把人民对美好生活的向往作为我们的奋斗目标，让人民群众在每一个案件中都能感受到社会的公平正义。办好性侵未成年人刑事案件就是检察机关落实以人民为中心的最好抓手。

2. 观护制度的不足

第一是从整体看，我国未成年人观护制度的现状堪忧，只体现为零星、散在的几个措施。在未成年司法界，还没有形成“观护”的一致概念，有的称帮教，有的以社区矫正来代替整个观护制度。从地域看，只有北京、上海、广东、浙江等几个省份实施，全国还没有普及。第二是从作用看，观护只在刑事司法程序的某个阶段起作用，而非诉讼的整个环节，尤其是在作出处遇决定之前的评价。第三是从观护的执行看，目前还没有形成一个统一的、连续的、法定的机制，以及系统的、固定的程序。第四是从观护的效果看，衡量被观护人是否被不起诉、不收监执行的标准，只是看是否违反法律法规的规定，而不是看能否真正回到正常的生活状态，真正融入社会。

3. 观护制度的目的

一是经过详细的调查，司法机关认为，观护制度对某个违法者是最佳的矫正方法。二是对未成年人来说，观护制度是其接受法律规范的约束，并对他的人为环境因素加以矫正，使他能够成为一个遵纪守法的人。三是帮助观

---

① 方淑梅：《论社会观护制度在涉少家事案件中的应用》，《北京政法职业学院学报》2017 年第 1 期。

护者改变他的行为，使其适应社会的要求，成为一个积极、健康的人。四是帮助不能在自己家中居住的未成年犯罪人，寻找居住的地方；对住在寄养家庭的未成年人进行矫正，最后使他们能回到自己家中居住。五是当观护效果较好，矫正作用发挥，未成年人不再需要继续观护时，观护人可请求终止观护处分。①

4. 观护对象

观护对象主要是违法情节轻微的涉罪未成年人，可能作出附条件不起诉决定的涉罪未成年人。

5. 社会调查观护内容

高等学校观护内容。由合作高等院校对涉罪未成年人的成长情况、家庭情况、在校表现、交友情况、生理情况、心理情况及犯罪行为等相关情况进行调查，出具社会调查报告，并随案移送。高校设置“刑事司法与社会矫正研究中心”，对处于附条件不起诉考验期的未成年犯罪嫌疑人开展考察、观护帮教、矫治工作。高校设置的“刑事司法与社会矫正研究中心”对附条件不起诉考验期即将届满的涉罪未成年人进行评估，出具考察意见综合评估表。

高中、初中观护帮教内容。一是检察机关与学校签订合作协议，制定详尽的考察观护机制，观护人员还需对被观护未成年中学生尽到保密职责。二是学校内设置的“未成年人观护帮教办公室”为每位被观护未成年在校中学生指定具体观护人员，该观护人员为其建立个人校内观护档案，每月被观护人写出思想汇报，附在观护档案内。三是“观护人”填写中学生在校观护期间的现实表现情况，观护期满后向该院提交被观护在校中学生的观护评定报告。四是检察机关的案件承办人定期到校内进行回访谈话，了解被观护未成年在校生的观护情况。五是检察机关定期到合作学校内进行“普法进校园”活动，进行法律知识宣讲，发放“懂法守法宣传单”，组织校内学生观看预防未成年人犯罪警示教育片。

---

① 车炜坚：《美国与台湾观护制度的运作与评估的比较研究》，《当代青年研究》1989年第5期。

三　性侵未成年人刑事案件“六位一体”观护机制的建构

检察机关在促进实现涉罪未成年人最大限度地非监禁化和社会化这一司法目标的过程中，构建未成年人观护制度是核心要素。观护制度的构建，应采用“以保护代替监禁、以教育代替处罚”的理念。对未成年犯罪人的处遇，有赖于专业机构坚持保护优先及教育优先的原则，以未成年人最佳利益及需要保护性为核心，由专业人员运用专业知识、技能及方法，施以专业化及个别化的处遇，达到保护未成年人的目的。未成年人观护是一个跨领域的司法工作，在观护的过程中，需法律、政策、医疗、教育、就业、教养等综合发力，观护涉及的学科也涵盖法学、犯罪学、心理学、教育学、社会学等。因此，性侵未成年人刑事案件“六位一体”观护机制的建构是一个系统的工程，需要广泛的社会参与。

（一）观护帮教基地——爱心民营企业

民营企业主要是靠市场竞争求得生存和发展，这决定了它们在运用创新规律方面更有优势。民营企业的经营等活动，都是在优胜劣汰的市场竞争中进行的，它们受其资金和人力等条件限制，其经营目标必然是实现收益最大化。在收益最大化目标驱动下，民营企业最大的特点就是对市场变化和技术进步敏感，这使得它们具备超强的市场竞争和技术革新意识，更趋向于将资本投入边际生产率高的产业。同时，民营企业的决策程序相对简单、企业结构轻量化的特点，决定了它们在技术创新活动方面更有效、更有活力，能够根据自身获取的行业先进技术、变化动向，调整生产决策，加强技术创新，并且及时推出新产品，有效促进创新技术的商品化转变。

尤其重要的是，民营企业的用人机制比较灵活。因此，检察机关对性侵未成年人刑事案件建立观护制度，最先纳入其视野的是民营企业。如洛阳市涧西区人民检察院在建立观护基地时，首选的是民营企业。在选民营企业时，坚持以下几个方面：一是劳动密集型企业；二是效益较好的企业；三是容易较快学到技能的企业。

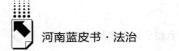

2014 年 7 月，该院联合河南大张实业有限公司，成立“犯罪未成年人检察院观护帮教基地”，这也是河南省首个未成年人观护帮扶教育基地。截至 2023 年，河南大张实业有限公司已接受数十人到公司就业。大张实业有限公司作为河南连锁十强的本土企业，社会责任感强，门店数量多，选择大张建设观护帮教基地，不仅便于管理，更能为洛阳市内不同县区的无业涉罪未成年人提供工作机会。

（二）观护帮教基地——学校

学校是未成年人学习、生活、获得知识及技能的地方。大学是大学生受过高等教育后，可以直接进入社会的地方。因此，检察机关要结合实际，在当地选择本地的高校作为观护帮教基地。洛阳市涧西区人民检察院就选择河南科技大学、洛阳师范学院等作为观护帮教基地。2015 年 8 月，该院与洛阳师范学院、河南科技大学、洛阳理工学院协同建立“刑事司法与社会矫正研究中心”，积极推行未成年人社会调查观护制度，为办理案件尤其是性侵案件，对未成年人进行帮扶提供了依据和方向。高中、初中是未成年人学习的地方，也是未成年人最好的观护帮教基地。检察机关结合实际情况，选择高中、初中作为性侵未成年人刑事案件观护帮教基地。如洛阳市涧西区人民检察院就联合洛阳市东升三中、洛阳市二十三中等 9 所初中、4 所高中成立“未成年人观护帮教基地”，让一些涉罪未成年在校生重回校园，并为其提供特殊观护。

（三）观护帮教基地——国有企业

国有企业，是指国家对其资本拥有所有权或者控制权，政府的意志和利益决定了国有企业的行为。国有企业是国民经济发展的中坚力量，是中国特色社会主义的支柱。国有企业作为一种生产经营组织形式，同时具有商业类和公益类的特点，其商业性体现为追求国有资产的保值和增值，其公益性体现为国有企业的设立通常是为了实现国家调节经济的目标，起着调和国民经济各个方面发展的作用。

洛阳市有多家国有大中型企业，有的是国内某个行业的排头兵，这些企业具有较强的人员接收能力。因此，检察机关可以有选择地把某些国有企业作为观护帮教基地。2015 年 11 月，利用涧西区大型厂矿集中的优势，涧西区人民检察院与第一拖拉机制造厂、洛阳轴承有限公司、洛阳铜加工厂及下属技校建立合作关系，成立“未成年人观护帮教基地”。教授涉罪未成年人一技之长，并推荐就业，解决生活问题。

（四）观护帮教基地——社区

社区是未成年人生活、学习、帮教的地方。借鉴香港青少年社区矫正的经验，通过与政府机构的合作，加强观护帮教基地社区建设。2017 年 1 月，洛阳市涧西区人民检察院联合治安良好、服务功能完善的先进社区——洛阳市涧西区南村社区，建立“未成年人社区观护帮教基地”，联合社区工作人员，针对性侵未成年人刑事案件，让涉罪未成年人开展义工活动、接受老党员的“红色”教育等，实现对涉罪未成年人的惩戒教育、爱心感化。

（五）观护帮教基地——心理矫正中心

未成年人的心理不够成熟，辨认、控制能力弱，情绪不稳定、易冲动。涉案犯罪嫌疑人的心理不健康，有的比较阴暗，因此有必要对其进行心理矫正。同理，受害的未成年人因为受到伤害（不管是身体伤害还是心理伤害），有的形成心理阴影，这些都需要心理抚慰，因此，需要对性侵刑事案件的嫌疑人和受害人进行心理疏导、心理抚慰、心理矫正。

如 2015 年洛阳市涧西区人民检察院在办公楼 11 楼，划地 600 多平方米，建设“豫见未来 · 牡丹心语”河南省检察机关未成年人综合保护中心，设置亲情会见室（兼心理测评室）、心理辅导室（兼个人沙盘室）、心理宣泄室、体感音波放松室、团体心理训练室（兼团体沙盘室）。配备心脑调节系统、沙盘治疗等设备，该院与心理咨询师团队联合绘制了未成年人刑事案件心理辅导流程图，并选派一支优秀心理咨询师团队常驻“心理辅导矫正中心”。充分利用硬件优势，将心理咨询、心理矫正纳入所有未成年人刑事案件办案流程，帮助更多的未成年人抚慰心灵，重拾对生活的信心。

（六）观护帮教基地——未成年人检察工作室

检察机关设置未成年人检察工作室，专门处理涉嫌犯罪的未成年人观护帮教工作。全国比较有名气的未成年人检察工作室有“豫见未来·牡丹心语”河南省检察机关未成年人综合保护中心、武汉市洪山区人民检察院的“秦雨工作室”和汉阳区人民检察院的“知音雨露工作室”、丹东市凤城市人民检察院的“港湾工作室”等。如“秦雨工作室”利用微博、微信公众号开设“指尖上的法治课”专栏，将传统进学校、进社区的“流动法治课堂”打造升级为互联网上的动动手指就能学法的“指尖上的法治课”，将法治教育通过“网联网+”模式传递给未成年人，通过检察机关和社会各界的共同努力，为未成年人，尤其是性侵刑事案件的未成年人的健康成长打造一片蓝天。

法治社会是构筑法治国家的基础，法治社会建设是实现国家治理体系和治理能力现代化的重要组成部分。① 犯罪未成年人观护帮教是法治社会建设的重要内容。未成年人自身存在的特殊性，决定了刑事领域以未成年人为主体进行的观护制度构建具有试验性、探索性。观护制度作为特定历史时期刑事处遇措施演进的产物，检察机关在中国承担着推广及完善的历史使命。“六位一体”观护机制在办理性侵未成年人刑事案件及预防方面既能保护性侵未成年人刑事案件嫌疑人的权利，也能保护受害人的权利。对于性侵未成年人刑事案件，“六位一体”观护机制是目前较好的案件办理机制。

---

① 《法治社会建设实施纲要（2020—2025 年）》。

B.21
数字经济下网络安全法治化对策研究

曾心怡 *

摘　要：　当前以互联网搭载的数字化经济正在蓬勃兴起，新技术、新应用带来了前所未有的发展机会，但也带来了巨大的风险挑战。河南近年来大力发展科学技术，努力在大数据、物联网领域不断积极作为。随着网络安全已经逐渐上升到国家战略高度，河南也在持续推动本土网络安全建设。但目前河南仍面临着网络事件处理与网络空间发展不适应、网络技术发展与社会公众权利相冲突、网络平台建设与产业发展目标不同步、网络安全人才供应不充分不平均的问题。本报告将在分析这些问题的基础上为河南进一步促进网络安全产业发展提出对策建议。

关键词：　数字经济　网络安全　法治化

一　我国网络安全建设发展动态

（一）网络安全产业发展向好，技术创新高度活跃

1. 网络安全产业回归高速增长区间

根据中国信通院的统计测算，2021 年我国网络安全产业规模为 1905.1 亿元，较上年增长约 16.6%，预计 2022 年产业仍将保持高速增长，产业规模约为 2169.9 亿元，增速约为 13.9%（见图 1）。

---

* 曾心怡，河南省社会科学院法学研究所助理研究员，研究方向为知识产权。

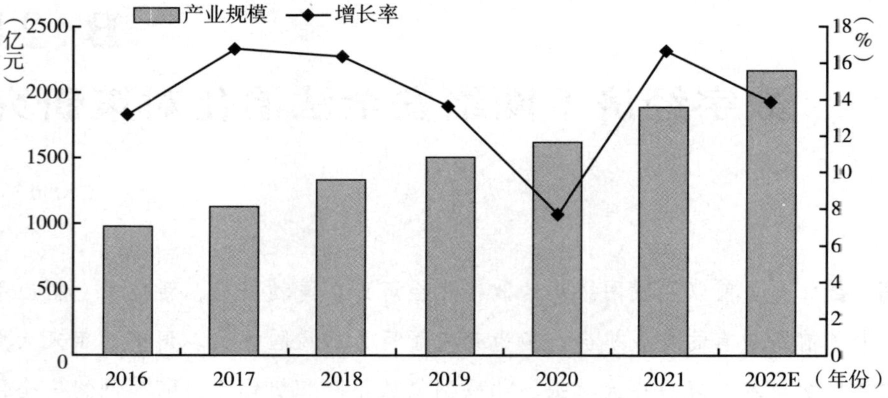

图 1　2016~2022 年中国网络安全产业规模及其增长情况

资料来源：中国信通院。

2. 区域分布方面，华北、华东区域市场份额小幅提升

通常一地域的网络安全建设与经济发展呈现正相关效应。从调研数据来看，走在发展前端的是经济较发达的华北、华东、华南三大区域，共占有市场份额超过 70%（见图 2）。上述区域经济发展水平相对较高，区域内行业客户对网络安全的需求较为旺盛。与 2020 年相比，华北区域、华东区域市场份额均提升约 5%，并且华东区域超过华南区域，成为国内第二大区域市场，华南区域市场份额出现明显下降。华北和华东区域市场份额的提升，得益于该区域政府在网络安全方面的发展与促进计划。例如，北京、上海、山东等地近年来均通过发布网络安全指导规划进而积极带动网络产业投资风向，提升相关产业链创新活力。

3. 下游行业客户方面，金融行业采购金融占比增加

从中国信通院调研数据来看，含政府在内的公共性单位仍是网络安全的主流下游用户，在整个行业营业收入中占比较高。与 2020 年相比，来自政府（含公共企事业单位）、电信行业的营收比例小幅下降，来自金融行业的营收提升（见图 3）。近年来，由于信息差带来的风险加剧，网络安全监管的必要性逐渐加重，金融行业客户的网络安全产品需求增加。而对于电信运

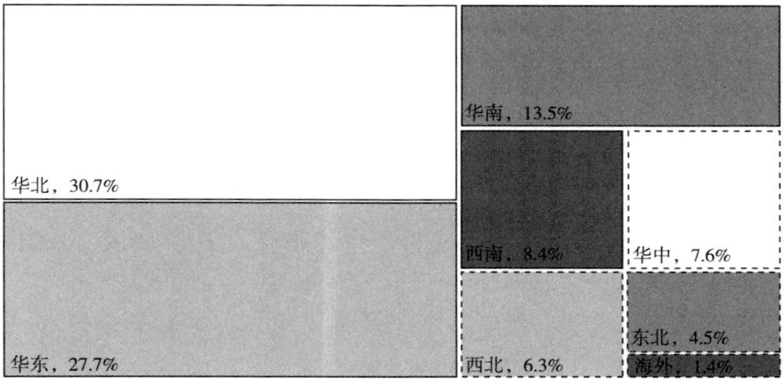

图 2　2021 年中国网络安全市场区域分布情况

资料来源：中国信通院。

营商而言，为达到《网络安全法》《关键信息基础设施安全保护条例》等法律法规对电信运营商在关基安全方面提出的更高要求，同时更好地服务于业务转型，其安全能力的构建不再单纯依赖于传统的从第三方采购网络安全产品及服务这种模式，而是根据自身数据收集优势，通过技术合作进行自主研发来构建起符合产品或行业特色的防护产品。

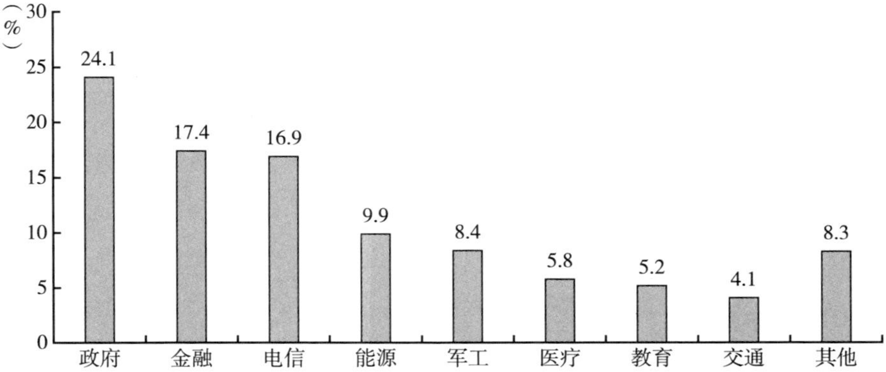

图 3　2021 年中国网络安全下游客户行业分布情况

资料来源：中国信通院。

4. 销售渠道方面，多数企业已建立辐射全国的营销网络

多数网络安全企业已建立一套辐射国内重点地区的营销网络，并且采取直销为主的销售模式。与 2020 年相比，营销网络覆盖超过 30 个省份的网络安全企业比例进一步提升，通过增加销售网点数量、扩大销售队伍、完善渠道销售体系建设等方式，网络安全企业触达客户的能力正在进一步增强。从销售模式来看，企业与渠道代理商的合作程度正在日益加深，2021 年渠道为主的销售模式占比提升约 4 个百分点（见图 4）。

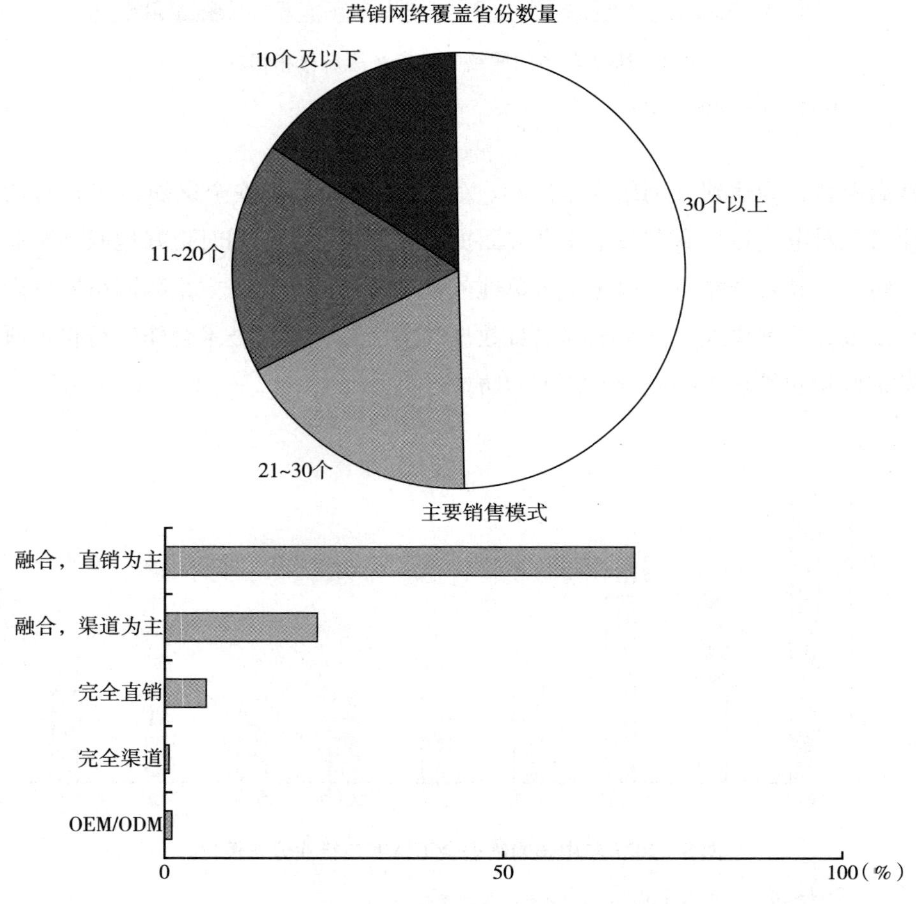

图 4　2021 年中国营销网络覆盖情况

资料来源：中国信通院。

（二）网安保护多措并举，助推产业高质量发展

1. 网络安全相关法律法规陆续落地

网络安全领域重要立法密集出台。2021 年 6~8 月，《数据安全法》《关键信息基础设施安全保护条例》《个人信息保护法》等基础信息保护法律法规已经出台完毕，并分别于同年 9~11 月落地实施，数据安全、关基保护方面法治建设力度的不断加大，标志着我国数据及关键信息基础设施保护进入依法治理新阶段。

多部网络安全相关规章政策落地。2021 年 7 月，由工信部等多部门联合发布的《网络产品安全漏洞管理规定》，对网络行业运营的相关人员应承担的责任和履行的义务进行规定。2021 年 12 月，中央网信办等十三部门联合修订了《网络安全审查办法》，并于次年 2 月正式施行，该政策制定旨在在保护数据安全和国家安全的前提下，对数据链的供应作一系列的规定。2021 年 7 月，中央网信办等五部门发布了《汽车数据安全管理若干规定（试行）》，希望汽车数据能够在符合社会公共利益和社会公共安全的要求下进行合理利用。

2. 国家及行业顶层规划提出安全新要求

党中央、国务院高度重视网络安全工作。2021 年 11 月，中央政治局审议《国家安全战略（2021—2025 年）》，明确提出加快提升网络安全、数据安全、人工智能安全等领域的治理能力。2021 年 12 月，中央网络安全和信息化委员会发布《“十四五”国家信息化规划》，强调要统筹发展和安全，并部署了包括培育先进安全的数字产业体系在内的 10 项重大任务。2022 年 1 月，国务院印发《“十四五”数字经济发展规划》，提出要着力强化数字经济安全体系，增强网络安全防护能力，提升数据安全保障水平，有效防范各类风险。2022 年 6 月，国务院印发《关于加强数字政府建设的指导意见》，提出要强化安全管理责任，落实安全制度要求，提升安全保障能力，提高自主可控水平，筑牢数字政府建设安全防线。

各行业领域“十四五”规划对安全提出新愿景。2021 年 11 月，工业和

信息化部印发《"十四五"信息通信行业发展规划》《"十四五"软件和信息技术服务业发展规划》《"十四五"大数据产业发展规划》多份行业发展规划，针对信息通信行业、软件和信息技术服务业以及大数据产业，提出网络和数据安全发展新思路和新要求。2021 年 11 月，工业和信息化部等十部门联合发布《"十四五"医疗装备产业发展规划》，提出要加快健全安全保护体系，保障医疗装备本体安全、使用安全以及网络安全。2022 年 2 月，中国人民银行、国家市场监管总局等四部门联合印发《金融标准化"十四五"发展规划》，明确需健全金融信息基础设施标准，强化金融网络安全标准防护，推进金融行业信息化核心技术安全可控标准建设。

3. 多行业领域迎来数据安全等新需求

金融行业，2022 年 1 月，银保监会印发《关于银行业保险业数字化转型的指导意见》，指出要强化网络安全防护、加强数据安全和隐私保护，并提出网络安全、数据安全和风险管理水平全面提升的工作目标。同月，中国人民银行印发《金融科技发展规划（2022—2025 年）》，明确要求做好数据安全保护，并提出包括健全安全高效的金融科技创新体系、架设安全泛在的金融网络等内容的与安全相关的四项重点任务。

汽车行业，工信部于 2021 年 9 月发布《关于加强车联网网络安全和数据安全工作的通知》，要求对汽车网络安全领域加强保护，确保汽车、平台、用户间的权利得到有效确认，提高相关监管单位处理汽车数据风险的能力。2022 年 4 月，工信部联合交通运输等五部门发布了《关于进一步加强新能源汽车企业安全体系建设的指导意见》，从完善安全管理机制、加强事故响应处置、健全网络安全保障体系等七个方面展开，对新能源车企的安全体系建设提出了全面要求。

医疗、电信等行业，2021 年 4 月，国家医疗保障局发布《关于印发加强网络安全和数据保护工作指导意见》，提出到"十四五"期末，医疗保障系统网络安全和数据安全保护制度体系更加健全，智慧医保和安全医保建设达到新水平。2022 年，中央网信办联合多部门下发《深入推进 IPv6 规模部署和应用 2022 年工作安排》，对加强 IPv6 安全关键技术研发和应用、加强网络技术监管作出规定，希望网络运营者能够采取符合规定的认证方式对网络数据进行合规处理。

4. 各地区网络安全配套政策密集出台

数据安全成为区域数字经济发展的重要关切。2021 年 12 月，江苏省发布《江苏省公共数据管理办法》，重点强调了保证政府数据和公共数据安全。2022 年 4~5 月，广州市、河北省、江苏省分别发布《广州市数字经济促进条例》《河北省数字经济促进条例》《江苏省数字经济促进条例》，对培育壮大数据安全服务产业链、开展网络安全领域关键核心技术研发攻关、健全工业互联网或工业信息安全保障体系等提出更高要求，推动网络安全产业发展。2022 年 5 月，深圳市发布《深圳市数字政府和智慧城市“十四五”发展规划》，提出要构建全市统一网络安全体系架构，打造全天候、全场景的网络安全保障体系。同月，江西省人民政府印发《江西省“十四五”数字经济发展规划》，提出要积极布局信息安全和数据服务等新兴领域，健全网络安全保障体系，强化数据安全保护。2021 年 12 月和 2022 年 5 月，福建省、辽宁省分别发布《福建省大数据发展条例》《辽宁省大数据发展条例》，对明确数据安全主体责任、建立实施数据分类分级保护制度、开展数据安全风险评估和应急演练等进行了详细要求。基础设施保护及人才培养关注热度不减。2021 年 12 月，湖南省发布《湖南省网络安全和信息化条例》，旨在以数字高水平发展推动经济社会高质量建设，进一步促进网络信息产业的繁荣。2022 年 3 月，新疆维吾尔自治区通过《新疆维吾尔自治区关键信息基础设施安全保护条例》，提出要执行网络安全等级保护制度、重点保护制度和安全审查制度，吸引和鼓励网络安全专门人才从事关键信息基础设施安全保护工作等。2022 年 2 月，河南省发布《河南省“十四五”新型基础设施建设规划》，提出要加强关键信息基础设施保护，提升网络安全监测预警能力，提高关键信息基础设施安全运行水平。2022 年 5 月，武汉市发布《关于进一步支持国家网络安全人才与创新基地发展若干政策的通知》，提出支持国家关键信息基础设施安全保护培训基地建设、继续实施“网络安全万人培训资助计划”、组建网安基地产业基金等多项政策举措。2021 年 9 月，江苏省发布《江苏省网络安全工程专业技术资格条件（试行）》，积极推进省内网络安全工程专业技术人才队伍建设，着力破除“唯学历、唯职称、唯论文、唯奖项”等倾向。

二　河南近年来网络安全产业发展成就①

（一）互联网经济持续增长，普惠服务能力创新提升

2022 年，全省规模以上互联网企业新增 14 家，总数达到 56 家，互联网业务收入达到 322.7 亿元。其中，河南中钢网、中原大易等 2 家企业互联网业务收入均超百亿元，入选中国互联网企业综合实力百强。河南众诚信息科技等 8 家互联网企业入选工业和信息化部“专精特新”小巨人企业，郑州信大捷安等 56 家互联网企业入选河南省“专精特新”中小企业。数字乡村建设加快推进，复制推广“5G+智慧农业”项目 151 个。河南省跨境电商交易额达到 2209.2 亿元，同比增长 9.5%，“网上丝路”发展水平居全国第 3 位，为全国跨境电商提供“河南方案”。

（二）数字产业融合持续推进，产业互联网发展初具规模

2022 年，河南省在装备制造、煤矿、钢铁、水泥等 16 个重点行业复制推广 5G 应用项目 1470 个，5G 应用渗透到 16 个大类和 56 个细分行业，全省 5G 应用居全国第一阵营。工业互联网平台体系建设加快推进，洛阳、漯河、许昌、新乡、郑州等市工业互联网标识解析二级节点建设应用持续深化，“5G+工业互联网”场景应用加速推广，建成智能工厂 919 家，新增 3.58 万家企业上云上平台，持续推动制造业高端化智能化绿色化发展。

① 《2022 河南省互联网发展报告》，河南省人民政府网站，2023 年 5 月 17 日，http：//m.henan.gov.cn/2023/05-17/2744128.html。

（三）数字基础设施加快完善，互联网用户持续攀升

2022 年，河南省统筹推进 5G 和千兆光网协同发展，实现乡镇以上区域 5G 网络连续覆盖和千兆光网全覆盖，网络规模位列全国第一方阵。全省 5G 用户总数达到 3682. 4 万户，居全国第 3 位。1000M 以上宽带接入用户占比达到 21. 2%，居全国第 2 位。郑州、洛阳、平顶山、新乡、焦作、许昌、南阳、信阳和济源等 9 市被工业和信息化部评为千兆城市，洛阳、南阳被中央网信办等 12 部门确认为 IPv6 技术创新和融合应用试点。

（四）信息中枢效应明显，网络承载能力加强

郑州互联网骨干直联点持续扩容，总带宽达到 1920G，同比增长 18. 5%，互联网网内、网间平均时延分别居全国第 1 位、第 3 位；互联网省际出口带宽达到 83. 1T，居全国第 5 位，同比增长 36. 1%。中国移动、中国联通 5G 大区中心承载 5 省核心网业务，网络容量达到 9849 万户。国家三大通信集团公司等在河南省部署的 6 个超大型数据中心已安装服务器机架 3. 7 万架，出口带宽达到 47T，算力规模达到 437. 3P。加快推进超大容量光传输系统建设，持续提升河南省“三纵三横”光缆干线网承载能力。

（五）行业发展政策持续发力，发展环境进一步优化

2022 年，实施《河南省数字经济促进条例》，发布《河南省网络安全条例》，网络综合治理体系三年建成目标如期实现。关键信息基础设施防护能力持续提升，5G、工业互联网、车联网等新型融合领域网络安全体系建设加快推进，进一步铸牢网络安全屏障。持续开展“清朗”“净网”等系列专项行动，深入实施网络文明“九大行动”，以时代新风塑造和净化网络空间，有力维护了全省网络空间安全稳定。

三　河南网络安全产业发展中存在的问题

（一）网络事件处理与网络空间发展不适应

近年来河南网络舆情案件数量持续攀升，政府有依法处置舆情的迫切需求，比如在濮阳市交通执法人员“敲诈式执法”事件中，从司机联名举报，到媒体新闻发布，再到政府通报回应，历时三个多月，相关部门舆情回应程序失范，任其扩散。此前对于涉及网络舆情规制方面的立法规定的力度和权威性不足，不适应网络舆情的迅猛发展，难以满足网络舆情治理的现实需要。政府处置舆情的依据大多根据国务院印发的指导意见，比如《关于在政务公开工作中进一步做好政务舆情回应的通知》《关于全面推进政务公开工作的意见》等。[①] 面对传播快、影响大、覆盖面广、社会动员能力强的微博、微信等社交网络和即时通信工具用户的快速增长，如何加强网络法治建设和舆论引导，确保网络信息传播秩序和国家安全、社会稳定，已经成为摆在河南省面前的现实突出问题。[②]

（二）网络技术发展与社会公众权利相冲突

目前河南省政务系统建立了数字证书认证系统（国家政务外网 CA 系统、RA 系统）、密钥管理系统等，但是面向企业和公民的数字信任基础设施刚刚开始建设。同一个人在不同中心化系统中的信息处于隔离状态，地区性、行业性交叉认证过程中存在“各自为政”甚至割裂情况。很多不法分子抓住系统间的漏洞窃取个人信息进行违法活动，给社会公众的财产安全和个人信息安全造成了极大的风险。例如 2023 年开封市公安机关破获针对特定行业电脑投放木马病毒案中，不法分子通过木马病毒远程控制电脑端窃取公司

① 杨阳：《法治政府建设中网络舆情与行政执法的互动关系研究》，硕士学位论文，河南工业大学，2022。

② 孙彩红：《习近平关于法治政府建设论述的基本框架和逻辑层次》，《广西社会科学》2022 年第 2 期。

及个人信息，再转售给境外诈骗机构实施精准诈骗，造成了较为恶劣的负面影响。

（三）网络平台建设与产业发展目标不同步

近年来河南在深入实施数字化产业转型，依托河南交通和人文优势，创造了一批新兴产业。特别是黄河流域生态保护和高质量发展战略、中原崛起战略、国家粮食生产区战略、国家九大中心城市建设战略、南水北调水源汉阳区战略等叠加增效，为河南打造优势产业，争取建设头部中心城市创造了良好的基础。但是目前河南互联网产业发展水平仍处于全国中等水平，与北京、上海、广东、江苏等先进省份仍存在不少差距。一方面，民营互联网企业并不多；另一方面，体量较大的优势互联网企业的总部未在河南设立，也未在全省均匀衍生出子公司等机构。因此依托本土互联网产业创新网络安全软件技术的能力较差，网络产业与本土产业建设目标也存在一定程度的不适应，还未依托互联网建设创造出细分领域龙头企业和创新标杆企业。

（四）网络安全人才供应不充分不平均

近年来，河南省先后出台《河南省加快推进一流网络安全学院建设的若干意见》等政策文件，支持全省高校创新网络安全学科建设和人才培养。但从总体上来看，河南省网络安全人才还存在缺口数量较大、能力素质不高、培训结构不合理的问题，与河南省的网络安全发展需求不相适应。例如在河南省公安院校中网络安全与执法专业毕业的学生，除了少量能进入研究生阶段继续学习外，就业基本上是依赖国家、省级公务员考试和公安联考两条出路。公务员考试和公安联考主要考查申论、行测、法律基础以及公安基础等知识，极少涉及网络安全与执法专业内容。在网络专业培养、教材体系、就业渠道上还存在一定的问题。①

---

① 孙莉：《网络安全与执法专业人才培养方法探索与思考——以河南警察学院网络安全与执法专业为例》，《网络空间安全》2022 年第 5 期。

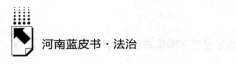

四　河南推进网络安全产业发展的对策建议

河南网络安全制度经历了从无到有、从少到多、从点到面的发展过程。2023 年河南积极推动《河南省网络安全条例》出台，这不仅是河南省网络安全立法第一例，而且是继湖南省之后第二部网络安全法规。在完善该法案实施的过程中，河南应进一步加强以下几方面建设。

（一）完善舆情热点事件的回应机制

要聚焦网络舆情事件处理进一步细化实施方案。近年来，随着网络的发展，一些不实信息、不良噱头甚嚣尘上，败坏河南良好网络形象。应根据条例规定进一步细化，明确舆情信息和重大突发性事件的处理流程，明确对舆情热点问题的超期处理处罚机制，对各级网络主管机构明确职责，全过程监督，明确事件处理前后对社会公众的回应机制。

（二）明确社会公众权利的保障机制

要进一步规范政企数据系统使用，慎重个人信息严把数据交易。当下不少电商和媒体 App 对网络用户实施无界限的爬取，将个人隐私数据进行数据交易。通过获取用户轨迹、身份信息、使用偏好分析个人买卖能力，进行推送和网络推销等行为。河南省应在下一步立法中进一步明确规范符合大数据算法安全的技术要求和管理规则，明确社会公众财产权和个人信息保护权的保障机制，进一步规范网络安全执法。

（三）探索协同布局融合产业发展机制

河南地处国家战略发展的中心位置，拥有天然的地理交通优势，叠加国家战略和本省自贸区建设将带来更加庞大的发展机遇，应在接下来应进一步将网络数据安全产业融合进河南省优势区工业农业产业中去，加快产业向智能化绿色化转型，吸引更多网络产业落户河南。

一要加快融合产业行业标准建立。网络数据安全产业融合本土传统产业首先是要建立起统一的行业标准，规范数据要素在产业链中的流通，尽快建立起安全便捷的物联网和产品流程查询服务。因此河南省应紧跟发展脚步，明确具体产业数据标准的使用适用，大抓数据产业融合，通过举办数据行业会议推广河南省优秀数据保护融合发展案例，进一步带动更多融合产业规范化发展。

二要探索融汇多种科学的网络产业园建设。目前北京市通州区发布《关于加快推进国家网络安全产业园区（通州园）产业发展若干措施（试行）》，鼓励园内企业发展、融资、参与重大工程项目、搭建服务平台等，建立网络安全产业园区，并提出对应的支持方式与标准，最高可奖励100万元。2021年4月，国家网络安全产业园区（长沙）也已经落地。河南应利用好已经在省内建立的约26家信息安全企业，借鉴外省先进发展经验，构建起产学研融合发展的技术生态链条，推动中原科技城建设，创新科技产业发展模式，吸引更多网络产业落户产业园区，带动本土网络产业发展，形成布局合理的网络生态产业园区，推进网络安全技术革新。

三要构建“协同发展”的网络安全产业生态布局。截至2022年9月，网络安全卓越验证示范中心已建成浙江、河北、上海、河南等4个区域分中心，聚合产业各方能力优势构建协同创新体系。2021年12月，工信部发布首批5G应用安全创新示范中心遴选认定结果中，河南入选系列“5G应用安全创新示范中心”。河南要进一步以示范中心为辐射点，积极学习北上广深的先进经验，进一步完善网络安全认证服务，打造“特色鲜明、优势互补、形态健康”的网络安全产业发展模式，促进网络安全产业衍生子公司，在全省引导网络安全产业均衡配置，形成由点到面、辐射全省的网络安全产业布局。

（四）持续完善网络安全人才培养机制

一要完善网络安全人才供应机制。目前河南省已经出台了《加快推进一流网络安全学院建设的若干意见》等政策文件，配合省内高校开展网络安全学院学科建设，已经鼓励省内11所高校建立了人才交流互培的发展模式。接下来应继续拓宽网络安全教育交流，积极探索院校与企业的实践对接，在管理层面利用好刚成立的网络安全学科建设委员会，指导全省高校创新网络人才就业渠道，稳定省内网络安全人才供应。

二要完善网络安全人才培养机制。目前河南连续举办多次省级、国家级层面的网络安全竞赛，为国家和河南省发掘了一批网络安全人才。应在接下来的建设中，在省网信办指导下，引导高校学生面向产业网络安全实际需求和共性问题开展创新研究。进一步在全省积极打造网络安全人才培养基地，为各地加快构建网络安全人才培养体系、探索校地企合作人才培养机制奠定坚实基础。

参考文献

刘国利：《互联网时代大数据使用的法律规制研究——评〈互联网法律："互联网+"时代的法治探索〉》，《中国科技论文》2022年第7期。

王伟浩：《互联网保险监管法律问题实证研究》，硕士学位论文，郑州大学，2022。

李佳宁：《互联网定向广告中个人信息的法律保护研究》，硕士学位论文，山西财经大学，2022。

豆洪浩：《我国互联网虚假广告法律规制研究》，硕士学位论文，安徽财经大学，2022。

侯美含：《互联网不正当竞争行为的法律规制》，硕士学位论文，兰州财经大学，2022。

李博雅：《互联网金融监管法律制度完善研究》，硕士学位论文，烟台大学，2022。

王丽娜、肖燕雄：《互联网专项治理与互联网法的发展》，《广西社会科学》2021年第12期。

《中国信通院发布〈互联网法律白皮书〉》，《中国有线电视》2021年第12期。

杨阳：《法治政府建设中网络舆情与行政执法的互动关系研究》，硕士学位论文，河南工业大学，2022。

孙彩红：《习近平关于法治政府建设论述的基本框架和逻辑层次》，《广西社会科学》2022年第2期。

孙莉：《网络安全与执法专业人才培养方法探索与思考——以河南警察学院网络安全与执法专业为例》，《网络空间安全》2022年第5期。

热点案例篇

B.22
2023年河南十大法治热点

河南省社会科学院课题组*

摘　要： 2023年是全面贯彻党的二十大精神的开局之年，也是落实河南省第十一次党代会部署的攻坚之年。河南深入学习贯彻习近平新时代中国特色社会主义思想和党的二十大精神，践行习近平法治思想，以法治保障高质量建设现代化河南，法治河南建设迈向更高水平。课题组通过查阅互联网热搜榜、政法部门官网及其微信公众号、法治类新闻媒体报道等，全面梳理2023年河南省域内发生的有较大社会影响的法治事件，整理出国内首例父亲工亡后移植试管婴儿抚养费案、《河南省网络安全条例》正式施行、冀晋豫3省8家法院签署《环太行山环境资源司法保护跨区域协作协议》、河南首例可移动文物保护民事公益诉讼案、郑州依法查处“天价寻狗”网络谣言案、癫痫患儿家属代购救命药被诉贩毒案、女子隔空“骂

* 课题组组长：邓小云，河南省社会科学院法学研究所所长、研究员，法学博士，研究方向为环境资源法学。课题组成员：河南省社会科学院法学研究所科研人员。执笔：张小科，河南省社会科学院法学研究所高级统计师，研究方向为经济法学。

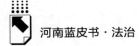

死”人被法院判赔案、洛阳卖菜大爷天价罚款案、国内羁押时间最长的蒙冤者谭修义获得国家赔偿、国务院公布河南安阳“11·21”特大火灾事故调查报告等十个法治热点。本报告的法理分析以相关事件的概况为基础，揭示事件背后蕴含的最主要的法律原理，旨在普及法律知识，弘扬法治精神。

关键词： 依法治省 法治社会 法治热点

踏上新时代新征程，面对新形势新要求。2023年河南发生了一系列具有较大影响的法治热点事件，河南省社会科学院课题组通过网络搜集大量法治热点信息，参考国内报刊及新闻媒体对这些事件的报道，与省内有关部门及高校、科研院所法学专家沟通交流，在此基础上选出如下具有典型性的十大法治热点事件，希望通过对这些事件的梳理分析，以案说法，促进法律更加有效实施和社会更加健康有序发展。

一 国内首例父亲工亡后移植试管婴儿抚养费案

——积极回应人类辅助生殖技术的发展，将对胎儿的保护延伸至胚胎阶段

热点概况：2020年6月，王某（化名）与刘某（化名）通过辅助生殖技术形成2枚胚胎。1个月后，王某因工伤不幸离世。2021年3月，刘某进行胚胎移植手术，并于当年11月诞下一子王小小（化名）。孩子出生后，刘某作为他的监护人以其名义起诉侵权公司索赔抚养费。2023年4月18日，三门峡市中级人民法院判决支持该抚养费赔偿请求。

法理分析：该案是在当下人类辅助生殖技术日益广泛应用发展的背景下发生的有关胚胎权益保护的典型案例。人类辅助生殖技术在给众多不孕不育

家庭解决生育难题的同时，也使法学理论研究和司法实践面临新的问题和挑战。具体到该案来看，人类辅助生殖技术使本案的审理面临一个重大挑战，就是王小小是否具备抚养损害赔偿请求权的主体资格。因为根据我国现行法律规定，侵害他人造成死亡的，受害人依法应当承担扶养义务的未成年人有权请求赔偿抚养费。一般认为，“受害人依法应当承担扶养义务的未成年人”是指受害人死亡时已经出生尚未成年的子女，以及应当由受害人扶养，但由于死亡事故的发生未能扶养的胎儿。① 但是，王某死亡时王小小还只是一枚尚未移植到母体的冷冻胚胎，能否认定为胎儿，我国法律尚未明确规定。关于冷冻胚胎是物还是人在社会上存在较大争议，在之前的司法实践中，有将冷冻胚胎认定为“含有未来生命特征的特殊之物”“介于人与物之间的过渡存在”等。

针对这一争议焦点，三门峡市中级人民法院在审理中基于四条理由，将胎儿的保护延伸至胚胎，肯定了王小小抚养费请求权的主体资格和原告资格。第一，受精胚胎移植具有合法性，基于胚胎移植出生的王小小与胚胎精子提供者王某具有血缘上、法律上的父子关系；第二，受精胚胎移植是王某夫妇商定事项，具有确定性，出生的子女利益受损同样应给予权利救济；第三，人工辅助生殖包含采卵、受精、胚胎培养、胚胎移植、母体孕育、婴儿出生等多个环节，基于同一民事法律行为的整体性，王某死亡时，冷冻胚胎的移植、将要产生的扶养义务已经确定，准予王小小享有抚养损害赔偿请求权并未加重侵权人的赔偿责任；第四，准予王小小享有原告主体资格符合儿童利益最大化的法律精神。② 因此，三门峡市中院判决支持了该抚养费赔偿请求。

该案的审理积极回应了当前辅助生殖这一社会热点问题，充分发挥了人民法院的审判职能，填补了法律空白，对此后同类案件具有重要的指导和参考价值。

---

① 岳明、马建刚：《将胎儿权益保护向前延伸至胚胎》，《河南法制报》2023 年 4 月 20 日。

② 岳明、马建刚：《将胎儿权益保护向前延伸至胚胎》，《河南法制报》2023 年 4 月 20 日。

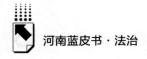

二 《河南省网络安全条例》正式施行

——网络是法治社会建设的重要阵地，
推进社会治理从现实社会向网络空间覆盖

热点概况：《河南省网络安全条例》（以下简称《条例》）经河南省十三届人大常委会第三十六次会议表决通过，分为总则、网络安全建设、网络安全保障、网络安全监管、法律责任和附则，共六章五十三条。《条例》自2023年6月1日起施行。

法理分析：依法治理网络是法治社会建设的重要内容。《法治社会建设实施纲要（2020—2025年）》《河南省法治社会建设实施方案（2021—2025年）》都明确指出，依法治理网络空间，完善网络法律制度，是推动社会治理从现实社会向网络空间覆盖，建设法治社会的重要内容和重要举措。河南是网络大省和网民大省，在互联网用户规模、互联网企业数量、互联网应用水平、一体化政务服务能力等方面稳居全国前列。

《条例》是全国首部涵盖网络安全、数据安全、个人信息保护全领域专门的地方性网络安全立法。《条例》主要有以下四个方面的亮点。一是明确网信部门是网络安全工作的主管部门，这将化解当前河南省网络安全职能部门管理边界和权限不清、行业主管部门责任不明的难题。二是构建重要信息系统保障规则，为各部门在日常工作中解决所面临的重要信息系统保护难题提供法规依据和工作准则。三是细化不同主体网络数据处理和个人信息收集利用规则，划定了各个主体的行为底线，提高了法律的确定性和可预期性。四是制定具体的网络安全监管措施，除传统的监管方式外，增设了约谈制度，明确了投诉举报的处理时限，并将网络安全纳入政府考核体系。《条例》的出台实施，完善了河南省网络法律制度，将进一步推进河南省依法管网治网和法治社会建设向网络空间覆盖，也将为守护我国网络空间安全贡献一份河南力量、提供一份河南方案。

三　冀晋豫3省8家法院签署《环太行山环境资源司法保护跨区域协作协议》

——基层法院探索建立环太行山环境资源跨省司法协作机制

热点概况：2023年4月26日，来自河北省涉县，山西省平顺县、壶关县，河南省鹤壁市鹤山区、山城区，安阳市北关区、安阳县及林州市的8家基层法院，在林州市法院联合签署了《环太行山环境资源司法保护跨区域协作协议》，[①] 并就环境资源审判工作、加强跨区域司法协作等方面进行了座谈交流。此次签约由林州市人民法院发起。

法理分析：太行山是华北平原的生态屏障和重要的水源涵养地。此次协议的签署是河南省基层法院主动作为，积极贯彻落实习近平法治思想和习近平生态文明思想，推进跨省司法协作，积极发挥司法在太行山生态保护中的保障作用的有益探索。习近平总书记指出，生态是统一的自然系统，是相互依存、紧密联系的有机链条。因此，人民法院在审理环境资源案件中，必须树立系统和全局理念，将生态功能区、自然保护地、重点流域作为整体，统筹推进山水林田湖草沙一体化治理和保护，改进和弥补过去以行政区划为单位的环境资源审判机制中存在的局限性和诉讼主客场问题，使生态环境保护法律得到统一正确实施。

该协议内容主要围绕环太行山环境资源案件办理中的司法协助、案件裁判标准统一问题、案件信息共享以及区域执法与司法联动等4个方面14项措施展开。[②] 其中，对污染环境面积较大、破坏生态行为恶劣、损害后果严重或者社会影响较大的跨区域重大环境资源案件，8地法院将主动联系、积

① 陈正：《冀晋豫八县区建立环境资源司法保护跨区域协作机制》，《河北日报》2023年5月3日。

② 陈正：《冀晋豫八县区建立环境资源司法保护跨区域协作机制》，《河北日报》2023年5月3日。

极协商、相互配合，共同推进立案、审判、执行等工作，确保被破坏的生态环境及时有效修复。① 该协议的签订将激活环太行山环境资源司法保护“一盘棋”，发挥跨区域司法协作在环境资源保护中的重要作用。

四　河南首例可移动文物保护民事公益诉讼案

——河南是文物大省，可移动文物保护民事公益诉讼开拓了文物保护新路径

热点概况：李某某在倒卖文物过程中，为提高文物的销售价格，委托无文物修复资质的张某对文物海兽葡萄镜进行除锈等非法处理。经鉴定，该海兽葡萄镜为唐代一级文物。经专家评估，李某某、张某的非法“修复”行为对文物价值造成的损失不可估量，对已成事实的破坏无法复原，只能利用现有技术手段清除文物表面有害物质，控制文物保存环境，使文物能够更久保存。洛阳市人民检察院以公益诉讼起诉人的身份，对违法修复处理文物，造成国家一级文物唐代海兽葡萄镜损坏的违法行为人李某某、张某提起诉讼。2023 年 5 月 16 日，洛阳市中级人民法院对该案进行了公开开庭审理。判决被告李某某、张某连带支付文物修复保护费用 2.95 万元，并在国家级媒体上公开赔礼道歉。

法理分析：此案的审理对河南和洛阳都具有重大法治意义。河南地下文物位居全国第一，地上文物位居全国第二。洛阳是华夏文明的发祥地之一，也是国家历史文化名城。此案是河南省首例适用文物保护民事公益诉讼模式的案件，将为今后河南省同类案件处理提供指引和参考。公益诉讼在我国文物保护方面已有一段时间的探索和应用。2014 年 10 月，党的十八届四中全会通过的《中共中央关于全面推进依法治国若干重大问题的决定》，要求“探索建立检察机关提起公益诉讼制度”。2022 年 10 月，党的二十大报告要

① 陈正：《冀晋豫八县区建立环境资源司法保护跨区域协作机制》，《河北日报》2023 年 5 月 3 日。

求“完善公益诉讼制度”。在此期间，我国文物保护公益诉讼在理论研究、制度建设、司法实践方面均取得长足进步，将文物保护纳入公益诉讼已成为普遍共识。2021 年 6 月，《中共中央关于加强新时代检察机关法律监督工作的意见》（以下简称《意见》）印发，要求“积极稳妥拓展公益诉讼案件范围，探索办理安全生产、公共卫生、妇女及残疾人权益保护、个人信息保护、文物和文化遗产保护等领域公益损害案件，总结实践经验，完善相关立法”。《意见》和党的二十大报告中关于公益诉讼的论述共同构成加强新时代文物保护公益诉讼的根本遵循。①

未来在文物保护公益诉讼中还需引入“预防性保护”理念。在当前的司法实践中，文物保护公益诉讼案件还以事后纠正救济为主，公益诉讼的预防功能还未得到足够的重视和应用。但是，文物资源具有不可再生性，一经破坏难以恢复，相比事后救济，事前防范则更为重要。在未来的文物保护公益诉讼案件中，司法机关不仅要坚持司法谦抑原则和尊重文物行政部门的专业性，更要及时有效地发现并纠正可能造成文物本体及风貌侵害危险的违法行为或苗头，进而更好地发挥公益诉讼在文物保护中的预防作用。②

五　郑州依法查处“天价寻狗”网络谣言案

——网络不是随心所欲的“自留地”，需要严格遵守传播伦理和法律法规

热点概况：2023 年 7 月，郑州杨某某为吸引关注，在网络平台杜撰发布“郑州狗主人丢失功勋犬，悬赏 1000 万元寻狗”“狗在警方协助下已找到”等谣言信息，相关信息被大范围传播，扰乱公共秩序，造成不良社会影响。经郑州公安机关依法调查，杨某某对违法行为供认不讳。公安机关已对杨某某处以行政处罚。

① 许慧君、梁建宏：《中国文物保护的公益诉讼之路》，《中国文物报》2023 年 4 月 18 日。
② 许慧君、梁建宏：《中国文物保护的公益诉讼之路》，《中国文物报》2023 年 4 月 18 日。

法理分析：此事件在网络上，曾登上各大平台热搜榜单，引发社会广泛关注。从法理的角度进行分析，有两点值得关注。一是寻狗启示的法律性质。杨某某最初编造虚假信息，并发布寻狗启示，并未打算支付天价报酬，就是为了博眼球、赚取流量。但是，寻狗启示不是一张普通声明，一旦发出就要算数。因为从本质上讲，这种寻狗启事，既有“依广告的方法，对不特定人为意思表示”，也有“对完成一定行为的相对人，有给付一定报酬的表示”，已经具备了悬赏广告的要件，具有十足的法律效力。根据《民法典》有关规定，“权利人悬赏寻找遗失物的，领取遗失物时应当按照承诺履行义务”。对狗主人来说，既然发出了悬赏广告，就有如实兑现的法律义务。二是自媒体平台的治理。近年来，类似“天价寻狗启事”已多次出现，其中，有人承诺“重金悬赏”，有人表示“以房相赠”，但实际情况大多是子虚乌有的谣言。针对这一问题，2023 年 7 月，中央网信办发布了《关于加强“自媒体”管理的通知》，对自媒体做好自我约束和管理提出了明确要求，强调加强信息真实性，禁止发布无中生有、断章取义、歪曲事实的信息。这些要求再次强调了自媒体不是随心所欲的“自留地”，作为信息发布者和传播者，需要严格遵守传播伦理和法律法规。那些以消费大众同情心为业，为了点击量弄虚作假的不良自媒体，也有望被严肃处置。

网络有道义，言论有边界。这些虚假信息在舆论场上不断发酵，消耗了不可估量的社会注意力，更践踏了社会信任的基础。社会各方不能无视“流量怪”的存在，必须采取有力措施，营造一个清明的网络环境，才能保障大家的切身利益。

六　癫痫患儿家属代购救命药被诉贩毒案

——现实版“药神案”，被告免于刑事处罚

热点概况：安徽胡某（网名“铁马冰河”）的女儿患有先天性癫痫病，需要服用一种在国外上市的处方药氨己烯酸进行治疗。因此，胡某通过境外代购人员购买此药。其间，他了解到氯巴占和西罗莫司也可以治疗该病，且国内的患儿对这些药都有需求。随后，胡某便邮购多个国家和地区生产的氯巴占、氨己烯酸和西罗莫司（氯巴占是我国管制的二类精神药品，后两种药属于境外处方药，未经许可不得在国内销售），在满足自己女儿用药的同时，在微信群中向病友加价销售。2021 年 7 月，胡某被河南省中牟县人民检察院指控走私、贩卖毒品罪，并于 2021 年 11 月起诉至河南省中牟县人民法院。2022 年 3 月 18 日中牟县人民法院第一次开庭审理该案。2022 年 4 月 15 日胡某被取保候审。2023 年 3 月 31 日，中牟县人民法院第二次公开开庭审理胡某案，认定被告人胡某犯非法经营罪，但免予刑事处罚。[①]

法理分析：此案让罕见癫痫性脑病患儿群体进入大众视野，案件法与情交织，引发了社会持续广泛关注。此案中胡某代购药品首先是为了给自己的孩子治病，同时也让跟他有相似情况，四处求医问药的患儿家长看到了希望，让深陷病痛折磨的孩子摆脱了痛苦，受益的病患家属及部分社会大众认为胡某的行为对社会无害，不应受到法律的制裁。在案件审理期间，132 位罕见癫痫病患儿家属共同向法院写了联名信，表示他们都得到过胡某的帮助，认为胡某不是在贩卖毒品，而是在向他们提供孩子的“救命药”。这种朴素的认知和认同感，无可非议，属情理之中。

氯巴占具有毒品和临床药品两种属性，可以被认定为刑法规定的“其他毒品”。因而胡某最初被检察机关以走私、贩卖毒品罪提起公诉。但是，根据我国刑法的规定，要将走私、贩卖国家管制的精神药品的行为认定为走私、贩卖毒品罪，需要行为人在主观上明知其走私、贩卖的是国家管制的精神药品，并将这些药品作为毒品的替代品，流向毒品市场或吸毒人员，且获利远超药品经营利润。结合案件事实和证据，中牟法院认为被告人胡某的行为不满足这些要件。因为，第一，胡某不具有走私、贩卖毒品的故意。他从境外邮购这些药品并销售，主观上是为满足自己和其他患儿家属的用药需求，而非将其作为毒品的替代品。第二，胡某邮购的这些药品均卖给了病友，并未流向毒品市场或吸毒人员。第三，胡某在两年多的时间里通过销售

① 赵红旗：《代购管制药品转卖为何定罪免刑?》，《法治日报》2023 年 4 月 3 日。

氯巴占仅获得了3万余元的收益，相比毒品犯罪，获利非常有限。因此，中牟法院认定胡某的行为不构成走私、贩卖毒品罪。

氯巴占、氨己烯酸、西罗莫司在我国均系管制类药品，未经国家行政主管部门批准，不得从事相关经营活动。根据《全国法院毒品犯罪审判工作座谈会纪要》（《武汉会议纪要》）的相关规定，中牟法院认为，胡其明知这些药品在我国未经许可不得销售，却在微信群中发布销售信息并加价售卖，销售额多达50余万元，扰乱了我国相关药品市场的管理秩序。因此，中牟法院认为胡某的行为构成非法经营罪。同时，基于胡某行为的主观恶性和社会危害性较小，且系初犯，案发后又能如实供述所犯罪行，主动退缴违法所得，认罪悔罪，有坦白情节。[①] 中牟法院最终依法对胡某定罪但予以免刑。

该案是个案推动制度变革、法治进步的典型案例，并在某种程度上推动解决了罕见癫痫脑病患者的用药问题。该案第一次开庭之后，国家卫健委、国家药品监督管理局印发了《临床急需药品临时进口工作方案》和《氯巴占临时进口工作方案》，加快了国产仿制药的审批，2022年10月国产氯巴占仿制药已正式上市。

七　女子隔空“骂死”人被法院判赔案

——切勿逞一时口舌之快，气死人要负法律责任

热点概况：2023年初，河南郑州邵女士的儿子猝死，邵女士在翻看儿子手机的时候，发现在儿子和女友张某某的聊天记录里竟出现“你咋不死了”之类“诅咒”的话。邵女士认为儿子的死应该跟张某某的言语刺激有关，怒而将其告上法庭。经郑州市中原区人民法院审理，判处张某某赔偿经济损失16万余元。

法理分析：本案属于极端言语侮辱侵权的案例。现实生活中，骂人很

---

① 赵红旗：《代购管制药品转卖为何定罪免刑?》，《法治日报》2023年4月3日。

常见，但“骂死”人则属于特殊情况。俗话说“气死人不偿命”，但现实中则可能需要承担法律责任。一般情况下，“骂死”人可分两种情况。一种是行为人明知对方精神脆弱、生理有疾，可能会被气死，而故意追求气死对方的结果。那么，这种以“气”的行为方式非法剥夺他人生命的行为，其主观上属于故意，与受害人的死亡后果存在必然的因果关系，即构成犯罪，须负刑事责任。另一种是行为人主观上存有过错，但不具备追求对方死亡的目的，在纠纷中恶语伤人，侮辱刺激对方，进行精神干扰，这种情况下的“气死人”，本质上构成民事法律调整的侵权行为。①该案属于后一种情况。

极端言语侮辱行为是一种违反社会道德和法律规定的行为，会对他人的精神健康和生命安全产生严重危害。在日常生活中，避免极端言语侮辱行为的发生，需要每个人都有自我约束和尊重他人的意识。在社交媒体等公共场合，更应该尊重他人的言论自由，不要轻易地使用辱骂、恐吓等攻击性语言。同时，在面对他人言行不当时，也不应使用极端言语侮辱的方式进行回击，而应该通过合理的方式表达自己的不满和反对。

八　洛阳卖菜大爷天价罚款案

——小过重罚，行政执法要合法也要合理

热点概况：2023 年 6 月，河南洛阳“西工法院”发布一则案例，引发社会广泛关注。河南洛阳一老大爷在某大型批发市场批发一批姜、菠菜、青椒等蔬菜，进行售卖，被市场监管部门检查出蔬菜农残超标。老大爷销售额 198.4 元，获利 21.05 元，市场监管部门对其作出罚款 5.5 万元同时加罚 5.5 万元，共计 11 万元的行政处罚决定，并申请法院强制执行。最终，法院裁定不准予强制执行。

法理分析：该案反映的是小过重罚，行政机关机械执法的问题。此处说

① 梁军：《离奇的劝架被气死官司》，《乡镇论坛》2008 年 10 月 5 日。

市场监管部门机械执法是因为，在该案的处理中，市场监管部门每一个行为都是在按照法律的规定在做，但最终处理结果却与公平、正义的法治精神和大众普遍认知产生冲突，得不到相对人的认可和执行。该案中市场监管部门依据《食品安全法》第124条第1项“生产经营致病性微生物，农药残留、兽药残留、生物毒素、重金属等污染物质以及其他危害人体健康的物质含量超过食品安全标准限量的食品、食品添加剂”的行为，在没收违法所得的同时，并处5万元以上10万元以下罚款。根据该条规定，市场监管部门作出5.5万元罚款，处罚已经是在法定罚款幅度内从轻处罚了。老人在收到《行政处罚决定书》后，没有在法定期限内申请行政复议，也没提起诉讼。市场监管部门依法对其进行催告，要求缴纳罚款5.5万元，并加处罚款5.5万元，老人仍未履行，市场监管部门遂向法院申请强制执行。

“小过重罚”的直接原因是机械执法，更是忽视《行政处罚法》总则性规定的结果。西工区人民法院审查后认为，老人的蔬菜系从洛阳某大型批发市场进货，其有理由相信所进产品符合食品安全标准，且蔬菜销售收入198.4元，获利仅21.05元。该案行政机关没有考虑老人系初次违法，无主观故意，积极配合调查，未造成实际危害后果等因素，对老人而言处罚过重，有违过罚相当原则，处罚明显不当。最终法院裁定不准予强制执行。

在法律框架内，法院不仅认定了大爷的违法事实，更强调了老人违法事实的起因、结果和现实困难，并驳回了执法部门强制执行的申请。这种人性化判决体现了法律的温度和温情，也让我们看到了法律对于弱势群体的关爱和保护。

九　国内羁押时间最长的蒙冤者谭修义获得国家赔偿

——蒙冤29年，获得国家赔偿787.2万余元

热点概况：1993年7月，河南省商水县谭庄镇前谭村村民谭某娜一家三口遇害，谭修义被认定为犯罪嫌疑人。谭修义自1993年7月被刑事拘留至2022年10月刑满释放，羁押超过29年。2022年12月，河南省高级人民

法院再审改判其无罪。谭修义成为国内被羁押时间最长的蒙冤者。2023 年 4 月 21 日，河南高院向谭修义送达国家赔偿决定书，赔偿其 787.2 万余元。

法理分析：党的十八大以来，以习近平同志为核心的党中央切实践行以人民为中心的执政理念，对纠正冤假错案给予了特殊关注。习近平总书记指出："不要说有了冤假错案，我们现在纠错会给我们带来什么伤害和冲击，而要看到我们已经给人家带来了什么样的伤害和影响，对我们整个的执法公信力带来什么样的伤害和影响。我们做纠错的工作，就是亡羊补牢的工作。"在此背景下，一批冤假错案相继得以平反，展现了我国司法机关勇于纠错的态度和努力，司法公信力得到了提升。谭修义案的改判就是其中之一，体现了我们党始终以人民为中心，坚持人民至上、司法为民，只要是冤案、错案无论过去多久，都会给予纠正。

谭修义案属于因证据不足而宣告无罪的典型案例，是我国刑事司法改革的巨大进步。疑罪从无原则就是在既不能确认被告人有罪又不能证明被告人无罪的情况下推定被告人无罪。该案打破了以往通过真凶出现或是被害人归来等特殊情况推翻原案的形式，仅是依据疑罪从无原则纠正错案，真正做到从证据出发，再回归到证据本身。它体现了我国司法机关对以往的冤案错案的反思，也展现了进一步加强司法监督体系的坚定信念。

人们在关注受害人沉冤得雪的同时，也期待国家赔偿切实保障受害人合法权益，让蒙冤者及其家属"得偿所冤"。《国家赔偿法》是一部救济法，法院需要按照法律规定的范围、标准进行赔偿。2021 年 3 月 25 日，最高人民法院发布《关于审理国家赔偿案件确定精神损害赔偿责任适用法律若干问题的解释》（以下简称《解释》），相对扩大了精神损害认定范围、提高了精神损害抚慰金支付标准，首次明确精神损害认定的客观标准。《解释》规定，致人精神损害造成严重后果的，精神损害抚慰金一般应在《国家赔偿法》规定的人身自由赔偿金、生命健康赔偿金总额的 50%以下酌定；后果特别严重或确有证据证明前述标准不足以抚慰的，可在 50%以上酌定。谭修义获得国家赔偿 787.2 万余元，其中人身自由赔偿金 4373797.9 元，精神损害抚慰金 3499000 元，精神损害抚慰金占人身自由赔偿金的比例接近80%。谭修义获得的国家赔偿金是国内冤错案件当事人获得的最高赔偿额。

十　国务院公布河南安阳“11·21”特大火灾事故调查报告

——全面客观查明事故原因，深刻反思，提出整改和防范建议

热点概况：2023年8月，国务院发布了《河南安阳市凯信达商贸有限公司“11·21”特别重大火灾事故调查报告》（以下简称《事故调查报告》）。

法理分析：生命重于泰山，人民利益高于一切。事故发生后，党中央、国务院高度重视。习近平总书记立即作出重要指示，要求全力救治受伤人员，妥善做好家属安抚、善后等工作，查明事故原因，依法严肃追究责任。强调各地区和有关部门要始终坚持人民至上、生命至上，压实安全生产责任，全面排查整治各类风险隐患，坚决防范和遏制重特大事故发生。河南省委、省政府，安阳市委、市政府在事故发生后，立即组织抢险救援和善后处置等工作。[①] 依据有关法律法规，经国务院批准，成立了由应急管理部牵头，公安部、国家消防救援局（原应急管理部消防救援局）、全国总工会和河南省人民政府有关负责同志参加的国务院河南安阳市凯信达商贸有限公司“11·21”特别重大火灾事故调查组，并聘请专家参与事故调查。中央纪委国家监委成立责任事故追责问责审查调查组，对有关地方党委、政府及其有关部门公职人员涉嫌违纪违法及失职渎职问题开展审查调查。

根据《事故调查报告》，火灾事故共造成42人死亡、2人受伤，直接经济损失12311万元；火灾事故发生的原因是企业负责人严重违法违规、主体

① 《河南安阳市凯信达商贸有限公司“11·21”特别重大火灾事故调查报告公布》，《人民日报》2023年8月30日。

责任不落实，地方党委、政府及其有关部门履职不到位。《事故调查报告》还对事故发生负有责任的有关单位和责任人提出了处理建议，并针对事故中暴露的问题，提出了五个方面的整改和防范建议：坚持以习近平总书记关于防范化解重大安全风险的重要指示精神统一思想、推动工作，全方位织密织牢消防安全责任网，深入治理中小企业消防安全突出问题，健全完善相关法规制度，切实强化基层安全治理能力。①

“11·21”特别重大火灾事故的发生一度让人感到震惊，痛定思痛，深刻反思。《事故调查报告》全面、翔实、严谨地还原了事故发生的各个环节，查找了不同层级、各个主体、过去现在的各方面原因和责任，让我们更加认识到安全生产的重要性。在现代化强国建设中，安全生产始终具有极端重要性，我们要引以为戒，不断提高人民群众的安全感和获得感。

参考文献

《胚胎的权利（下）》，《今日说法》，2023 年 6 月 14 日，https：//tv. cctv. com/2023/06/14/VIDEsrFqinL3fDr2hY3HS0FM230614. shtml？spm=C31267. PdQGws28DOXv. E25JptH8Kkey. 45。

赵红旗、赵栋梁：《河南法院判决认定体外胚胎为“准胎儿”》，《法治日报》2023 年 4 月 20 日。

① 《河南安阳市凯信达商贸有限公司“11·21”特别重大火灾事故调查报告公布》，《人民日报》2023 年 8 月 30 日。

Abstract

The construction of a rule of law society is a fundamental project for comprehensive rule of law, and the report of the 20th National Congress of the Communist Party of China proposes to "accelerate the construction of a rule of law society" . The *Blue Book of Henan*: *Annual Report on Rule of Law Development of Henan* (*2024*) takes "Rule of Law in the Province and Rule of Law Society" as the theme. The main content is to deepen research, summarize experience, analyze problems, and innovate countermeasures around the relevant theoretical dynamics and practical exploration of rule of law society, aiming to play a strong foundational supporting role in building a higher level of rule of law in Henan, safe Henan, and other areas. It also provides reference and inspiration for the institutional improvement and practical innovation of China's legal society construction. The book consists of five parts (including 22 reports) , they are: General Report, Practical Reports, Special Reports, Comprehensive Reports and Hot Cases Report.

The General Report comprehensively analyzes the overall situation of rule of law construction in Henan in 2023, summarizes the current situation and effectiveness of the rule of law in the market, the rule of law in peace, the rule of law in ecology, the rule of law in digital, the rule of law in society, etc. , and also examines the deficiencies and room for improvement, and looks forward to the construction of a higher level of the rule of law in Henan in 2024 in terms of the construction of scientific legislation, the rule of law government, the intelligent judiciary, and the rule of law society and puts forth suggestions.

The nine articles in the practice chapter mainly examine the diversified practical explorations of strengthening the construction of a rule of law society in

Henan from the empirical level, providing examples for China to promote the construction of a rule of law society in a comprehensive manner and inspirations for further improvement of the relevant work. These articles have different entry points, some summarize the innovative practice of "Fengqiao Experience" in Henan Province in the new era, some face the problems and challenges in promoting the construction of the public legal service system in Henan, and some start from the practice of rule of law publicity and education in Henan, analyze the effectiveness and problems, and meet the people's demand for the rule of law. Some of them analyze the effectiveness and problems, and discuss the suggestions for promoting accurate publicity and education, intelligent publicity and special publicity in terms of meeting the people's demand for the rule of law, meeting the requirements of the digital era, and building a branded publicity and education base.

The five articles in the feature article basically focus on the modernization of grassroots governance, examining the practical exploration of different places in a problem-oriented manner and putting forward countermeasures and suggestions for further improvement of the relevant work. Among them, the article entitled "Judicial Response to Municipal Social Governance Modernization" explores how the judicial level should promote the modernization of municipal governance, and elaborates on innovative measures to promote the governance of the source of complaints in terms of the positioning of the judiciary, the content of governance, and the mode of governance.

The six articles in the comprehensive article focus on the social construction of the rule of law thinking innovation and field expansion. Such as "Discussion on Legal Approach to Realize the Harmony Between Doctor and Patient" discusses the construction of harmonious doctor-patient relationship in accordance with the law to promote the rule of law in the construction of the focus of social construction, including the strengthening of the legislation supporting the promotion of the rule of law of the integrity of the doctor and the patient; the rule of law to guide the concept of the scientific rule of law and the rule of law to guide the rule of law of the governance of the medical risk, and to promote harmony between doctors and patients; improve the diversified treatment mechanism of doctor-patient disputes, and solve doctor-patient disputes fairly and efficiently; "Research on Countermeasures for the Legalization in Cybersecurity Under the Digital Economy" puts forward the issue of promoting the rule of law on local network construction in Henan in the light of the actual situation and summarizes the countermeasures and recommendations on the concrete measures for the rule of law on national network construction.

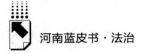

The hot case section summarizes the top ten legal hot events in Henan in 2023, including the first civil public interest litigation case for the protection of movable cultural relics in Henan, the legal investigation and punishment of the "skyrocketing search for dog" online rumor case in Zhengzhou, and the case of a woman who "cursed to death" in the air being awarded compensation by the court. This report is based on an overview of relevant events, revealing the legal principles behind the events, aiming to popularize legal knowledge, promote the spirit of the rule of law, and promote the construction of a rule of law society.

2024 is the next year for the comprehensive implementation of the spirit of the 20th National Congress of the Communist Party of China, and also a favorable opportunity for the construction of a rule of law society to embark on a long journey. The report of the 20th National Congress of the Communist Party of China proposes that in "speeding up building a rule of law society", we should "guide all the people to be loyal advocates, conscientious followers, and steadfast defenders of socialist rule of law" . This is based on the fundamental position of the rule of law society in the construction of a rule of law country, and proposes new requirements and paths for building a rule of law society. It points out new directions for Henan to accelerate the construction of a rule of law society, and also puts forward requirements and standards within our capabilities for everyone involved.

Keywords: Rule of Law Henan; Rule of Law Society; Rule of Law Construction; Rule of Law Practice

Contents

Ⅰ General Report

Abstract: Looking back on 2023, Henan's rule of law construction has been stable and far-reaching, and have been achieved obvious results. The market rule of law is operating well, the level of safe rule of law construction has been improved, the construction of ecological rule of law has been comprehensively expanded, the construction of digital rule of law has gradually made efforts, and the construction of social rule of law has been continuously improved and innovated. Looking forward to 2024, local legislation will be more refined, the construction of legal government will reach a new level, the construction of intelligent justice will be further deepened, the construction of legal society will be more effective, and legal publicity will be more vibrant.

Keywords: Rule of Law Henan; Rule of Law Construction; Rule of Law Government; Rule of Law Society

Ⅱ Practical Reports

B.2 Practice Summary and Prospect of Carrying "Fengqiao Experience" in the New Era in Henan

Zhang Jinyan, *Wang Wanli* / 019

Abstract: The "Fengqiao Experience" in the new era is a great experience of Chinese grass-roots social governance. Its vigorous vitality lies in its ability to adapt to the new development needs of each period, constantly innovate the practice of "Fengqiao Experience" and endow itself with new connotation of the times. In the grass-roots social governance in Henan Province, the continuous promotion of the practice of "Fengqiao Experience" in the new era has provided a solid guarantee for governing the province according to law. However, in the process of carrying forward the "Fengqiao Experience" in the new era in Henan Province, there are some obstacles, such as the imperfect contradiction resolution mechanism, the need to strengthen democratic participation, and the need to further improve the effectiveness of the conflict resolution model. Based on summarizing the innovative practice of the "Fengqiao Experience" in Henan Province and the excellent experiences of other provinces, this paper puts forward

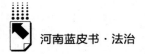

"credit + finance" as a breakthrough , solve the financing problems of small, medium and micro enterprises, lead by demonstration and creation, promote the continuous improvement of credit construction level, and continue to create a good credit environment under the guidance of jointly building a culture of integrity.

Keywords: Rule of Law Society; Social Credit System; Henan

Abstract: In recent years, Henan Province has continuously promoted the construction of a public legal service system, making new progress in both normative and practical aspects. The construction of public legal service platforms has become more diversified and informatization, and the legal service supply system covers various fields of society. At the same time, the supply level of public legal services in multiple subjects and fields has become more refined. However, the construction of the public legal service system in Henan still faces the following challenges: the standardization of legal services needs to be improved, the balance of legal service resource allocation needs to be improved, and the supporting guarantee mechanism and evaluation mechanism need to be further optimized. Therefore, Henan Province should actively promote the supply side reform of public legal services, strive to provide the public with balanced, precise, and convenient legal service resources, strengthen the construction of legal service talent team, do a good job in supporting public legal services, and use a comprehensive and diversified evaluation mechanism to supervise and improve the quality and efficiency of legal services.

Keywords: Public Legal Service System; Public Legal Service Guarantee Mechanism; Henan

Abstract: The promotion and education of the rule of law is the only way to enhance the concept of the rule of law among the people, a necessary measure to create a fair and just environment, and a necessary requirement to consolidate the foundation of a rule of law country. In recent years, Henan has actively promoted legal publicity policies, built legal publicity positions, cultivated legal publicity talents, and innovated legal publicity methods, achieving significant results. Many typical and effective fresh cases have emerged. Next, Henan needs to optimize its practices in meeting the needs of the people's rule of law, adapting to the digital era, and building a well-known brand, promoting precise, intelligent, and distinctive legal education.

Keywords: Legal Publicity and Education; Rule by Law; Henan

Abstract: Building the Yellow River Rule of Law Culture Belt will not only help better protect, inherit and promote the Yellow River culture, but also help further consolidate the foundation of the rule of law ecology, cultural, resource protection and high-quality development of the Yellow River Basin. Since the "July Five-Year Plan" law, the construction of the Henan Yellow River Rule of Law Culture Belt has achieved remarkable results. A number of high-quality rule of law publicity and education positions have been established, so that the concepts of governing the Yellow River in accordance with the law, protecting the green mountains and green mountains, and promoting high-quality development are deeply rooted in people's hearts. Judging from the goal of better promoting the cultivation and development of the culture of rule of law and the cultivation of the Yellow River culture, and local culture, the construction of the Henan Yellow River Rule of Law Culture Belt is also required to crack the sources of insufficient funding, single operation forms, lack of common construction, and social influence. It is necessary to further improve the dilemma. In this regard, along Henan Province, all parts of the Huang need to consolidate the construction of the Yellow River Rule of Law Culture with the development of the Yellow River with the development of the Yellow River, the development of the local cultural, creative, tourism industry and the practice of the rule of law, and continue to enhance the attractiveness of the Yellow River's rule of law culture belt with the cluster effect.

Keywords: Yellow River Rule of Law Culture Belt; Law Popularizing Propaganda; Innovation of Rule of Law

B.7 A Practical Study on Protecting the Property Rights of Private Enterprises by Law in Henan *Zhou Xinyu* / 083

Abstract: The private economy is a new force to promote the construction of Chinese path to modernization, an important foundation for high-quality development, and an important force to promote China to build itself into a socialist modernization power in an all-round way and achieve the second century goal. Those who have permanent property have perseverance. Protecting property rights in accordance with the law plays a decisive role in the stable development of the economy and society. In recent years, some arguments about the "tool theory", "exit theory", and "stage integration theory" of private economy have continuously emerged, affecting the investment confidence of some entrepreneurs. Continuously implementing practical measures to protect the property rights of private enterprises in accordance with the law and equality, optimizing the business environment suitable for the development and growth of private enterprises, is the best way to respond to inappropriate remarks about the development of the private economy. By creating a fair competition and legal environment, and protecting the property rights of private enterprises in accordance with the law, it is a powerful means to enhance the focus of enterprises on production and technological innovation.

Keywords: Private Enterprises; Property Rights Equal Protection; Rule of Law Business Environment

B.8 Henan Practice and Promotion Path for the Construction of Rural Construction of the Rule of Law

Zhang Lei, Zhang Zhaopu and Bai Man / 095

Abstract: Since the official implementation of Henan's rural construction project in Henan, the province's legal system in the province has gradually improved, the level of law enforcement of agriculture-related law enforcement has gradually improved, the rural rule of law environment has been further optimized, the legitimate rights and interests of the people have been demonstrated, and the construction of rural rule of law has achieved significant results. However, from the perspective of the underlying logic of the construction of the rule of law, many constraints of rural construction of the rule of law still exist. In order to enhance the effectiveness of the rural construction of the rule of law in Henan, the problem-oriented orientation should be adhered to, and the "combination fist" is made in terms of ensuring scientific decision-making, forging qualified subjects, unblocking end obstruction and optimizing supervision methods.

Keywords: Rural Construction of the Rule of Law; Xi Jinping's Rule of Law Thought; Henan Practice

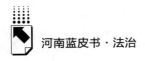

B.9 Practice Research on Legal Protection of Digital Rights of the Elderly in Henan

Qi Xuerui / 109

Abstract: The elderly are the most important vulnerable group in the age of digital survival. The difference created by the digital divide is becoming the "fourth difference", even surpassing the traditional three differences to become the first difference. The protection of the rights of "digital vulnerable groups" is to protect the right to convenience of life and the right to development of vulnerable groups as much as possible under the guidance of the basic concept of social law, so that they can equally enjoy the digital dividend of the era of big data like "data controllers". In order to ensure the implementation of the Upper Law, Henan has formulated a landing plan for the relevant governance system, further improved the operational implementation rules, and constantly enhanced the pertinence of laws and regulations. Henan guarantees the digital rights of the elderly in four ways: strict law enforcement by functional departments to purify the network ecosystem, institutionalization of special services by relevant departments and enterprises, special warnings by the community police on WeChat about internet fraud, and legal aid for cases of elderly people defending their rights, and at the same time puts forward specific recommendations, such as "legislating to guarantee a multi-party social support system for the digital integration of the elderly".

Keywords: The Elderly; Digital Rights; Legal Protection; Henan Practice

B.10 Legal Issues and Countermeasures for Promoting Urban-rural Integration in Ecological Environment Governance in Henan

Fan Tianxue / 125

Abstract: The promotion of urban-rural integration in ecological environment governance is related to the improvement of urban-rural environment and the coordinated development of urban and rural areas, and is a key link in the construction of ecological civilization. In recent years, significant progress has been made in promoting urban-rural integration in ecological environment governance in Henan Province, and the construction of a beautiful Henan has made significant progress. However, there are still deviations in the concept of urban and rural ecological environment governance, incomplete legislative system, obstacles in the quality and effectiveness of law enforcement supervision, and insufficient judicial protection, which directly restrict the progress of ecological environment governance in Henan Province and the integration of urban and rural areas to achieve greater effectiveness. Starting from the concept of reshaping environmental governance, it is particularly urgent and necessary to promote effective solutions to related issues from the perspectives of legislation, law enforcement, and judiciary.

Keywords: Ecological Environment; Urban-rural Integration; Rural Governance

Ⅲ Special Reports

Abstract: Source of action governance is a grassroots judicial system with the main function of preventing and resolving disputes. It bears the leading and constructive functions of grassroots social governance, with the core governance model of "source prevention first, non litigation mechanisms advanced, and courts making fair judgments". Promoting the governance of litigation sources is not only the essence of adhering to and developing the "Fengqiao Experience" in the new era, but also an innovative measure to promote the modernization of urban social governance. To promote the long-term sustainable development and deepening reform of litigation source governance, it is necessary to clarify the essence and legal strategies of China's litigation source governance. In terms of judicial positioning, the court should play the role of an assistant rather than a leader, and "active integration" does not mean "active attack"; in terms of governance content, courts need to fully intervene in urban social governance at the levels of spatial scope, governance levels, and governance dimensions, but should be based on the determination of rights and obligations; in terms of governance methods, litigation source governance should focus on diversified dispute resolution requirements such as socialization, rule of law, intelligence, and specialization, further promoting litigation source governance and resolving disputes for the people.

Keywords: Municipal Social Governance; Source of Litigation Governance; Diversified Dispute Resolution Mechanism

B.12 The Practice of Social Organizations Participating in the Construction of the Rule of Law Society in Zhengzhou

Yan Ci / 151

Abstract: Building a country ruled by law is an important manifestation of the modernization of the national governance system and governance capacity, and the construction of a society ruled by law is a key part of a country ruled by law. At present, the rule of law society has become a relatively independent content, together with the rule of law country and the rule of law government has become an important guarantee for the comprehensive rule of law. As an important participation carrier of the social governance system, social organizations take the community of social governance as the goal, carry out autonomy as the starting point, and form a complementary relationship with the government, which is conducive to bridging the gap between the state, the government and the society, so as to contribute positive forces to the construction of a society governed by law. Based on this, through the analysis of the current situation of social organizations participation in the construction of the rule of law society in Zhengzhou and the sorting out of the problems, specific optimization paths are proposed, in order to realize the comprehensive contribution of social organizations to the high-quality construction of the rule of law society in Zhengzhou and inject strong momentum into the formation of a new pattern of the rule of law society.

Keywords: Social Organizations; Rule of Law Society; Zhengzhou

Abstract: In September 2021, at the Henan Provincial Safety Construction Work Conference, Secretary Yangsheng Lou, on behalf of the Provincial Party Committee, proposed the requirement to carry out the "Three Zero" creation work. This work aims to "zero petitions, zero accidents, and zero cases", serves as a starting point, and promotes the creation of villages (communities), enterprises and institutions throughout the province for inspection. Xinyang City has promoted the coordinated operation of the "Wang" shaped governance structure and optimized the functions of the "H" type grassroots governance digital platform in the creation of the "Three Zero" initiative. By promoting the experience of Fengqiao in the new era and promoting grassroots social governance, it has achieved the goal of using the "Three Zero" initiative to promote grassroots social governance work and improve quality and efficiency.

Keywords: Social Governance; Digitization; Contradictions and Disputes; Diversification

Abstract: This year is to commemorate Comrade Mao Zedong's instructions to study and promote the 60th anniversary of the "Fengqiao Experience" and the 20th anniversary of the instructions of General Secretary Xi Jinping. Goushi people's court adhere to and develop General Secretary Xi Jinping's instructions of "Fengqiao Experience". In the innovation of the service model of the people's court of the grassroots level, promote the integrated construction of "enforcement", and promote innovative ideas in the construction of "one court, three rooms and n stations". New explorations have been carried out in forging a strong people's court team, building "shared courts" empowered by science and technology, setting up "Fengqiao service stations" and creating a one-stop litigation service system.

Keywords: Fengqiao People's Court; Fengqiao Experience; Integration of Establishment, Trial and Enforcement; Shared Court

B.15 Analysis of Legal Issues of Public Facilities Construction in Residential Communities Districts Under the Perspective of Grass-roots Governance

Abstract: This paper analyzes the legal problems arising from the construction of public facilities in the litigation through three kinds of relationships from the actual problems of residential communities, and further clarifies the legal nature of owners' committees, the obligation of low-floor owners to tolerate the installation of elevators by high-floor owners, and the rights and responsibilities of properties after the installation of public facilities under the perspective of grass-roots governance, etc., in view of the unclear legal nature of owners' committees, the contradiction of the interests of multiple subjects in the residential communities and the low cooperation of the properties. It also puts forward the following opinions and suggestions on the construction of public facilities in residential neighborhoods from the perspective of grassroots governance: appropriate citation of legal principles; the government in grassroots governance should find the right position and do a good job in guiding the service work; owners' committees need to exercise their powers in accordance with the law; clear specific ways and means of compensating the owners of the low floors; and advocate a new mode of shared charging.

Keywords: Residential Communities; Public Facilities Construction; Legal Issues

Ⅳ Comprehensive Reports

Abstract: Xi Jinping's Rule of Law Thought provides strong ideological guidance and accurate practice of rule of law for accelerating the construction of the rule of law society. These thinking include good law thinking, good rule of thinking, systemic thinking, dialectical thinking, tolerance thinking, and cultural thinking. Henan has carried out a series of social construction practices under the rule of law under the leadership of these rule of law thinking, such as carrying out legislation on people's livelihoods, promoting the construction of a public legal service network, strengthening the branding of "Henan in Good Faith", and carrying out a series of rule of law cultural belts, etc., in order to lay the foundation for the construction of a higher level of the rule of law in Henan.

Keywords: Xi Jinping's Rule of Law Thought; Rule of Law Society; Rule of Law Thinking

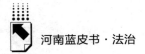

B.17 Research on Short Video Copyright Protection Rules Under the Vision of Rule of Law Society *Zeng Xinyi* / 209

Abstract: In 2022, the Political Bureau of the Communist Party of China (CPC) Central Committee Conference and the Central Economic Work Conference successively proposed "to promote the healthy development of the platform economy", "to introduce specific measures to support the standardized and healthy development of the platform economy" and "to support platform enterprises to show their talents in leading development, creating employment and international competition", which laid a good policy foundation for the development of the digital economy. Henan keeps up with the development trend of the times, and deeply integrates into all walks of life, production and life by using live broadcasts and short videos, inciting changes in economic and social quality, efficiency and power. Constantly fermenting new markets, new formats and new roles for the digital ecology, precipitating new content, new scenes and new stories. However, there are still some imperfect rules in the short video industry, which need to be further standardized in the process of dissemination and use to better protect the development and dissemination of original short videos.

Keywords: Rule of Law Society; Short Video; Copyright Protection Rules

B.18 Research on the "Socialization" of Public Interest Litigation in the Context of Rule of Law Society

Cui Wei, *Ke Pan* / 223

Abstract: The 20th CPC National Congress emphasized "improving the social governance system, perfecting the social governance system of common governance and sharing, and enhancing the effectiveness of social governance", and the collaborative and shared governance of multiple subjects has become an important symbol of the modernization of social governance, and social organizations, as an important member of the society, can provide positive assistance in promoting the "socialization" of safeguarding the public interests of the society. Social organizations, as an important member of society, can provide positive assistance in promoting the maintenance of social public interests. However, the main difficulties encountered in the "socialization" of public interest litigation are the harsh identification of subject qualifications, low willingness to sue, limited litigation capacity and excessive litigation costs. In order to avoid the "marginalization" of social organizations, the restrictions on the qualification of the main body for prosecution should be appropriately relaxed, the internal vitality of social organizations should be stimulated, and their litigation capacity should be upgraded, so as to promote the transformation of public interest litigation from "nationalization" to "socialization".

Keywords: Rule of Law Society; Social Governance; Public Interest Litigation; Social Organizations

Abstract: The construction of harmonious doctor-patient relationship according to law is the necessary meaning of the construction of a society under the rule of law. In this regard, we should proceed from three aspects: first, strengthen the legislative support, regulate the rights and obligations of doctors and patients according to law, and promote the legalization of doctor-patient integrity; secondly, medical risk sharing is guided by scientific rule of law, medical risk distribution is quantified by legal rules, medical risk is controlled by new medical technology access system, medical risk management is realized by law, and doctor-patient harmony is promoted; third, improve the diversified handling mechanism of doctor-patient disputes, solve doctor-patient disputes fairly and efficiently, meanwhile, achieve doctor-patient harmony.

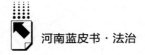

Keywords: Doctor-patient Harmony; Doctor-patient Integrity; Medical Risk; Doctor-patient Dispute; Legal Approach

Abstract: The juvenile care system is a legal system introduced from the United States to handle criminal cases. It is conducive to the smooth progress of criminal proceedings. It is beneficial for protecting the physical and mental health of minors. It maximizes the implementation of special protection mechanisms for minors. The purpose of empirical research and theoretical basis on the guardianship system in Taiwan, Luoyang, Beijing, Shanghai, Guangzhou, and other areas. From private enterprises, schools, state-owned enterprises, communities, psychological correction center, and juvenile prosecution studios, we construct a mechanism for minors involved in crimes. The "Six Integrated" Care Mechanism can protect the rights of underage suspects.

Keywords: Sexual Assault Case; Minor; Care Mechanism

Abstract: The digital economy formerly powered by the internet is booming, and new technologies and applications have brought unprecedented development opportunities, but also brought huge risks and challenges. In recent years, Henan has vigorously developed science and technology, and has made continuous and active efforts in the field of big data and internet of things. As cyber security has gradually risen to the national strategic height, Henan is also continuing to promote the construction of local network security. However, at present, Henan is still facing problems such as the incompatibility between the handling of cyber incidents and the development of cyberspace, the conflict between the development of network technology and public rights, the asynchronization of network platform construction and industrial development goals, and the insufficient and uneven supply of network security talents. Based on the analysis of these problems, this paper will put forward countermeasures and suggestions for Henan to further promote the security development of the network industry.

Keywords: Digital Economy; Cybersecurity; Legalization

Ⅴ Hot Cases Report

Abstract: 2023 is the first year to fully implement the spirit of the 20th National Congress of the Communist Party of China, and it is also a crucial year to implement the deployment of the 11th Party Congress in Henan Province. Henan has thoroughly studied and implemented the Xi Jinping Thought on Socialism with Chinese Characteristics for a New Era and the Spirit of the Party's 20 National Congress, practiced the Xi Jinping's Rule of Law Thought, and built a modern Henan with the guarantee of high-quality by the rule of law, and the construction of Henan under the rule of law has reached a higher level. The research group comprehensively sorted out the rule of law events with greater social impact in Henan Province in 2023 by consulting the list of internet hot searches, the official website and wechat public accounts of the political and legal departments, and legal news media reports, and sorted out the first case in China of transplanting test tube babies after the death of fathers, the official implementation of the *Henan Network Security Regulations*, eight courts in the three provinces of Hebei, Shanxi and Henan signed the *Cross-regional Cooperation Agreement on the Judicial Protection of Environmental Resources Around the Taihang Mountains*, the first civil public interest litigation case for the protection of movable cultural relics in Henan, the investigation and prosecution of the "skyrocketing search for dog" internet rumor case in Zhengzhou, the case of a family member of a child with epilepsy being sued for drug trafficking for purchasing life-saving drugs, the case of a woman being sentenced to compensation for scolding a person to death On the network by a court , the case of a old man who sold vegetables in Luoyang being fined exorbitant prices, Tan Xiuyi, the wronged person who has been detained for the longest time in China, has received national compensation, and the State Council has released an investigation report on the "11 · 21" catastrophic fire accident in Anyang, Henan Province. The legal analysis of this report is based on the general situation of relevant events, revealing the most important legal principles behind the events, aiming to popularize legal knowledge and promote the spirit of rule of law.

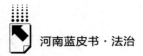

Keywords: Govern the Province According to Law; Rule of Law Society; Hot Spots of Rule of Law

S 基本子库
SUB DATABASE

中国社会发展数据库（下设 12 个专题子库）

紧扣人口、政治、外交、法律、教育、医疗卫生、资源环境等 12 个社会发展领域的前沿和热点，全面整合专业著作、智库报告、学术资讯、调研数据等类型资源，帮助用户追踪中国社会发展动态、研究社会发展战略与政策、了解社会热点问题、分析社会发展趋势。

中国经济发展数据库（下设 12 专题子库）

内容涵盖宏观经济、产业经济、工业经济、农业经济、财政金融、房地产经济、城市经济、商业贸易等12个重点经济领域，为把握经济运行态势、洞察经济发展规律、研判经济发展趋势、进行经济调控决策提供参考和依据。

中国行业发展数据库（下设 17 个专题子库）

以中国国民经济行业分类为依据，覆盖金融业、旅游业、交通运输业、能源矿产业、制造业等 100 多个行业，跟踪分析国民经济相关行业市场运行状况和政策导向，汇集行业发展前沿资讯，为投资、从业及各种经济决策提供理论支撑和实践指导。

中国区域发展数据库（下设 4 个专题子库）

对中国特定区域内的经济、社会、文化等领域现状与发展情况进行深度分析和预测，涉及省级行政区、城市群、城市、农村等不同维度，研究层级至县及县以下行政区，为学者研究地方经济社会宏观态势、经验模式、发展案例提供支撑，为地方政府决策提供参考。

中国文化传媒数据库（下设 18 个专题子库）

内容覆盖文化产业、新闻传播、电影娱乐、文学艺术、群众文化、图书情报等 18 个重点研究领域，聚焦文化传媒领域发展前沿、热点话题、行业实践，服务用户的教学科研、文化投资、企业规划等需要。

世界经济与国际关系数据库（下设 6 个专题子库）

整合世界经济、国际政治、世界文化与科技、全球性问题、国际组织与国际法、区域研究 6 大领域研究成果，对世界经济形势、国际形势进行连续性深度分析，对年度热点问题进行专题解读，为研判全球发展趋势提供事实和数据支持。

法律声明